GAOXIAO SIXIANG ZHENGZHI JIAOYU GONGZUO
ZHILIANG PINGJIA YANJIU

高校思想政治教育工作质量评价研究

冯刚 等◎著

人民出版社

责任编辑：吴广庆

图书在版编目(CIP)数据

高校思想政治教育工作质量评价研究/冯刚 等 著. —北京：人民出版社，2020.12(2021.5 重印)

ISBN 978-7-01-022409-1

Ⅰ.①高… Ⅱ.①冯… Ⅲ.①高等学校-思想政治教育-研究-中国 Ⅳ.①G641

中国版本图书馆 CIP 数据核字(2020)第 149862 号

高校思想政治教育工作质量评价研究

GAOXIAO SIXIANG ZHENGZHI JIAOYU GONGZUO ZHILIANG PINGJIA YANJIU

冯 刚 等 著

人民出版社 出版发行

(100706 北京市东城区隆福寺街 99 号)

中煤(北京)印务有限公司印刷 新华书店经销

2020 年 12 月第 1 版 2021 年 5 月北京第 2 次印刷

开本:710 毫米×1000 毫米 1/16 印张:20

字数:310 千字

ISBN 978-7-01-022409-1 定价:69.00 元

邮购地址 100706 北京市东城区隆福寺街 99 号

人民东方图书销售中心 电话 (010)65250042 65289539

前　言

思想政治教育事关培养社会主义合格建设者和可靠接班人的重大战略目标，对思想政治教育工作质量进行科学评价既是思想政治教育工作实践不断深化发展的客观要求，也是深刻适应思想政治教育创新发展的重要内容。党的十九届四中全会提出持续推进国家治理体系和治理能力现代化的重要议题，在治理现代化的时代背景下，更加重视并持续深化思想政治教育工作质量评价研究，是推动思想政治教育工作不断提升科学化水平，促进思想政治教育实现治理现代化的重要环节。从2004年中共中央、国务院颁布《关于进一步加强和改进大学生思想政治教育的意见》（中发〔2004〕16号），到2007年教育部人文社会科学研究课题设立"大学生思想政治教育测评体系研究"课题及2008年教育部哲学社会科学研究重大课题"大学生思想政治教育测评体系研究"，从高校和地方行政单位两个方面形成的多项课题研究成果，再到2012年中宣部、教育部联合印发的《全国大学生思想政治教育工作测评体系（试行）》，等等，党和国家对思想政治教育工作质量评价的重视及实践的推进不断向前发展。我在教育部思政司领导岗位工作期间，对这个问题也一直持续关注并着力推动。2016年底因为身体原因，我辞去思政司司长职务，到北京师范大学从事教学科研工作，结合自身实践经验及对这一问题的研究积累，申请了国家社会科学基金教育学重大项目"高校思想政治教育工作质量评价体系研究"，以期能进一步系统地深化思想政治教育工作质量评价研究，科学把握高校思想政治教育工作质量评价的内在规律，在新的时代背景下为提升高校思想政治教育工作科学化、现代化水平提供政策咨询和智力支持，以此不断推动高校思想政治教育工作创新发展，进而更好地落实立德树人根本任务。

国家社科基金"高校思想政治教育工作质量评价体系研究"这一重大项目的研究历时近4年。在整个研究过程中,我们不仅注重对理论问题的深入探讨,也在理论与实践的良性互动下,不断总结与提升相关实践经验。在整体研究中表现出坚持理论与实践相统一,坚持国家总体要求与地方特色性实践相结合,坚持思想政治教育学科特色与多学科协同研究相统一的主要特点,不断推动高校思想政治教育工作质量评价体系研究的持续深入发展。通过对国家层面的一般性要求与地方高校的特色性实践的系统理解与科学把握,在坚持思想政治教育学科根本的前提下,注意融合哲学、管理学、心理学、社会学等相关学科的理论与研究方法,在理论研究与实践尝试的良性循环中,形成了一系列研究成果,包括60余篇系列研究论文以及相关研究报告。《高校思想政治教育工作质量评价研究》一书的出版,也是这一国家社会科学基金教育学重大项目"高校思想政治教育工作质量评价体系研究"的延伸成果。

高校思想政治教育工作质量评价研究是一个动态性、长期性的过程,目前的研究还只是一个起步阶段。随着时代和实践的变化发展,我们的研究还需要进一步地深化深入,不断回应新的时代要求,反映新的实践变化。正如我在国家社科课题开题会时所提到的,我们的研究不是简单地完成一个测评指标框架体系,因为思想政治教育本身也在发生着新的深刻的变化,评价思想政治教育质量的要素、方式、过程等都会发生新的变化和演进,我们要做的工作更重要的是要对思想政治教育工作质量评价的理念、原则、内容、方法、机制等进行整体性的探讨研究,以期形成思想政治教育工作质量评价的整体架构,进而促进思想政治教育工作质量评价的科学化、时代化发展。同时,也希望能以此引发更多同仁对这一问题的关注与思考,不断开拓思路,坚持问题导向,结合国家治理现代化的背景与视角,把这项研究继续深入下去。

冯 刚

2020年4月

目　录

绪　论 …………………………………………………………………… 1

第一章　高校思想政治教育工作质量评价的缘起和发展历程 ……… 21

一、高校思想政治教育工作质量评价的回顾 ………………………… 21

二、高校思想政治教育工作质量评价研究的主要成果 ……………… 25

三、高校思想政治教育工作质量评价实践的主要成果 ……………… 36

四、新阶段高校思想政治教育工作质量评价的反思 ………………… 41

第二章　高校思想政治教育工作质量评价的基本原则 ……………… 45

一、坚持政治评价与业务评价相统一 ………………………………… 45

二、坚持客观评价与主观评价相统一 ………………………………… 50

三、坚持结果评价与过程评价相统一 ………………………………… 54

四、坚持定性评价与定量评价相统一 ………………………………… 58

五、坚持精准评价与模糊评价相统一 ………………………………… 62

第三章　高校思想政治教育工作质量评价的主要内容 ……………… 67

一、高校思想政治教育对象接受质量评价 …………………………… 67

二、高校思想政治教育过程质量评价 ………………………………… 76

三、高校思想政治教育结果质量评价 ………………………………… 83

四、高校思想政治教育领导管理质量评价 …………………………… 91

五、高校思想政治教育队伍质量评价 ………………………………… 98

第四章　高校思想政治教育工作质量评价方法 ……………………… 106

一、思想政治教育工作质量评价的两种方法取向 …………………… 107

二、高校思想政治教育工作质量评价的三个阶段 …………… 110
三、高校思想政治教育工作质量评价的四种模式 …………… 113
四、高校开展思想政治教育工作质量评价的几种方法 ……… 120
第五章　高校思想政治教育工作质量评价模型构建 ………… 131
一、高校思想政治教育工作质量评价的影响因素 …………… 131
二、高校思想政治教育工作质量评价的基本模型比较 ……… 140
三、高校思想政治教育工作质量评价的优化模型建构 ……… 145
第六章　高校思想政治教育工作质量评价过程管理 ………… 158
一、高校思想政治教育工作质量评价过程管理的内涵与原则 … 158
二、高校思想政治教育工作质量评价过程管理遵循的特殊规律 ……………………………………………… 162
三、高校思想政治教育工作质量评价过程管理的基本结构…… 167
第七章　高校思想政治教育工作质量评价的主客体 ………… 184
一、思想政治教育工作质量评价的主客体概念界定 ………… 184
二、高校思想政治教育工作质量评价的主体 ………………… 195
三、高校思想政治教育工作质量评价的客体 ………………… 208
四、高校思想政治教育工作质量评价的主客体互动 ………… 219
第八章　高校思想政治教育工作质量评价指标体系 ………… 232
一、高校思想政治教育工作质量指标体系的构建历程与时代要求 ……………………………………………… 232
二、高校思想政治教育工作质量指标体系的主要内容与基本标准 ……………………………………………… 241
三、高校思想政治教育工作质量评价指标体系构建示例……… 247
第九章　思想政治教育工作质量评价比较研究 ……………… 258
一、国外教育评价理论的发展历程 …………………………… 258
二、国外道德教育理论及其质量评价实践 …………………… 266
三、国外道德教育质量评价的分析 …………………………… 276
四、国外道德教育质量评价的启示 …………………………… 279

参考文献 …… 283
附　录 …… 292
后　记 …… 312

绪　论

长期以来，我国高校思想政治教育工作在探索中前进，形成了一系列规律性的认识，获得了一些成功经验，这为新时代高校思想政治教育创新发展奠定了坚实基础。继往开来，结合时代发展特征、中国改革大势以及高校思想政治教育工作的发展实践，新时代高校思想政治教育面临守正创新的重要任务。面对新时代我国高等教育现代化以及思想政治教育守正创新的重要任务，高校思想政治教育工作质量评价需要进一步深化“为什么评价”“谁来评价”“评价什么”“如何评价”等重要问题。对于这些问题的深刻把握，需要首先明确新时代高校思想政治教育工作质量评价的价值意蕴、时代特征、基本内容，在此基础上科学把握高校思想政治教育工作质量评价的发展趋势，把新时代高校思想政治教育工作质量评价推向新高度。

一、高校思想政治教育工作质量评价的价值意蕴

众所周知，质量评价工作对于思想政治教育创新发展具有重要价值。但是，结合时代发展特征、中国发展实际、学生发展特点以及高校思想政治教育实践发展，如何与时俱进、全面系统地把握思想政治教育工作质量评价的价值，仍然是一个需要重点探讨的话题。对于这一问题的深入探讨，是提升新时代思想政治教育工作质量评价时代化、科学化的重要前提。与时俱进、全面系统地把握思想政治教育工作质量评价的价值，需要

遵循价值问题探讨的一般性规律，同时把握高校思想政治教育工作的特殊性。

（一）从教育主体层面把握质量评价的价值

就广义上而言，思想政治教育的主体可以分为宏观主体、中观主体和微观主体三个层面，宏观主体即进行政策制定与教育管理的国家，中观主体即进行协同育人的社会各级组织和机构，微观主体即各级各类高校。对于高校思想政治教育工作质量评价工作而言，从广义上对思想政治教育主体进行划分，将深化对思想政治教育价值主体与价值客体的理解，进而进一步明晰新时代高校思想政治教育工作质量评价的重要价值。

满足国家现代化发展的客观需求。思想政治教育是一定社会或群体用规定的思想观念、政治观念、道德规范，对其成员施加有目的、有计划、有组织的影响，并促使其自主地接受这种影响，从而形成符合一定社会一定阶级所需要的思想品德的社会实践活动。从思想政治教育的概念中不难发现，这项育人实践活动从诞生起就天然地和国家发展紧密结合在了一起。尤其是在社会主义中国，思想政治教育在促进人的自由全面发展的同时，积极推动人和社会的协调发展，进而助力国家发展现代化。步入新时代以来，在习近平新时代中国特色社会主义理论指导下，中国特色社会主义现代化建设进一步发展，这在客观上对思想政治教育质量评价提出了更高的要求。思想政治教育质量评价能否适应改革开放以来中国发展实际，能否适应国家教育现代化发展方向，能否更好地满足培养担当民族复兴大任的时代新人，这都关乎新时代我国社会主义现代化的建设进程。

满足新时代社会发展的基本需求。高校思想政治教育虽然直接面向的是学生个体，但是它所面向的绝不是抽象的、封闭的学生。一方面，思想政治教育在促进个体全面发展的同时，也在积极推进个人与社会的融合。思想政治教育通过培育时代新人，进一步增加社会发展的活力，而社会发展也为个人发展提供更好的客观环境。另一方面，个人是处于复杂社会关系中的个体，个人的发展离不开社会的滋养。社会属性是人的本质属性，离开必要的社会关系和社会滋养，人的思想和行为将会受到不同程度的损害。因此，思想政治教育不是脱离客观社会的抽象存在，与之相关的评价工作与社会存在着密切的关系。在中国特色社会主义新时代，社会发展给思想政治教育提出了更高的要求，思想政治教育能否及时、有效地回应和解答社会发展中出现的问题，不仅关乎社会对思想政治教育的评价，同时也关乎思想政治教育能否更好地满足社会和人民发展实际之需。因此，进一步完善创新思想政治教育质量评价体系，也要关注和满足新时代社会发展的客观需求。

满足教育现代化发展的客观需要。2019 年 2 月，中共中央、国务院印发《中国教育现代化 2035》，要求加快推进教育现代化、建设教育强国、办好人民满意的教育，要将服务中华民族伟大复兴作为教育的重要使命，坚持教育为人民服务、为中国共产党治国理政服务、为巩固和发展中国特色社会主义制度服务、为改革开放和社会主义现代化建设服务，优先发展教育，大力推进教育理念、体系、制度、内容、方法、治理现代化，着力提高教育质量，促进教育公平，优化教育结构，为决胜全面建成小康社会、实现新时代中国特色社会主义发展的奋斗目标提供有力支撑。① 思想政治教育作为学校教育中的重要一环，也承担着这样的使命与任务。思想政治教育工作质量评价中的价值导向、基本原则、指标体系等能否适应这样的任务和要求，对于高等教育现代化发展具有重要意义。

（二）从教育客体层面把握质量评价的价值

高校思想政治教育工作质量评价不是“为了评价”而评价，其主要目的在于更好地完成立德树人的根本任务，提升高校人才培养质量，落脚点一定是帮助青年学生成长发展。因此，全面把握新时代高校思想政治教育工作质量测评的价值，需要重点关注教育客体这一层次。

推动思想政治教育工作质量评价创新发展，有助于明晰青年学生成

① 《中共中央、国务院印发〈中国教育现代化 2035〉》，《人民日报》2019 年 2 月 24 日。

长发展正确方向。习近平总书记强调:“青少年阶段是人生的‘拔节孕穗期’,最需要精心引导和栽培。”①从外部环境看,在多元价值并存、多种思潮激荡的形势下,青年学生需要正确的方向指引;从自身成长看,青年学生的身心发展同样需要明确的方向指引。高校思想政治教育工作质量评价虽然是一种工作评价,但其中包含着丰富的教育理念和价值导向,在科学的思想政治教育工作质量评价过程中,青年学生能够更好地理解思想政治教育价值引导的主要指向,进而明确自身成长发展的正确方向。高校思想政治教育工作质量评价体系是高校全过程、全方位育人的重要组成部分,它通过明确工作的价值导向,为广大青年学生的成长发展提供了科学的航标。

质量评价促进提升青年学生思想政治教育获得感,有助于满足青年学生成长发展需求。每个时代的青年学生都有强烈的发展需求,这是人成长过程中必然经历的一个阶段。新时代青年学生的发展需求更为强烈,正如习近平总书记所指出的:“当代青年思想活跃、思维敏捷,观念新颖、兴趣广泛,探索未知劲头足,接受新生事物快,主体意识、参与意识强,对实现人生发展有着强烈渴望。”②但是,不同的时代、不同的环境、不同的群体中的青年学生对于发展的理解有着不同的认识。新时代中,在多样文化交融影响下,面对实现什么样的成长发展、如何实现成长发展等一系列问题,需要对青年学生给予科学的引导。在高校思想政治教育工作质量评价体系中,包含着鲜明的价值引导,在规范高校思想政治教育工作、提升教育实效的过程中,不仅可以满足青年学生具体的成长发展需求,同时还可以帮助青年学生明确成长发展的基本内涵,使青年学生在思想政治教育工作质量评价中对标自身实际,实现个人、社会、国家的协调统一发展。

---

① 《习近平主持召开学校思想政治理论课教师座谈会强调　用新时代中国特色社会主义思想铸魂育人　贯彻党的教育方针落实立德树人根本任务》,《人民日报》2019 年 3 月 19 日。

② 习近平:《在纪念五四运动 100 周年大会上的讲话》,《人民日报》2019 年 5 月 1 日。

（三）从教育介质层面把握质量评价的价值

就教育实践角度而言，思想政治理论课教学和日常思想政治教育是高校思想政治教育的两个重要介质。教育介质具有承载和传递功能，是高校思想政治教育的具体工作内容，思想政治教育工作质量评价体系主要也是以这两项为主。因此，从教育介质的角度而言，科学有效的质量评价体系最为直接的意义和价值就是推动高校思想政治理论课和日常思想政治教育的创新发展。

助力思想政治理论课守正创新。在中国共产党的办学历史上，思想政治理论课教学是其中的重要内容，也是其中的重要特色。在革命、建设、改革发展阶段，我国高校思想政治理论课教学取得了长足的发展。习近平总书记强调："思政课建设长期以来形成的一系列规律性认识和成功经验，为思政课建设守正创新提供了重要基础。"①新时代思想政治教育创新发展，需要在遵循规律的基础上坚持守正创新。坚持守正创新，需要结合时代特征、中国大势、学生特点，明确高校思想政治教育工作的评价标准，通过这个航标和指挥棒来积极指引新时代高校思想政治理论课的改革创新方向，推动高校思想政治理论课实现内涵式发展。

助力日常思想政治教育内涵式发展。改革开放以来，尤其是中发〔2004〕16号文件发布以来，高校日常思想政治教育工作取得了长足发展，为高校人才培养提供了重要保障。新时代以来，面对更加复杂多样的外部环境，高校日常思想政治教育肩负内涵式发展的时代重任。高校思想政治教育工作质量评价体系的构建，可以洞悉当前大学生思想观念问题，查找高校教师思想政治教育教学缺陷，省察教育主管部门思想政治教育工作不足，在此基础上，消除不利条件，革新教学方法，加强队伍建设，提升管理水平，促进思想政治教育工作可持续发展。

---

① 《习近平主持召开学校思想政治理论课教师座谈会强调　用新时代中国特色社会主义思想铸魂育人　贯彻党的教育方针落实立德树人根本任务》，《人民日报》2019年3月19日。

（四）从教育环境层面把握质量评价的价值

一定的思想政治教育总是与一定的环境联系在一起并形成互动。[①]这种互动具有正向效应和负向效应，良好的教育工作环境能够推动思想政治教育创新发展，消极的教育环境则会削弱思想政治教育的育人实效。尤其是在现代社会中，高校思想政治教育面对的是更加开放、更加复杂的国内外环境，如何让社会环境成为高校思想政治教育的必要支撑和有效助力，这也是新时代思想政治教育创新发展的重点课题。科学有效的思想政治教育工作质量评价体系对于研究这一课题具有重要意义。

科学有效的质量评价体系有利于满足人才市场发展需求。高校思想政治教育一方面要坚持以立德树人为根本，培养德智体美劳全面发展的社会主义合格建设者和接班人；另一方面还要深刻理解社会主义市场经济条件下人才市场的发展需求，即回答中国特色社会主义市场经济条件下，用人单位需要什么样的人才、合格人才需要具备哪些核心素养等一系列基本问题。而对这些基本问题的科学把握，直接关乎青年学生的成长发展，关乎高等教育教学实效，更关乎高校思想政治教育工作的教育实效。科学有效的高校思想政治教育工作质量评价体系作为一个标准，在理念、内容、标准上为青年学生成长发展提供一个参考依据，同时也促进青年学生注重核心素养的养成，使青年学生在自身成长发展过程中实现个人与社会的协调统一发展。

助力营造良好育人氛围。在革命、建设、改革各个历史时期，党的思想政治工作都扮演着重要角色。但是在特殊历史时期，错误的工作方式也给人们带来了负面印象。改革开放初期，教育行政部门积极采取措施，培训教师，改革教材，交流经验，提高教学质量，恢复被林彪、“四人帮”败坏了的马列主义理论课的声誉。[②] 随着党和国家的高度重视以及学科建设的不断发展，思想政治教育科学水平和声誉不断提升。新时代，科学有

① 张耀灿、郑永廷、吴潜涛、骆郁廷：《现代思想政治教育学》，人民出版社 2006 年版，第 294 页。

② 教育部思想政治工作司：《加强和改进大学生思想政治教育重要文选选编（1978—2014）》，知识产权出版社 2015 年版，第 5 页。

效的高校思想政治教育工作质量评价体系，一方面可以通过科学的理念、指标、模型、方法，进一步推动思想政治教育教学、科研、实务工作的科学化；另一方面可以通过科学的评估检验，提升思想政治教育工作在社会大众心中的声誉，使思想政治教育工作在全社会的认同中进一步增进教育实效。

二、高校思想政治教育工作质量评价的时代特征

新时代思想政治教育工作的质量评价既有历史延续性，也体现出鲜明的时代特征。把握这些时代特征，是进一步推进质量评价工作科学化的重要前提。

（一）坚持思想政治教育工作质量评价的正确方向

坚持正确的政治方向，事关高校“为谁培养人”“培养什么样的人”以及“如何培养人”的根本。习近平总书记在全国高校思想政治工作会议上指出：“我国高等教育肩负着培养德智体美全面发展的社会主义事业建设者和接班人的重大任务，必须坚持正确政治方向。”①只有坚持正确的政治导向，才能确保高校社会主义办学方向，充分发挥中国特色社会主义高校育人的优势，彰显高校人才培养鲜明的政治底色。当前在思想政治教育工作质量评价中坚持正确的政治方向最重要的就是要以习近平新时代中国特色社会主义思想为指导，坚持党对高校思想政治工作的领导权和主导权，坚定中国特色社会主义道路自信、理论自信、制度自信、文化自信，增强政治意识、大局意识、核心意识、看齐意识，自觉在思想上政治上行动上同以习近平同志为核心的党中央保持高度一致。

思想政治教育工作质量评价要注重把坚持正确的政治方向贯穿于评

① 《习近平在全国高校思想政治工作会议上强调　把思想政治工作贯穿教育教学全过程　开创我国高等教育事业发展新局面》，《人民日报》2016 年 12 月 9 日。

价工作的全过程,体现于评价工作的全方位。就评价主体而言,国家各级教育主管部门和高校要自觉承担起思想政治教育工作质量评价的政治使命和政治责任。清楚地认识到思想政治教育工作质量评价不仅是一项对大学生开展思想政治素质价值判断的活动,还是对高校政治站位的一种考核和检验。就评价内容而言,要适度增加对大学生政治立场、政治觉悟、政治态度、政治理论水平等方面的内容考核权重。就当前而言,要重点加强高校对习近平新时代中国特色社会主义思想进教材进课堂进学生头脑,增强“四个意识”、坚定“四个自信”、做到“两个维护”,在政治立场、政治方向、政治原则、政治道路上同党中央保持高度一致等方面的评价考核。就评价标准而言,要强化新时代思想政治教育工作质量评价的政治标准,并且把政治合格作为思想政治教育工作质量评价的首要标准。让政治过硬、不忘初心、牢记使命、崇高理想、坚定信念成为新时代思想政治教育工作质量评价的风向标。

(二)遵循思想政治教育工作质量评价的内在规律

遵循人的思想品德形成和发展规律。大学生是高校思想政治教育的主要对象,大学生思想品德状况是思想政治教育质量评价的重要内容。遵循大学生思想品德形成和发展规律是进行思想政治教育质量评价的前提。大学生思想品德形成和发展的规律指的是在社会环境的影响下,通过社会实践,大学生思想品德的知、情、信、意、行等因素经过内化与外化,平衡发展,知与行经历着不断从旧质到新质循环往复、螺旋上升的矛盾运动过程。遵循大学生思想品德形成和发展规律可以为思想政治教育工作质量评价的指标体系设计、内容规范和方法选择运用提供科学的参考依据。

遵循思想政治教育工作质量评价实施过程规律。就评价质量统一规律而言,注重把定性评价和定量评价紧密结合起来,使评价更精确、更具体、更全面,从而更具有说服力。在评价中,认识到定性分析是评价的出发点、归宿和本质要求,同时又必须以定量分析为基础和依据。在总体分析把握评价对象性质的基础上,设计和开展定量的研究分析,再以此为依据，深化量和质结合的分析、比较、综合，在更高层次上进行定性评价，达到定性评价和定量评价的有机统一。就社会评价与自我评价衔接规律而言，注重把社会评价和自我评价有机衔接起来。既通过国家各级教育主管部门、社会机构、社会群体对大学生思想政治教育状况进行客观评价，又通过高校各职能部门、院（系）开展自我评价。就整体评价和局部评价结合规律而言，注重坚持整体评价和局部评价相结合，既重视对某些阶段性、局部性工作的评价，更重视对整个高校思想政治教育工作系统、工作开展情况的总体分析，在局部分析与整体分析有机结合的基础上作出全面、准确的评价。

（三）体现思想政治教育工作质量评价的价值导向

坚持以人为本是思想政治教育的重要价值取向。思想政治教育工作质量评价说到底仍是属于价值评价活动范畴，其必然还是要指向人本身。思想政治教育工作质量评价的主体、评价客体是人，评价内容、指标体系、评价标准等和人有着密切的关联。习近平总书记指出："思想政治工作从根本上说是做人的工作，必须围绕学生、关照学生、服务学生。"①量化的技术、方法、工具对大学生思想政治教育评价固然重要，但我们仍不能忽视评价过程中人的因素的重要性。坚持以人为本，是思想政治教育工作质量评价落实立德树人根本任务，促进大学生全面发展、健康成长成才的目的使然。思想政治教育工作质量评价不仅是作为工具性价值而存在，而且更具有提升大学生思想政治教育质量和水平，满足新时代大学生全面发展、健康成长成才的目的性价值取向。因此，在思想政治教育工作质量评价中应摒弃"为了评价而评价"的弊端，进一步深化评价工作的人本属性，充分挖掘评价蕴含的人文精神，给予评价更多人文关怀，坚持评价更为深远的人本取向。

为此，我们要将以人为本的思想、理念和精神贯穿于新时代思想政治

---

① 《习近平在全国高校思想政治工作会议上强调　把思想政治工作贯穿教育教学全过程　开创我国高等教育事业发展新局面》，《人民日报》2016 年 12 月 9 日。

教育工作质量评价的全过程。一是深化评价目的与以人为本相契合。目的具有鲜明的导向性和激励性，将以人为本同大学生思想政治教育质量紧密结合，可以充分调动评价工作中各个方面的积极性、主动性和创造性，激发思想政治教育工作质量评价强大的内在动力，促进评价工作朝着所期望的目标迈进。二是在评价标准中体现以人为本。我们知道，价值评价的本质是对客体属性同主体需要之间的满足程度的判定。思想政治教育工作质量评价标准的确定应立足大学生思想实际，切中大学生内部价值冲突和精神困惑，关注大学生精神需要的满足和精神生活的优化。三是评价内容具有更丰富的人文精神内涵。在思想政治教育工作质量评价过程中，要更加注重评价内容人文精神内涵的丰富和发展，更加重视对新时代大学生理想信念、世界观、人生观、价值观、道德观、文化观以及大学生心理素质等方面的评价。四是在评价方法选择和运用上体现以人为本。尤其是在定性评价方法方面充分发挥质性分析阐释的优势。在评价工作中展现评价者丰富的实践经验和人文素养，加强与评价对象的人文交流和人文关怀，更加深入细致地了解评价对象的思想实际和心理特征。五是注重评价人文环境的优化。在社会评价中，营造社会评价育人的良好人文氛围。在自我评价中，高校应自觉加强评价人文环境的创设，发挥自身具有良好人文环境的优势，进一步增强评价的有效性。

（四）注重思想政治教育工作质量评价的整体构建

思想政治教育质量评价不仅注重量化测评，还应是对高校思想政治教育质量的整体强调。首先，大学生思想政治教育是一个复杂的系统工程，其功能与作用的发挥受到社会客观条件的制约和内部各要素之间相互作用的影响。比如，家庭教育对大学生成长具有深远影响，而家庭作为初级社会群体，家庭成员之间的交往具有交换的短途性、身体的基础性、指向的个体性等特征。① 家庭、学校、社会多方力量的作用，共同对大学

① 刘谦：《家庭研究中感性视角的彰显与价值》，《中国人民大学学报》2012 年第 5 期。

生思想产生深刻影响。其次,大学生的思想品德结构和行为表现,也具有层次性、多样性、动态性等系统特征。因此需要把思想政治教育工作质量评价放到思想政治教育整体工作中去考量、分析和设计。最后,思想政治教育质量评价是一项专业性很强的工作,有严格的工作要求和详细的工作流程。从已有的思想政治教育质量评价来看,尽管不同地方、不同高校、侧重点不同的质量评价工作在体系构建和组织实施等方面会存在差异,但它仍然是作为一个由指标体系设计、资料收集、比较分析、作出判断和效果反馈等一系列环节构成的一个相对完整的结构体系,而且其每一个环节均需要做到全面、协调、合理,以突出思想政治教育工作质量评价的整体性构建。

指标体系设计是基础,是开展质量评价的前提条件。指标体系是思想政治教育质量评价各要素的集中体现,是理论研究能够应用于实践工作的关键,要牢牢把握思想政治教育的根本目标,着眼全局,注重整体,构建起系统科学、操作性强、动态长效的指标体系。对于学校而言,评价的指向、类型是多种的,不可能只是对思想政治教育工作的一个方面进行评价,也就是说往往同时存在着多种评价指标和评价要求。为此,应该从整体性的视角来分析这些评价与高校思想政治教育质量之间的关系,包括分析别的指标体系对高校思想政治教育质量标准的参考借鉴。思想政治教育质量评价要注意和这些评价协同起来,整体构建,既体现一致性,又注重反映自身的特点和规律。资料收集是开展质量评价的关键步骤,只有完整、准确地收集评价所需要的各种资料,才能保证质量评价的客观性。高校思想政治教育工作质量评价影响因素的多样性,决定了必须综合运用多样方法,以全面收集到系统要素的多方面信息。比较分析是开展质量评价的重要一环,采用什么样的比较维度和比较方法,决定了比较的效果和分析的结果。作出判断就是在比较的基础上,对大学生思想政治教育质量进行肯定或者否定式的评价,从而有效揭示思想政治教育工作质量评价的内在关系和发展趋向。效果反馈是保证质量评价成效和功能实现的重要保障,它要求根据质量评价的结果对质量评价的指标体系、过程方法等作出调整,以保证质量评价的科学性和长效性。这些内容都是整体构建思想政治教育工作质量评价应该考虑的方面。

（五）完善思想政治教育工作质量评价的制度机制

确保思想政治教育工作质量评价的长效运行是整个评价体系的本质要求和重要特征。从总体来讲，以供给侧改革构建导向机制，以需求侧调适构筑动力机制，以管理层变革完善目标机制，遵循评价自身规律，认真分析思想政治教育评价活动中各要素、各环节之间的相互作用与联系，努力构建质量评价工作的科学体系。就具体而言包括四个方面：一是制定开放的、可持续发展的评价指标体系，这个体系不仅要能够满足对现实工作测评的需要，还应当对未来工作的开展具有一定的指导意义，并且能够在实践中不断修正、完善；二是评价内容要符合时代要求，随着实践的发展和学科建设的推进，评价的内容可能继续增加，评价的对象还可能细化，最终目的则在于对思想政治教育系统内部各要素的调控，实现系统整体的最优化；三是创造性地采用多种评价方式方法，形成一套定性与定量相结合的研究工具包，并借助信息化、网络化的技术手段，为用户收集数据、明确分析、准确追踪和清晰描述相关规律和趋势提供便利，引入多方力量开展思想政治教育质量评价，不仅要自我评价和上级主管部门评价，还要包括第三方（社会）评价；四是实施严格的评价制度，对于已经明确的评价指标体系、评价内容、评价方法等要素要以制度化形式确立下来，不仅形成规范化的文件，而且要着力形成推动文件执行落实的运行机制和动力系统，同时注意加强对思想政治教育工作质量评价的监督指导，以此来保证思想政治教育工作质量评价的可持续发展。

三、高校思想政治教育工作质量评价的基本内容

关于高校思想政治教育工作质量评价体系，需要重点解决评价什么的问题，这也是相关研究的核心问题。科学回答思想政治教育工作质量评价的基本内容，需要在继承以往高校思想政治教育工作质量测评基本

经验的基础上，结合时代发展特征、中国发展大势、学生发展特点，重点关注改革开放以来思想政治教育发展实际，从新时代高校思想政治教育的实际出发，在思想政治教育的基本要素、实践表现、对象需求和发展趋势中重点研判，使思想政治教育工作质量评价的内容更加科学、更加符合实际。

（一）关注思想政治教育的基本要素

思想政治教育作为一门科学，在其运行过程中包含基本要素。关于思想政治教育的基本要素，学界有不同的观点，比如“四要素说”“五要素说”“六要素说”等，这里采用学界较为认可的“四要素说”，即思想政治教育系统包括主体、客体、介质、环境四个基本要素。高校思想政治教育工作质量评价，需要从整体上关注思想政治教育的各项基本要素。一是关注思想政治教育的主体。近年来，关于思想政治教育的主体问题有过诸多讨论，但就思想政治教育实施过程来看，教师一定是思想政治教育的实施主体，高校思想政治教育工作质量评价首先要关注教师主体。同时，作为思想政治教育的管理主体，要充分理解和贯彻党中央关于高等教育、高校思想政治工作创新发展的指导意见。二是关注思想政治教育的客体。对于高校思想政治教育工作而言，其最为直接的客体就是广大青年学生，但是随着新时代高等教育事业的发展以及思想政治教育的实践发展，教师教育越来越成为一个重要的话题，因此从广义上讲，高校思想政治教育工作客体包括教师和学生两个大的方面。三是关注思想政治教育的介质。对于思想政治教育介质的理解学界也存在一定的讨论，但是就高校思想政治教育实践而言，思想政治理论课和日常思想政治教育是两大最为主要的媒介，是高校思想政治教育运行的两大主要形式，高校思想政治教育质量评价要兼顾两项内容的评价。四是关注思想政治教育的环境。更加多元、开放的社会环境对于思想政治教育而言，既是机遇又是挑战，高校思想政治教育工作质量评价也需要兼顾环境的保障。

（二）关切思想政治教育的对象需求

高校思想政治教育工作质量评价的直接目的是提升高校思想政治教育工作质量，但归根结底是为了更好地培养担当民族复兴大任的时代新人，培养德智体美劳全面发展的社会主义建设者和接班人。因此，高校思想政治教育工作质量评价的基本内容要重点关切思想政治教育对象的成长发展需求。习近平总书记强调："青年要顺利成长成才，就像幼苗需要精心培育，该培土时就要培土，该浇水时就要浇水，该施肥时就要施肥，该打药时就要打药，该整枝时就要整枝。""我们要关注青年所思、所忧、所盼，帮助青年解决好他们在毕业求职、创新创业、社会融入、婚恋交友、老人赡养、子女教育等方面的操心事、烦心事，努力为青年创造良好发展条件，让他们感受到关爱就在身边、关怀就在眼前。"①在高校思想政治理论课及日常思想政治教育工作质量评价指标构建中，能否体现思想政治教育对象的这些成长发展需求，能否做到坚持关心厚爱和严格要求相统一、尊重规律和积极引领相统一，都是高校思想政治教育工作质量评价需要关切的重点内容。

（三）注重思想政治教育的实际效果

高校思想政治教育工作质量评价不是为了评价而评价，其直接目的在于完善高校思想政治教育工作，提升高校思想政治教育工作质量，推动高校思想政治教育工作内涵式发展。因此，科学有效地评价高校思想政治教育工作质量，要更加重视思想政治教育的实际效果，把实际效果作为质量评价的重要内容。当然，虽然高校思想政治教育工作质量评价更多地是关注工作过程的评价，而非效果的评价，但是效果作为一个客观事实，仍然是工作过程评价的一个重要衡量指标。对于高校思想政治教育的实际效果而言，要全面把握高校思想政治教育的基本目标，关切青年学生成长发展需求。比如，高校是否完成立德树人根本任务，青年学生对学

① 习近平：《在纪念五四运动 100 周年大会上的讲话》，《人民日报》2019 年 5 月 1 日。

校思想政治理论课和日常思想政治教育的满意程度,青年学生的理想信念是否得以树立和强化,青年学生的身心发展是否得到有效引导,青年学生的德智体美劳是否得到全面发展,青年学生的成长发展需求和期待是否得到有效的引导和满足,等等。这些内容都是衡量高校思想政治教育效果的重要内容,同时也是衡量高校思想政治教育工作质量的重要依据。新时代背景下,丰富和发展高校思想政治教育工作质量评价内容,一定要明确这项工作不是为了评价工作而存在的,其目的是为了提升工作效果,这也使评价内容中必然包括对效果的考察。

(四)反映思想政治教育的实践探索

改革开放以来,高校思想政治教育实践在探索中不断创新发展,尤其是新时代以来,在国家综合发展的大背景下,高校思想政治教育也具有了一些新的实践表现。首先,立德树人的根本任务更加突出。习近平总书记强调,“高校思想政治工作关系高校培养什么样的人、如何培养人以及为谁培养人这个根本问题”,“要坚持把立德树人作为中心环节”,“办好我国高校,办出世界一流大学,必须牢牢抓住全面提高人才培养能力这个核心点,并以此来带动高校其他工作”①。明确立德树人根本指向,把高校思想政治工作统一到人才培养整体过程中,这是新时代高校思想政治教育创新发展的基本要求,同时也是新时代高校思想政治教育实践发展的客观实际。高校思想政治教育工作质量评价在评价理念和评价内容设计的时候都需要深刻把握这些新的特征。其次,高校思想政治教育育人机制更加丰富。中共中央、国务院印发的《关于加强和改进新形势下高校思想政治工作的意见》中指出:“把思想价值引领贯穿教育教学全过程和各环节,形成教书育人、科研育人、实践育人、管理育人、服务育人、文化育人、组织育人长效机制。”②改革开放以来,尤其是中发〔2004〕16 号文

① 《习近平在全国高校思想政治工作会议上强调　把思想政治工作贯穿教育教学全过程　开创我国高等教育事业发展新局面》,《人民日报》2016 年 12 月 9 日。

② 《中共中央、国务院印发〈关于加强和改进新形势下高校思想政治工作的意见〉》,《人民日报》2017 年 2 月 28 日。

件颁布以来,高校思想政治教育总体沿着思想政治理论课和日常思想政治教育两个主要路径创新发展,在日常思想政治教育过程中,教育形式不断创新发展,新时代高校思想政治教育工作质量评价能否全面反映这些新的育人机制,也关乎评价标准的科学性。最后,高校网络育人地位更加凸显。随着信息技术的快速发展,网络已经成为高校师生学习生活的"第一环境",也是思想政治工作面临的"最大变量",思想政治教育者需要厘清互联网发展的阶段特征,把握互联网发展的特点和规律,运用互联网思维推进思想政治教育创新发展。① 高校思想政治教育工作质量评价能否反映网络育人的客观存在,同样关乎思想政治教育工作质量评价体系的科学性。

(五)体现思想政治教育的发展趋势

高校思想政治教育工作质量评价的基本内容具有一定的开放性和可持续性,它不仅要能够满足对现实工作测评的需要,同时还应当对未来工作的开展具有一定的指导意义,并且能够在实践中不断修正和完善。这就要求高校思想政治教育工作质量测评的工作内容要体现高校思想政治教育的发展趋势,引领高校思想政治教育理论研究与实践创新的发展趋势。习近平总书记在学校思想政治理论课教师座谈会上强调:"思政课建设长期以来形成的一系列规律性认识和成功经验,为思政课建设守正创新提供了重要基础。"②不仅是高校思想政治理论课面临总结规律、守正创新的任务,日常思想政治教育同样也是如此。新时代背景下,深化新中国成立以来高校思想政治教育发展史,把握高校思想政治教育基本规律和宝贵经验,在把握世界眼光、时代特征、中国情怀的基础上,进一步坚持守正创新是新时代高校思想政治教育工作发展的基本趋势。高校思想

① 冯刚:《互联网思维与思想政治教育创新发展》,《学校党建与思想教育》2018 年第 3 期。

② 《习近平主持召开学校思想政治理论课教师座谈会强调　用新时代中国特色社会主义思想铸魂育人　贯彻党的教育方针落实立德树人根本任务》,《人民日报》2019 年 3 月 19 日。

政治教育工作质量评价的基本内容在遵循一般评价规律的基础上，要重点关注这一重要发展趋势，使高校思想政治教育质量评价的基本内容可持续、可完善、可发展。

四、高校思想政治教育工作质量评价的发展展望

高校思想政治教育工作质量评价在继承以往宝贵经验的基础上，不断适应高校思想政治教育工作创新发展的新要求，而其自身也在经历一个不断发展的过程。把握高校思想政治教育工作质量评价的发展趋势，是推动这项工作研究和实践深入发展的重要内容。把握高校思想政治教育工作质量评价的发展趋势，需要立足高校思想政治教育工作实际，面向国家现代化发展，坚持多学科研究视角，进一步提升高校思想政治教育工作质量评价相关研究和实践的科学化水平。

（一）学理建构将进一步深化

新时代以来，学界关于思想政治教育质量评价问题越发关注。尤其是2017年国家哲学社会科学基金（教育学）设立“高校思想政治教育工作质量评价体系研究”重大项目，体现出党和国家对这一问题的高度关切。围绕这一课题，学界对思想政治教育质量评价的概念厘定、重大意义、基本原则、知识借鉴、理论基础、时代特征、方式方法、模式构建、人文关怀等方面进行了广泛而又深入的探讨。然而，思想政治教育本身具有鲜明的实践性，在实践的创新探索中，思想政治教育基础理论也在创新发展，其中关于质量测评的理论研究也会随着实践的发展而不断深化。比如这些学理探讨在继承中国共产党思想政治教育质量评价宝贵经验的基础上，对高校思想政治教育工作质量评价和高校思想政治教育结果质量评价进行全面深化研究，紧紧围绕高校思想政治教育工作“怎么看”“怎么评”“怎么干”等问题展开持续研究，从高校思想政治教育工作的需求侧、供给侧和管理侧三个角度构建评价机制，激发思想政治教育持续发展

的内生动力。[①] 总体上讲，未来关于高校思想政治教育质量评价的学理研究在范围上将更加广泛、视角上将更加丰富、内容上将更加精细化，在此基础上推动高校思想政治教育质量评价研究朝着科学化、时代化的方向持续迈进，为高校思想政治教育实践创新发展提供更多的智力支持，同时相关学理研究也会在实践的检验和发展中，得到进一步的深化。

（二）质量评价内涵将更加丰富

新时代随着高校思想政治教育的创新发展，质量评价的内涵也将进一步丰富，它将不局限于对工作过程本身以及青年学生受教育实效的评价，教师的综合评价也将成为质量评价的重要内容。新时代背景下，高校师德师风建设成为教师综合评价的重要内容，同时也成为高校人事制度改革、教师队伍建设等方面的重要着力点。从全国高校思想政治工作会议到中共中央、国务院印发的《关于加强和改进新形势下高校思想政治工作的意见》，再到全国教育大会，以习近平同志为核心的党中央高度重视教师队伍建设，尤其是在2019年学校思想政治理论课教师座谈会中，习近平总书记强调："办好思想政治理论课关键在教师，关键在发挥教师的积极性、主动性、创造性。思政课教师，要给学生心灵埋下真善美的种子，引导学生扣好人生第一粒扣子。"第一，政治要强；第二，情怀要深；第三，思维要新；第四，视野要广；第五，自律要严；第六，人格要正。[②] 习近平总书记的这段论述为新时代高校教师综合评价提供了重要遵循，这不仅是对高校思想政治理论课教师的基本要求，更是全过程、全方位育人过程中，所有教师的基本要求。在高校教师综合评价中如何贯彻和落实这些基本要求，如何将其量化为具体指标，如何把这些评价成果同高校教师队伍建设及教师职业发展紧密结合起来，都是新时代高校思想政治教育工作质量

---

① 冯刚：《增强高校思想政治教育持续发展的内生动力》，《中国高等教育》2017年第Z2期。

② 《习近平主持召开学校思想政治理论课教师座谈会强调　用新时代中国特色社会主义思想铸魂育人　贯彻党的教育方针落实立德树人根本任务》，《人民日报》2019年3月19日。

评价的重要关注点。

（三）新技术手段的运用将更趋完善

在思想政治教育工作质量评价的发展进程中，新技术手段的运用和研究是一个重要内容，它直接关乎思想政治教育工作质量评价的科学化和时代化。当前，大数据技术被广泛应用于哲学社会科学研究之中，相关实践探索和学理研究为高校思想政治教育工作质量评价提供了宝贵经验。一方面，思想政治教育的主体、客体、环节、流程、结果等诸多方面都会沉淀大量的信息，这些信息有不少可以以数据的方式储存下来，形成洞察、分析、决策和判断的依据。① 新时代智能互联网不断创新发展，在此技术影响下，相关领域的质量评价越来越多地开始运用大数据思维和大数据技术。高校思想政治教育工作质量评价在适应时代特征的基础上，也将自觉运用大数据思维和大数据技术，通过分析思想政治教育相关信息，进一步深化对效果的评价和预测。另一方面，信息或是数据的选取和组合，能够从一个侧面塑造和重构思想政治教育的行为、场景和结果，从而拓展思想政治教育质量评价的方式方法。② 高校思想政治教育质量评价的方式方法直接关乎评价结果的科学性，随着思想政治教育实践的创新发展以及交叉学科的深入交流，大数据思维在思想政治教育中的应用越来越受到关注，尤其是在质量评价领域，通过数据分析、数学建模、模拟技术等方式，将进一步推进高校思想政治教育工作质量评价的科学化水平。但是，如何有效结合大数据思维和大数据技术，如何推进思想政治教育相关指标的量化，如何制定样本框和选取有效样本，如何进一步借鉴相关学科的大数据分析方法，需要进一步深化研究，这些重要问题都是未来运用大数据发展高校思想政治教育工作质量评价的重要着力点。

---

① 冯刚、王树荫：《思想政治教育研究热点年度发布（2017）》，团结出版社 2018 年版，第 266 页。

② 冯刚、王树荫：《思想政治教育研究热点年度发布（2017）》，团结出版社 2018 年版，第 266 页。

(四)相关比照研究将不断推进

新时代思想政治教育研究视角越来越丰富,相关比照研究也在深化发展。在高校思想政治教育工作质量评价研究中,比照研究也逐渐成为研究热点,相关研究将不断深入。高校思想政治教育工作质量评价的比照研究主要包括三个层面。首先,将更加注重思想政治教育工作质量评价的国别比较研究。比较思想政治教育是思想政治教育学科的一个重要研究方向,近年来比较思想政治教育研究在基础理论、国别实践等方面取得了积极进展。① 在相关研究中,学界已经开始关注不同国别质量评价的实践探索和理论研究。未来的高校思想政治教育工作质量评价研究也将进一步深化国别比较研究,通过文明互鉴、文化交流进一步提升质量评价工作的科学性。其次,将更加注重思想政治教育同相关学科的比照研究。就学科发展而言,思想政治教育学科需要同其他学科交流互鉴,在交叉学科研究视域下进一步丰富基础理论和研究方法,为高校思想政治教育工作质量评价提供科学理论支撑;就实践探索而言,思想政治教育是高校人才培养的重要路径,需要同其他工作协同育人,要求高校思想政治教育工作质量评价要同其他工作的质量评价交流互鉴,进一步提升质量评价工作的协同性。最后,将更加注重思想政治教育工作质量评价学理与工作之间的比照研究。高校思想政治教育工作质量评价的科学化发展,离不开扎实充分的理论研究,也离不开积极深入的实践探讨,要进一步加强理论研究队伍与实践工作队伍的交流与合作,通过学理与工作的对比研究,进一步推进思想政治教育工作质量评价的可操作性。

---

① 冯刚、王树荫:《思想政治教育研究热点年度发布(2018)》,团结出版社 2019 年版,第 564—581 页。

第一章　高校思想政治教育工作质量评价的缘起和发展历程

思想政治教育工作质量评价作为思想政治教育过程中的重要环节，因其在评价与判断思想政治教育效果、管理和指导思想政治教育实践、增强思想政治教育实效性方面的重要意义，日益引起广泛关注与重视，关于高校思想政治教育工作质量评价的研究业已成为思想政治教育研究领域的重大课题。2004 年，中共中央、国务院颁布《关于进一步加强和改进大学生思想政治教育的意见》，明确指出："要把大学生思想政治教育工作作为对高等学校办学质量和水平评估考核的重要指标，纳入高等学校党的建设和教育教学评估体系"，明确提出了高校思想政治教育质量问题。2017 年，教育部印发《高校思想政治工作质量提升工程实施纲要》，明确了高校思想政治工作质量提升的目标、内容、任务和实施等。研究和梳理高校思想政治教育工作质量评价的进程和发展，回顾历史，总结反思，有助于进一步提高高校思想政治教育质量。

一、高校思想政治教育工作质量评价的回顾

改革开放以来，质量评价问题一直伴随着中国高等教育，历次关于高等教育的重要文献都着重提出了质量的要求和质量评价的任务。1985 年，中共中央《关于教育体制改革的决定》中提出，"衡量任何学校工作的根本标准不是经济收益的多少，而是培养人才的数量和质量。紧紧掌握

这一条,改革就不会迷失方向”。因此,“国家及其教育管理部门要加强对高等教育的宏观指导和管理。教育管理部门还要组织教育界、知识界和用人部门定期对高等学校的办学水平进行评估”。这也明确了以评估的方式来判断质量。1993 年,中共中央、国务院《中国教育改革和发展纲要》提出,“中国高等教育要适应加快改革开放和现代化建设的需要,质量和效益明显提高”,因此,要“加强质量监督和评估制度”,“建立各级各类教育的质量标准和评估指标体系”,对高等教育,“要采取领导、专家和社会用人部门相结合的办法,通过多种形式进行质量评估和检查”,“要建立有教育和社会各界专家参加的咨询、审议、评估等机构,对高等教育方针政策、发展战略和规划等提出咨询建议,形成民主的、科学的决策程序”。这一文件为思想政治教育工作质量评价提供了政策依据,1994 年,中共中央《关于进一步加强和改进学校德育工作的若干意见》明确要求,“要建立德育工作评估制度,并把德育工作作为评价一个地区、一所学校教育教学工作的重要内容。高等学校德育工作应列入‘211 工程’评估标准”。1999 年,《中华人民共和国高等教育法》开始施行,其中要求“提高高等教育的质量和效益”,“高等学校应当以培养人才为中心,要保证教育教学质量达到国家规定的标准”,“高等学校的教育质量,接受教育行政部门的监督和由其组织的评估”①,以法律的形式规定了高校教育质量评价这一任务。2000 年,教育部《关于加强和改进研究德育工作的若干意见》中提出,“要建立研究生德育工作评估制度,把研究生德育工作的落实情况和效果作为评价和衡量研究生德育工作的重要质量并列入研究生培养工作评估体系,使研究生德育工作逐步走向制度化、规范化和科学化”,明确思想政治教育工作质量评价的目标是思想政治教育的制度化、规范化和科学化。可以看出,随着高等教育的发展,质量越来越成为高等教育的生命线,质量评价不仅是工作评定和价值判断的明确任务,更是反

① 2015 年,《中华人民共和国高等教育法》修订,关于教育评价的内容修订为,“高等学校应当建立本学校办学水平、教育质量的评价制度,及时公开相关信息,接受社会监督。教育行政部门负责组织专家或者委托第三方专业机构对高等学校的办学水平、效益和教育质量进行评估。评估结果应当向社会公开”。

馈和改进高等教育的重要方法，而对于高校思想政治教育工作质量评价的要求和需求也在不断提升。

2004年，中共中央、国务院颁布《关于进一步加强和改进大学生思想政治教育的意见》，作为新世纪大学生思想政治教育的纲领性文件，提出高校思想政治教育须从两个层面评估，高校内部自身要“把思想政治教育与教学、科研、社会服务工作结合起来，同时部署，同时检查，同时评估”，而从外部“要把大学生思想政治教育工作作为对高等学校办学质量和水平评估考核的重要指标，纳入高等学校党的建设和教育教学评估体系”。同时，文件明确了加强和改进大学生思想政治教育的主要任务、思想政治理论课、日常思想政治教育和思想政治教育工作队伍等具体内容，从而为高校思想政治教育工作质量评价具体落实和实施提供了各方面支撑。文件的实施为高校思想政治教育工作质量评价研究的发展和实践的深化提供了坚实的基础，近十年来，关于高校思想政治教育整体或是部分研究不断深化，在实践中，伴随高校思想政治工作的不断推进，成果大量涌现，这些都丰富了高校思想政治教育工作质量评价体系。因而，以此为时间起点，梳理十余年来高校思想政治教育工作质量评价的主要研究和实践，集中体现在如下四个方面。

一是关于高校思想政治教育工作质量评价整体的系统的研究不断出现。这其中包括代表性著作，如王茂胜著的《思想政治教育评价论》（中国社会科学出版社2006年版），秦尚海著的《高校德育评估论》（中国社会科学出版社2006年版）。包括在丛书中有比较系统的研究章节，如冯刚、郑永廷主编的《思想政治教育学科30年发展研究报告》（光明日报出版社2014年版）中单列一章“思想政治教育测评研究的回顾与展望”。有的以年度报告的形式，梳理思想政治教育各部分内容或各省市工作素材，形成质量评价基础材料的，如冯刚、沈壮海编写的《思想政治教育发展报告2012》（高等教育出版社2012年版）、《思想政治教育发展报告2013》（高等教育出版社2014年版），北京化工大学全国大学思想政治教育发展研究中心组编的《中国大学生思想政治教育年度质量报告》（光明日报出版社2016年版）。还有虽然并未出版，但已经有了相对完整雏形的学位论文，尤其是博士学位论文，如赵祖地的《高校德育评估研究》（南京师范大学博士学位论文 2014 年）。这些成果，有的是学者工作与研究相结合的产物，体现出高校思想政治教育工作质量评价问题在理论和实践的双重意义。有的是各类基金资助项目，反映出国家和各部门对这一问题的持续高度关注，如《高校思想政治教育工作质量评价体系研究》获得 2017 年国家社会科学基金教育学重大项目立项。有的是其他学科从本学科理论出发涉及这一研究领域，如上海市教育评估院集中出版的《教育评估文库》，涵盖中国教育评估史、高等教育绩效评估等方面。马健生等著《高等教育质量保障体系的国际比较研究》（北京师范大学出版社 2014 年版）。

二是针对高校思想政治教育工作质量评价在具体领域应用的研究更加深入。主要包括一批专门研究著作的出版，如鲁宇红、郭建生编著的《应用型本科院校大学生思想政治教育评价体系研究》（东南大学出版社 2008 年版），蔡晓良著的《马克思主义理论教育评价》（社会科学文献出版社 2009 年版），张凤华等著的《高校思想政治理论课"05 方案"实施及测评的实证研究》（中国社会科学出版社 2011 年版），骆郁廷主编的《高校思想政治理论课程评价新探》（社会科学出版社 2011 年版），吴云志著的《高校辅导员工作绩效评价体系研究》（辽宁师范大学出版社 2013 年版），张耀灿等著的《高校思想政治理论课教育教学质量检测体系研究》（经济科学出版社 2014 年版），张忠家、黄义武等著的《产学研合作提升人才培养模式质量研究》（教育科学出版社 2014 年版），等等。

三是围绕思想政治教育工作质量评价的具体讨论不断涌现。主要表现在拓展了思想政治教育工作质量评价的研究内容，不仅包括以往的内涵、范围、特点、标准、原则等内部要素研究，还增加了关于历史研究、中外比较、理论基础等方面的探讨，研究论文不断涌现，对中国知网的检索（见表 1-1）发现这些研究的对象更加多元具体，研究的总结性、对策性和前瞻性明显增强，研究成果的规范性和学术性以及数量都有所提升。同时，学位论文的情况也从一个侧面反映出高校思想政治教育工作质量评价的研究不断接续。

表 1-1　基于中国知网搜索得出的相关论文统计表(2004 年 1 月—2017 年 11 月)

检索字段 检索类型	思想政治教育评估	思想政治教育评价	思想政治教育测评	高校德育评估	高校德育评价
关键词	7	7	3	2	0
篇名	66	75	15	23	19
摘要	121	177	26	25	43
主题	127	247	31	30	47
全文	1552	2324	252	349	405
以此为学位论文标题	10	6	0	3	1

四是推进高校思想政治教育工作质量评价具体的制定和实施。2012年,教育部颁布《全国大学生思想政治教育工作测评体系(试行)》,《测评体系》分高校版和省区市版,分别针对高等学校和教育主管部门开展思想政治教育工作的情况进行评价,成为本阶段高校思想政治教育工作质量评价研究的标志性成果,成为指导高校思想政治教育工作质量评价实操的政策依据和有力工具,这一体系既是在总结此前研究成果、借鉴部分高校和地方行政单位工作经验基础上提炼而成,又进一步推动相关评价实践继续发展,同时,对于高校思想政治教育的具体内容,如思想政治理论课、师生党建、辅导员队伍、马克思主义学院建设、高校日常思想政治教育等方面的标准和要求也不断细化,有的还出台了具体评价指标。

二、高校思想政治教育工作质量评价研究的主要成果

在对高校思想政治教育工作质量评价研究成果进行梳理总结之前,需要对几个经常性术语进行分析。在政策文件或是具体研究中,关于高校思想政治教育工作质量评价这一领域,会出现诸如"思想政治教育评

价”“思想政治教育评估”“思想政治教育测评”“德育评价”“德育评估”等不同表述。下面就这些表述进行简单分析。

思想政治教育评价是指评价者依据一定的思想政治教育评价标准，运用测量与统计分析，通过信息反馈，对思想政治教育工作的过程与效果进行实事求是的分析，做出定量评价和定性评述的活动。思想政治教育评价强调正确的价值观导向和主体呈现，旨在促使思想政治教育任务的承担者对自身的工作绩效和失误进行反思、控制和调整，对影响目标的因素进行优化，从而更有益于思想政治教育的近期目标和长远目标。

思想政治教育评估是按照一定的标准和原则，对思想政治教育整体的认识、评述与估价，它主要解决思想政治教育做得怎么样的问题。评估环节是思想政治教育整体过程必不可少的组成部分，它通过科学的反馈，对思想政治教育工作的过程及各要素、效果及社会价值进行实事求是、科学的分析，以便总结经验、纠正偏差，最大限度地发挥思想政治教育的作用。评估是改进思想政治教育的质量和效益的重要方法。

“思想政治教育测评”的概念出现较晚，是按照一定的标准和原则，对思想政治教育经过测试后进行评定，侧重于在定量分析的基础上，综合定性描述进行评判，更强调评价过程的科学化。2007 年和 2008 年，教育部分别委托西南民族大学和重庆市委教育工委承担“大学生思想政治教育测评体系研究”，从高校和行政主管部门两个角度分别研究，“思想政治教育测评”的概念逐渐被使用。而德育评价、德育评估、德育测评等表述，相对明确地以学生为评判对象，侧重围绕思想情况、政治素质、品德状况开展。

可以看出，这些表述各有侧重，在内涵、范围、标准、原则，以及指标构建、操作流程和途径方法上有许多相似之处，都是对思想政治教育做出的评判或判断，是围绕同一个问题展开的研究，彼此之间的区别仅在于或侧重于定性描述，或侧重于定量分析，或侧重于对结果或过程的价值判断，但都是基于思想政治教育质量的讨论。

高校思想政治教育工作质量评价不只是对价值判断和量化测评的强调，还是对高校思想政治教育质量的整体强调，涵盖以上多种表述。具体来说包括三方面的内涵：一是高校思想政治教育工作质量评价是指高校落实和开展立德树人根本任务的实际情况，是落实扎根中国大地办大学，坚持社会主义办学方向的时代要求，重点突出党的教育方针政策的完成度和实效性。二是高校思想政治教育质量着眼于高校人才培养的质量，切实回答“为谁培养人、培养什么人、如何培养人”的根本问题，反映高校如何把思想政治工作贯穿教育教学全过程，实现全程、全方位育人。三是高校思想政治教育质量体现高校思想政治教育整体工作水平，反映高校遵循教育规律、思想政治工作规律和学生成长规律，实施开展思想政治教育的顶层设计、体制机制、方法举措、平台路径和效果影响等。

近年来关于思想政治教育工作质量评价研究领域的成果，主要可以归纳为五个部分：一是中国思想政治教育工作质量评价史研究，二是中外高校思想政治教育工作质量评价比较研究，三是高校思想政治教育工作质量评价理论基础研究，四是高校思想政治教育工作质量评价指标体系研究，五是高校思想政治教育工作质量评价在具体领域应用的研究。下面就这些方面成果进行简要整理。在具体引证中，仍然沿用原有表述，在具体语境下不做区分。

（一）中国思想政治教育工作质量评价史研究

中国历史上虽然没有现代意义上思想政治教育工作质量评价的概念和理论，但因中国古代教育和选人受到“德才兼备”思想的影响，对人才的德行评判由来已久，中国古代在“德”的评价方面有着丰富的经验和素材，有学者总结了中国历代在德育评估方面的思想表达，①先秦时代分儒墨道法各家来论述，探讨了各家对品德标准的不同侧重，同时找出了评估的技术路径，如认为“知行统一是孔子德育评估的重要途径和方法”，墨家的德育评估方法有“调查考证法”“辩论察实法”“环境条件分析法”等。对秦朝以后以朝代论述，更侧重官方采纳和使用的评估思想，如提到宋代议定太学新制、明代学校禁例十二条、清代官学教育重点和教材等内容中有关品德评判标准的部分。有学者更加强调德育评估的价值判断，

① 秦尚海：《高校德育评估论》，中国社会科学出版社 2006 年版，第 35—62 页。

总结了中国传统德育评估思想的政治价值、教化价值，进而列举了古代不同主张中德育评估的标准和评估方法。① 这些思想，更多聚焦于对教育对象的评价，定性为主，反映了中国古代官方主流价值取向。有的学者将改革开放以来思想政治教育测评分为四个发展阶段，分别以 1984 年思想政治教育学科正式建立、1993 年《中国教育改革和发展规划纲要》颁布和《关于进一步加强和改进大学生思想政治教育的意见》颁布为时间节点，总结了每一阶段发展历程，梳理了思想政治教育测评的内涵、范围、特点、类型、标准、原则、指标体系、调解机制、实施程序、途径方法十个方面成果，指出思想政治教育测评存在"指标困境"和"方法困境"两方面问题，研究认为，思想政治教育测评未来发展重在新的测评理念的指导、权威指标体系的建构以及新型途径方法的探索。②

有研究从教育学学科领域入手，从教育评估的角度，系统整理了中国教育评估史，③研究把中国教育评估史分为三个阶段：一是中国古代教育评估思想的发生和实践，认为近代以前的官学私学和科举制度都在品德评估方面提出了思想源流和实践依据，尤其是西周时期，对当时学生学习主要科目"六艺"中的"射"提出了"五射"的标准，可以说是中国教育评估史上明确出现的一个量化指标。二是中国近代教育评估的实践与探索，分析了西方教育思想和理论引入对中国教育中督导、考试、测量等方面产生的影响。三是中国当代教育评估的复苏与创新，重点梳理了改革开放以来中国教育评估领域督导制度恢复、高等教育评估理论研究、实践探索和体系化建设。研究认为，新中国成立以后，中国逐渐形成了有特色的教育评估体系，1985 年召开的"高等工程教育评估问题专题研讨会"是国内学术界公认的高等教育评估正式开始的起点。研究还提出了教育评估领域的趋势，如质量评估成为教育评估的核心内容，多元参与的社会化

---

① 赵祖地、刘云林：《中国古代德育评估思想略考》，《西安电子科技大学学报》（社会科学版）2013 年第 5 期。

② 沈壮海、段立国：《思想政治教育测评研究的回顾与展望》，《思想教育研究》2014 年第 9 期。

③ 孙崇文、伍伟民、赵慧：《中国教育评估史稿》，高等教育出版社 2010 年版。

评估日益兴起,等等。

(二)中外高校思想政治教育工作质量评价比较研究

随着《关于进一步加强和改进大学生思想政治教育的意见》的颁布,以及 21 世纪以来中国对于全球视野和国际比较的日益关注,这一阶段关于中外高校思想政治教育工作质量评价的比较研究不断增加,有的学者梳理西方古今名人或是学术流派的相关思想,延伸至教育学、心理学等学科领域,总结出西方现代德育评估理论有评估标准多元化、评估形式自主性、评估方法定量化、评估本质个体化等特征。研究认为,西方德育评估经历了从目标评价转向过程评价,从效能评价转向价值评价,从结果评价转向素质评价的一系列过程,从而指出相比教育评估的其他领域,德育评估依然是相当薄弱的领域。① 也有的研究专注于具体国别的比较研究,重点在评价理论、指标体系、实施方法等方面进行探讨。② 中外思想政治教育评价比较研究放置在国别比较框架内,不仅扩大了思想政治教育工作质量评价的空间视野,而且因不同国家开展评价研究和实践的学科依托有所差别,拓展了思想政治教育工作质量评价的学科视野。

有研究系统整理了 20 世纪 80 年代中后期以来,美、英、法、德、日、荷、澳等国家高等教育质量保证体系的产生背景、组织机构、质量标准和运行机制,对质量保证体系的整体构建进行了国别比较研究。③ 研究以 20 世纪 80 年代西方国家以提高高等教育质量为核心的教育改革为背景,提出高等教育质量保证是为维持和提高高等教育的质量所实施的有计划、有组织、有系统的质量持续促进活动。研究总结了高等教育质量保证的六条国际经验:一是机构的独立与自治确保评估的公正有效,二是高

---

① 秦尚海:《高校德育评估论》,中国社会科学出版社 2006 年版,第 63—85 页。

② 参见韩迎春:《中美高校德育评估标准比较及其启示》,《湖南师范大学教育科学学报》2011 年第 1 期;闫晓:《当代中美高校德育评价比较研究》,厦门大学硕士学位论文,2007 年。

③ 马健生等:《高等教育质量保证体系的国际比较研究》,北京师范大学出版社 2014 年版。

校的自我评估增强管理的内在动力,三是中介机构的监控实现质量保证的组织协调,四是内外部机制的互通确保质量保证良性循环,五是质量标准的建设推动高等教育质量稳步提升,六是法律的建立健全确保质量保证有序运行。由此提出了构建我国高等教育质量保证体系的策略:一是扩大高等学校的办学自主权,二是建立高等教育机构自我评估机制,三是发挥行业和社会中介机构作用,四是完善高等教育质量保证的组织机构建设,五是加强高等教育质量标准建设,六是完善高等教育质量法律保证体系。

(三)高校思想政治教育工作质量评价理论基础研究

马克思主义是思想政治教育学的理论基础,作为思想政治教育的一个分支,高校思想政治教育工作质量评价的理论基础首先是马克思主义。具体来说,有学者认为,马克思主义哲学,包括认识论、价值论和评价论为思想政治教育评价提供了科学的世界观和方法论,思想政治教育学、心理学、管理学、教育测量学、教育统计学和系统科学等相关学科则为思想政治教育评价奠定了坚实的理论基础。① 有学者提出,马克思主义哲学与伦理学是德育评估的根本理论基础,伦理学中关于道德原则、道德规范等学科理论为德育评估提供了丰富的内容和方法论基础。② 理论基础的研究为高校思想政治教育工作质量评价提供了明确的方位,尤其是政治方位,同时也为各学科理论应用于高校思想政治教育工作质量评价研究和实践提供了可行性参考。

有学者还梳理了马克思主义经典作家的德育评估思想,这些研究观点包括马克思、恩格斯关于人的本质理论是德育评估的理论前提,对人的全面发展的论述为德育评估指明了目标和方向,唯物史观为德育评估的客观性、科学性和实践性奠定了基础。③ 马克思、恩格斯的价值理论是德育评估理论的基石,他们提出的数量分析法,为德育评估提供方法论的原

① 王茂胜:《思想政治教育评价论》,中国社会科学出版社 2006 年版,第 59 页。

② 秦尚海:《高校德育评估论》,中国社会科学出版社 2006 年版,第 129—130 页。

③ 秦尚海:《高校德育评估论》,中国社会科学出版社 2006 年版,第 86—89 页。

则,同时也为德育评估直接提供“方法”。[①] 此外学者们还总结了中国化马克思主义德育评估思想,尤其是党的领导人对德育评估理论和实践的贡献。[②] 主要观点如:毛泽东系统提出了德育目标,全面论述了关于德育的基本内容,为德育评估提出了一系列方法论原则,提出了动机与效果相统一的原则,提出了时间是检验德育效果的评估标准;邓小平提出的“四有”新人培养目标和“三个有利于”的提法为德育评估提供了方位和标准。马克思主义经典作家和中国化马克思主义丰富了思想政治教育工作质量评价思想和理论,党的领导人的论述客观上推动了思想政治教育工作质量评价工作的整体发展。

关于思想政治教育工作质量评价原则的论述一般包含两个维度,理论维度是指思想政治教育工作质量评价的基本遵循,近年来理论方面阐释高校思想政治教育工作质量评价原则的观点有党性原则、实事求是原则、历史性原则、[③]导向与目标相统一原则、客观而全面原则、创新性和发展性相统一原则、[④]导向性原则、辩证性原则、科学性原则、人本性原则等。[⑤] 理论原则把握了思想政治教育工作质量评价的政治方向,充分尊重规律,坚持以人为本。实践维度是指开展思想政治教育工作质量评价的操作规范,近年来的研究对实践维度的原则集中在定性与定量评价相结合,[⑥]此外还包括静态与动态有机结合、[⑦]全面评价与重点评价相结

---

① 赵祖地:《论马克思主义经典作家德育评估思想》,《国家教育行政学院学报》2013 年第 3 期。

② 参见秦尚海:《高校德育评估论》,中国社会科学出版社 2006 年版,第 92—128 页;赵祖地:《中国化马克思主义德育评估思想》,《毛泽东思想研究》2013 年第 5 期。

③ 王斌:《思想政治教育评估研究》,西南师范大学硕士学位论文,2004 年。

④ 秦尚海:《高校德育评估论》,中国社会科学出版社 2006 年版,第 134—138 页。

⑤ 罗布江村、赵心愚、冯瑛、李永政:《大学生思想政治教育原则测评体系的建构原则与方法研究》,《四川师范大学学报》(社会科学版)2009 年第 6 期。

⑥ 成春、李向成:《定性与定量测评相结合原则在大学生思想政治教育测评中的应用研究》,《思想教育研究》2013 年第 12 期。

⑦ 王斌:《思想政治教育评估研究》,西南师范大学硕士学位论文,2004 年。

合、静态评价与动态评价相结合、形成性评价与总结性评价相结合的原则。① 实践原则反映了近年来高校思想政治教育工作质量评价具体工作开展过程中的经验总结。也有研究提出思想政治教育评价的理论有效性和实践实效性双重维度,认为二者有机结合,贯穿于思想政治教育评估的全过程,是保证思想政治教育评估的系统性、完整性,以及思想政治教育学科规范化、科学化的必然要求。②

在高校思想政治教育工作质量评价研究中,其实都包含对前人研究的整理和评述,这些过程包含着对高校思想政治教育工作质量评价本身的思考。2004 年以来,随着研究和实践的深入,对这一问题的总结和反思越来越多,许多论述都涉及思想政治教育工作质量评价的理论依托。有的学者认为高校德育评估理论准备不足、价值认识不清、对结构要素标准以及体系建构途径方法等方面把握不当,根本原因是基础研究缺失、本体研究薄弱、评估方法研究不足和应用研究缺乏。③ 有的学者认为思想政治教育评估存在范围、效益、技术三方面困境,要通过新目标的确立和研究理念、内容研究、方法研究三方面进行创新,理念上实现从学理主义向实证主义转变,内容上从单一强调结果向过程与结果双向统一转变,方法上从单一强调定性分析与定量分析到两者内在统一转变。④ 有的学者认为德育评价的概念不清导致定位存在误区,评价基本理论缺失,德育评价重量化而缺少人文关怀,德育评价缺乏宏观性和实践性的研究。⑤

---

① 王茂胜:《思想政治教育评价论》,中国社会科学出版社 2006 年版,第 175—178 页。

② 鲁杰、刘培峰:《论思想政治教育评估的二重维度》,《思想教育研究》2017 年第 8 期。

③ 赵祖地、刘云林:《德育评估:现状、问题及成因》,《高教发展与评估》2013 年第 5 期。

④ 孙梦云、杨国辉、曹友华:《思想政治教育评估的状况分析》,《湖南师范大学社会科学学报》2006 年第 1 期。

⑤ 张忠华、张典兵:《对德育评价研究的回顾和反思》,《高教发展与评估》2011 年第 1 期。

（四）高校思想政治教育工作质量评价指标体系研究

指标体系是思想政治教育工作质量评价各要素的集中体现，是理论研究能够应用于实践工作的关键，近年来，学界关于思想政治教育工作质量评价指标体系的研究从零星到系统，从研究框架落地为工作案例，形成了丰富的成果。

有的研究从整体框架、人员组织、要素设计、评估方法等内容入手，并设立了案例和问卷，定性与定量相结合，尝试搭建思想政治教育工作质量评价指标体系，[①]有的学者将高校德育评估构成要素细化为目标、内容、指标标准、途径方法、评估主体等子要素，一一讨论深化，从而形成高校德育评估体系。[②] 随着研究的不断推进和实践的反馈，对于思想政治教育工作质量评价指标体系的研究更加具体，形成了一些可供应用的指标体系。有的学者把高校院系学生思想政治教育评价作为案例，重点设计了高校院系学生思想政治教育评价指标构成、权重设计、具体观测点的设计和具体操作方法，并给出了评价的时间范围以及方法步骤，形成了可供实施的方案。[③] 有的研究借用顾客满意指数模型，开发了基于学生满意度的德育评价模型，并在一定范围内进行了采样分析，将研究用于日常工作。[④] 有的研究以大学生政治素质评估为研究内容，面向专家、辅导员、大学生和社会群体征集了指标体系中指标、权重、等级和评语等内容，从而制定了相应的指标体系，并设计了实施开展的途径方法。[⑤] 有的研究在搭建指标体系的基础上，进行了信效度检测，加入了结果反馈等环节，制定了针对校院班生四个层次的具体实施方案，[⑥]对指标体系的研究和探索，引入了更多科学化规范化的要求和标准，为思想政治教育工作质量

① 王斌：《思想政治教育评估研究》，西南师范大学硕士学位论文，2004 年。

② 秦尚海：《高校德育评估论》，中国社会科学出版社 2006 年版，第 151—201 页。

③ 王茂胜：《思想政治教育评价论》，中国社会科学出版社 2006 年版，第 233—272 页。

④ 杨瑞东、倪士光：《基于学生满意度的德育评价模型的开发和应用》，《现代教育技术》2014 年第 8 期。

⑤ 李杰：《大学生政治素质评估研究》，中国地质大学博士学位论文，2013 年。

⑥ 赵祖地：《高校德育评估研究》，南京师范大学博士学位论文，2014 年。

评价从研究走向实践奠定了坚实基础。

与此同时,也有关于指标体系本身的总结与反思,如有的学者认为,评估指标的综合性与评估对象的差异性难以平衡,应该把握社会价值与个体价值同构的培养目标,在评估中坚持形成性和发展性同构,坚持科学性与系统性同构。① 有学者认为思想政治教育评估指标体系面临理论发展渐进性与理论应用的迫切性、量化评估的可能性与创新研究的艰难性相互交织、指标参数的庞杂性与实际操作的便捷性之间的矛盾,提出应该把握以动态发展为基础的理论维度、以操作便捷为原则的实践维度和以绩效最优为依托的价值维度。②

(五)高校思想政治教育工作质量评价在具体领域应用的研究

高校思想政治教育工作质量评价的对象是大学生思想政治教育工作,涵盖了思想政治理论课评价、日常思想政治教育评价、辅导员工作评价等多个方面,也涵盖了不同层次类型的高校。思想政治教育工作质量评价研究不断发展的同时,这些具体方面的质量评价研究也在同步发展。

思想政治理论课方面,有研究以高校思想政治理论课"05 方案"的实施为评价对象,对全国 33 所高校和 9 个省市教育厅进行了调研,总结出高校思想政治理论课教育教学评价的主要做法,包括针对教师考评的听课评课、专家评教、网上评教、教学竞赛和精品课、精彩一课的评选,针对课程考核的平时与期末相结合、考试与考察相结合、建立试题库试行教考分离、开卷与闭卷相结合、加强平时学习和实践教学环节考核等。研究提出,教师教学评价成为重点,评价内容和方式向立体化多方位发展,课程建设评估方案、教学评建机构和教学督导制度都在逐渐推进,学生学习效果注重全过程考核,实践能力和研究能力成为考核亮点。同时提出了高校思想政治理论课教育教学评价的问题,包括思想道德素质评价成为难

---

① 鲁烨:《大学生思想政治教育评估理念论析——基于社会价值与个体价值同构的论域》,《江苏高教》2015 年第 2 期。

② 刘倩:《思想政治教育评估指标体系研究的困境与出路》,《思想教育研究》2013 年第 4 期。

点，评价指标体系缺乏专用性和针对性；观念的滞后成为制约点，评价目的缺乏引导性和激励性；教学效果的评价成为盲点，评价方法缺乏科学性和规范性；以学评教的客观性成为质疑点，评价结果缺乏真实性与可信性。① 在此项研究的基础上，有研究分析了主要考察思想政治理论课的评价中，“投入和过程”的“以教评教”和重点关注“产出和结果”的“以学评教”两种模式，针对思想政治理论课四门课程《马克思主义基本原理概论》《毛泽东思想和中国特色社会主义理论体系概论》《中国近现代史纲要》和《思想道德修养与法律基础》分别制定了“以学评教”监测体系，组织了三次测试，分别面向研究者所在学校华中师范大学，武汉市 10 所高校和湖北省部分高校，开展了课前和课后测试，形成了《湖北高校思想政治理论课教育教学质量监测报告》，②形成了相对完整的高校思想政治理论课评价研究成果。此外，有学者从马克思主义理论教育的整体切入，提出了马克思主义理论教育评价的结构功能、原则方法、模式构建等。③ 有的学者系统论述了高校思想政治理论课评价的依据、功能本质、主体、客体、标准、过程、方法等，回应了“什么是高校思想政治理论课程评价，为什么要开展高校思想政治理论课程评价和怎样开展高校思想政治理论课程评价”等问题。④

在日常思想政治教育方面，关于学生党建、主题教育、就业创业教育、心理健康教育、资助管理等方面的质量评价研究也有很多。如有的研究聚焦中国高校心理健康教育评估指标体系的构建，经过专家咨询制定了心理健康教育评估指标体系，包括组织管理与机构设置、师资队伍建设、教育活动与科研、咨询与辅导、条件保障 5 项一级指标 28 项二级指标，并在 3 所高校进行试评，结果与学校实际心理健康教育状况一致，达到了预

① 张凤华、梅萍、万美容：《高校思想政治理论课“05 方案”实施及测评的实证研究》，中国社会科学出版社 2011 年版。

② 张耀灿等：《高校思想政治理论课教育教学质量监测体系研究》，经济科学出版社 2014 年版。

③ 蔡晓良：《马克思主义理论教育评价》，社会科学文献出版社 2009 年版。

④ 骆郁廷主编：《高校思想政治理论课程评价新探》，中国社会科学出版社 2011 年版。

期效果。①

在辅导员工作评价方面，2004 年《关于进一步加强和改进大学生思想政治教育的意见》明确了辅导员的身份，客观上推动了辅导员队伍、工作和对应研究的全面发展，根据中国知网搜索统计，有关高校辅导员工作评价的学术文章有 100 余篇。从高校工作人员的身份属性来看，其中有不少研究引入了管理学中的绩效评估、360 度评价等理论。如有的研究从辅导员绩效角度入手，梳理了高校辅导员工作绩效评价的理论基础和知识借鉴，提出了绩效评价的科学理念和基本原则，探索了绩效评价内容和指标体系、方法与技术以及评价结果的反馈和应用。②

在不同类型高校的应用研究方面，有的研究以应用型本科院校为切入点，以本院校为案例，提出了大学生思想政治教育自我评价体系、大学生思想政治教育学校评价体系和大学生思想政治教育社会评价体系。③有的研究着眼于学校办学产学研合作的突出特色，从提升人才培养质量的角度，以本院校为案例，分析产学研合作人才培养质量评价问题，提出了明确的指标体系、内容权重标准以及具体评价办法。④

三、高校思想政治教育工作质量评价实践的主要成果

高校思想政治教育工作质量评价的关键是质量体系的建立和工作实践的开展，这也是 2004 年以来高校思想政治教育工作质量评价领域成果

---

① 马艳秀、杨振斌、李焰：《构建中国高校心理健康教育评估指标体系的研究》，《思想教育研究》2013 年第 3 期。

② 吴云志：《高校辅导员工作绩效评价体系研究》，辽宁师范大学博士学位论文，2011 年。

③ 鲁宇红、郭建生编著：《应用型本科院校大学生思想政治教育评价体系研究》，东南大学出版社 2008 年版。

④ 张忠家、黄义武等：《产学研合作提升人才培养质量研究》，教育科学出版社 2014 年版。

最为突出的部分。《关于进一步加强和改进大学生思想政治教育的意见》指出:“要把大学生思想政治教育工作作为对高等学校办学质量和水平评估考核的重要指标,纳入高等学校党的建设和教育教学评估体系。”这对高校思想政治教育工作质量评价提出了更加全面的要求。各省区市和高校贯彻落实中央精神,亦纷纷出台了本地、本校的思想政治教育工作质量评价体系,推进思想政治教育工作质量评价实践不断取得新进展。

(一)高校思想政治教育工作质量评价宏观政策的制定

2006年,全国高校党建工作会议指出,要“建立和完善高等教育质量保证体系”,要“逐步建立遵循教育规律、体现时代要求、便于具体操作的大学生思想政治教育测评体系,努力实现大学生思想政治教育的良性循环”。2007年,教育部人文社会科学研究课题委托西南民族大学承担“大学生思想政治教育测评体系研究”,2008年,教育部哲学社会科学研究重大课题委托重庆市委教育工委承担“大学生思想政治教育测评体系研究”,两项课题形成的研究成果,从高校和地方行政单位两个方面,为思想政治教育工作质量评价体系提供了参考。2012年,中宣部、教育部颁布《全国大学生思想政治教育工作测评体系(试行)》(以下简称《测评体系》)。《体系》分省区市版和高校版,前者测试党委政府加强和改进大学生思想政治教育工作的进展和成效,包括4项一级指标和12项二级指标;后者测试高等学校加强和改进大学生思想政治教育工作的进展和成效,包括6项一级指标和20项二级指标,主要采用材料审核和实地考察两种方法。材料审核以测评年度前两年的材料为主,各类数据取测评年度前两年的平均值。实地考察采取走访、问卷调查等方式。测评结果采用“状态描述法”,以A、B、C、D描述测评结果,分别对应为优秀、良好、合格、不合格。这一文件的颁布实施成为思想政治教育工作质量评价研究的标志性成果,充分彰显了党和国家对大学生思想政治教育工作质量评价研究的关切与重视。2013年,中宣部、教育部联合下发通知,要求各地各高校按照《测评体系》要求开展自测自评,随后各省区市、新疆生产建设兵团和全国2000余所高校根据相关要求进行了自测自评并提交了自评报告。2014年,两部门对北京、天津、河北、山东、吉林、陕西、贵州、云南、青海、广西等10省市和辖区内部分高校进行了测评抽查,抽查采用听取工作汇报、查阅文件档案、召开座谈会、个别访谈、实地调查相结合的方式进行。通过自测自评和抽查,两部门基本掌握了各地各高校《测评体系》贯彻落实情况、主要成效及存在问题,形成了《全国大学生思想政治教育工作测评报告》。《测评报告》是高校思想政治教育工作质量评价研究的重要成果,为推动高校思想政治教育工作质量评价研究的进一步深化、构建新的高校思想政治教育工作质量评价体系,提供了重要参考。

党的十八大以来,习近平总书记站在为实现"两个一百年"奋斗目标和中华民族伟大复兴中国梦培养建设者和接班人的高度,多次就加强高校思想政治教育、加强高校宣传思想工作等方面发表重要讲话、作出重要指示。2016年12月,全国高校思想政治工作会议召开,中共中央、国务院印发《关于加强和改进新形势下高校思想政治工作的意见》,《意见》明确指出,要"健全高校思想政治工作评价体系。研究制定内容全面、指标合理、方法科学的评价体系,坚持定性分析和定量分析相结合、工作评价和效果评估相结合,推动高校思想政治工作制度化。鼓励各地区各有关部门各高校创造性开展工作,把创新成果纳入评价内容。"这些讲话和文件对推动高校思想政治教育工作质量评价研究的继续深化、构建中国特色的高校思想政治教育工作质量评价体系奠定了基础。2017年底,教育部印发《高校思想政治工作质量提升工程实施纲要》,《纲要》分为目标原则、基本任务、主要内容、实施保障四个部分。详细规划了"十大育人"的一体化育人体系。《纲要》立足新时代对高校思想政治教育发展提出的要求,直面高校立德树人的根本任务,努力把贯彻落实全国高校思想政治工作会议精神进一步引向深入,致力于解决高校思想政治工作发展不平衡不充分的问题。就质量评价的角度而言,《纲要》最突出的是提出构建高校思想政治教育工作质量评价的三重运行机制:一是成立高校思想政治工作委员会,加强工作统筹、决策咨询和评估督导。二是健全高校思想政治工作质量评价机制,研究制定高校思想政治工作评价指标体系,创新评价方式,探索引进第三方评价机构。三是加强督查落实。强化高校思想政治工作督导考核，把加强和改进高校思想政治工作纳入高校巡视、"双一流"建设、教学科研评估范围，作为各级党组织和党员干部工作考核的重要内容，为高校思想政治教育工作质量评价奠定了坚实基础。

（二）各省市及高校的思想政治教育工作质量评价实践活动

2006年，北京市修订颁布了《北京普通高等学校党建和思想政治工作基本标准》，2007—2008年，对党的关系隶属于北京市委的58所高校进行了达标检查验收，并在此基础上进行了第五次北京市党的建设和思想政治工作先进普通高等学校（以下简称先进校）评选。2010年，北京市委教育工委对《基本标准》和《北京普通高等学校党建和思想政治工作基本标准检查参考手册》进行了修订。修订后的《基本标准》包括10项一级指标、39项二级指标和73项测评要素，总分值为1000分。北京市在各高校贯彻执行《基本标准》的基础上，进行先进校的评选表彰。申报先进校的高校，须达到《基本标准》的要求，自评分数在850分以上。甘肃省修订颁布了《甘肃省高等学校思想政治工作考核评估标准》，《标准》设三级指标六个大类，通过听取汇报、召开座谈会、查阅资料、实地察看和问卷调查等形式对高校开展考评工作。此后，甘肃省还颁布实施了《甘肃省思想政治工作考核评估及奖励实施细则》，对各市（州）、省直部门（单位）、省属国有企业、高等学校、地（厅）级事业单位和中央驻甘大型国有企业在组织领导、制度建设、队伍建设、设施建设、任务落实、创新成果等六个方面情况进行考核评估，评估采取自评、民意调查、实绩评价、专项考核、综合评价等方式进行，考核结果分为"优秀""良好""合格""较差"四个类别。山东省制定了《山东高校大学生思想政治教育工作测评体系》，内容包括7个方面的具体要求，并将这些要求细化为21项具体指标，设计出了94项评价标准，特别是结合山东近年来开展高校德育评估的经验做法总结出了3种有效评价方式。高校方面，如北京师范大学先后制定《大学生思想政治教育量化考评指标体系》和《大学生思想政治教育量化考评办法》，并根据工作重点和职责内容的变化，多次进行修订和完善，规范量化考评程序。每年年底根据各院系的日常工作情况，对照细则标准，形成基础评分。同时，举行院系大学生思想政治教育工作考评会，就各院系的特色工作和品牌活动进行现场提问并打分，并将之与基础评分累加，形成最终考评得分。

全国高校思想政治工作会议后，各省区市迅速行动，按照把思想政治工作贯穿教育教学全过程，实现全程育人、全方位育人的要求，修订地方思想政治工作标准。如贵州省修订颁布《贵州省普通高等学校思想政治教育工作检查指标体系及标准》。《标准》共分管理机制、管理队伍、教学科研、教育途径、工作效果和特色项目6项一级指标和21项二级指标共47个项目，指标类别分为核心指标A*共9项、重点指标A共12项和基本指标B共26项，按照本科和专科两个序列进行考评，对优秀、良好和合格高校在不同指标上有相应量化要求，并拟于2017年下半年和2018年上半年开展全省普通高校思想政治教育工作检查。天津市将思想政治工作列为考核高校领导班子的核心指标，修订《天津市高等学校领导班子和领导干部综合考核评价实施办法》，出台《思想政治工作测评意见》和《思想政治教育年度考核办法》，明确了10项内容、62项量化指标，对思政工作落实不力的高校，校领导要被约谈问责。同时，还制定了领导干部联系高校制度，市委、市政府领导同志每人联系1—2所高校，每学期上1次讲台、搞1次调研，每年办1件实事。

（三）高校思想政治教育工作质量评价体系的制定、实施在具体工作领域中的体现

高校思想政治教育工作质量评价体系的制定和实施也反映在许多具体的工作领域中，如针对高校思想政治理论课，2011年，教育部研制了《高等学校思想政治理论课建设标准（暂行）》，建设指标分A*、A、B三类，共38项，其中A*为核心指标（6项），A为重点指标（8项），B为基本指标（24项）。在评价过程中，A*类指标6项、A类指标7项以上、B类指标20项以上达标，方可认定合格。2015年，教育部修订了建设标准，正式出台《高等学校思想政治理论课建设标准》，建设指标分A*、A、B三类，共39项，其中A*为核心指标（7项），A为重点指标（9项），B为基本

指标(23 项)。在评价过程中,本科院校 A* 类指标 7 项、A 类指标 8 项以上、B 类指标 20 项以上达标方可认定合格;专科院校 A* 类指标 5 项、A 类指标 7 项以上、B 类指标 19 项以上达标方可认定合格。

针对高校马克思主义学院建设,2017 年,教育部制定并颁布《高等学校马克思主义学院建设标准(2017 年本)》,设置了组织领导与管理、思想政治理论课教学、马克思主义理论学科建设、社会服务与社会影响、党的建设与思想政治工作 5 项一级指标、17 项二级指标、56 项具体要求。针对高校学生党建工作,2017 年,教育部制定并颁布《普通高等学校学生党建工作标准》(教党〔2017〕8 号),设置了组织领导、教育培养、发展党员、党员管理、作用发挥和条件保障 6 项一级指标,涵盖了党建工作的主要方面。每项一级指标下设 2—5 项二级指标,共 20 项二级指标。此外还有针对高校辅导员队伍出台的《高等学校辅导员职业能力标准(暂行)》和《普通高等学校辅导员队伍建设规定》等文件,这些文件的出台,便于制定可量化、可考察的评价指标体系,加强专项工作评估,为进一步完善和修订评价体系提供了依据。

四、新阶段高校思想政治教育工作质量评价的反思

高校思想政治教育工作质量基于新时代对高校提出的人才培养要求,有其独特的历史方位,新中国成立以来,在不同阶段对高校人才培养提出过不同要求和目标,当前,中国正处于从高等教育大国向高等教育强国的转变过程中,强首先体现在质量上。高校思想政治教育工作质量评价,有着鲜明的中国特色,是对高校培养社会主义合格建设者和可靠接班人整体状况的衡量,这一特色体现在高校思想政治教育工作质量评价体系的方方面面。构建高校思想政治教育工作质量评价体系,是一项长期动态的系统工程,近年来在研究和实践领域的探索,提供了丰富的经验和积累。质量的基本含义是事物、产品或工作的优劣程度,优劣是相对于一定的标准以及围绕此标准的完成度和满足度而言的。因此,质量评价是

一个对标的过程。同时作为一个过程,质量评价既包括评价的实施过程本身,也囊括了评价前的体系准备,评价后的反馈改进。因此,回顾高校思想政治教育工作质量评价的成果,反思和改进以后的研究和工作,需要处理好回答好三组对应关系。

一是高校思想政治教育工作质量评价标准是什么与如何确定评价体系的关系。关于高校思想政治教育工作,党和国家提出了一系列的要求,文件和政策也给出了需要完成的任务,但总体上仍然相对笼统,高校思想政治教育工作质量的目标、要素、指标等尚待进一步确定。高校思想政治教育工作质量评价是全面性的评价,在高校内部,同时存在着多种评价指标和评价工作,宏观的如本科教学评估,高校学科评估,此前的,“985”“211”评估及以后的“双一流”评估,中观的如马克思主义学院建设评估、国家重点实验室评估,微观的如针对教师、学生、课程建设、校园文化等各方面的评价或评优等。外部还有第三方的大学排名、就业竞争力排名、毕业生薪酬排名,教育学领域的学生学业效果评估,经济学管理学领域的高校绩效评估、内控制度评估,等等。这些评价与高校思想政治教育工作质量之间的关系是什么,其指标体系对高校思想政治教育工作质量评价标准有哪些可参考借鉴之处,其评价结果与高校思想政治教育工作质量评价是否同向,需要仔细研究,厘清界定。高校思想政治教育工作质量评价标准的科学性,既反映在指标体系是否合理,更应反映在高校人才培养的质量能否与其他评价、社会反响相一致。教育部此前发布消息称普通高校本科专业类教学质量国家标准即将公布,标准明确了各个专业建设的基本要求,也就是底线要求。同时对其人才培养的目标、规格、标准、课程设置及师资队伍,实践教学能力的要求等都有非常详细和明确的规定,这表明了质量评价只有标准明确,才能建立起符合要求、可判断、可度量的评价体系。

二是高校思想政治教育工作质量评价包含哪些内容与如何科学开展评价的关系。高校思想政治教育工作质量评价以高校为整体视角,思想政治教育工作的开展和人才培养的效果是一枚硬币的两面,互为表里。在评价过程中会发现,高校思想政治教育工作质量评价的内容主要包含事实和效果两部分。对于事实部分的评价相对容易，学校投入、资源配置、工作开展乃至环境营造，都在一定程度上能够可见可查，具备良好的观测基础。而对于效果部分如何反映、如何衡量，是普遍认为的难点。一是思想政治教育的范畴不易界定，而且处于动态变化的过程中，在各地各校还存在着发展不均衡的情况。二是高校思想政治教育活动与效果之间的因果关系难以确定。大学生同时受到家庭、学校和社会的教育，其效果往往是综合体现的，高校思想政治教育因其内隐、长期等特点，对于教育对象产生的影响如何估量是个难点。三是随着国内高等教育的不断发展，学校的层次类别差异化越来越大。2000 余所高等院校在大小规模、学校硬件、师资水平、教育活动和教育成效等方面都有着巨大差别，如何能够有针对性地准确反映该校该地思想政治教育的效果，需要分层分类，更有针对性地区分。教育部发布的《高校思想政治工作质量提升工程实施纲要》，其中提出了"十大育人"体系，每一条都有目标任务有工作内容有具体要求，需要进一步细化，逐条分解，以便于建立相应的指标体系实施评价，形成高校思想政治教育工作质量评价的一种模式。

三是高校思想政治教育工作质量评价应在提升人才培养质量中发挥什么作用与如何定位高校思想政治教育工作质量评价的关系。高校人才培养的过程中，思想政治教育工作质量评价成为必不可少的环节之一。高校思想政治教育工作质量评价既是反映质量现状，更着眼于通过评价，总结经验，反思不足，反馈建议，不断改进，形成工作的闭环。当前，高校思想政治教育工作质量还更多停留在摸清高校现状，把握学生情况的阶段，中央对直属高校的全覆盖巡视以及各省区市对所属地高校的全覆盖巡视提出的反馈意见，都不同程度地体现了对高校落实立德树人根本任务的评价，这些评价的反馈，推动了学校整改和质量提升，达到了评价应有的效果和意义。开展思想政治教育工作质量评价将成为一项常规制度，2012 年《全国大学生思想政治教育工作测评体系（试行）》的颁布实施将高校思想政治教育工作质量评价引入一个新的发展阶段。各地各校或是直接采纳使用测评体系，或是制定和完善了适合本地本校的实施方案，评价的实践汇总了丰富的一线数据和工作经验，将整体推进高校思想政治教育工作质量评价研究开展和工作提升。2016 年底,全国高校思想政治工作会议召开,提出了"大思政"的概念,要求"全程、全方位育人",现行思想政治教育工作质量评价将进行一定的调适和完善,以适应新时代的要求,《高校思想政治工作质量提升工程实施纲要》就是其中之一。《纲要》提出构建高校思想政治教育工作质量评价的三重运行机制,就是把高校思想政治教育工作质量评价作为一项长期制度固定下来。高校思想政治教育工作质量评价研究和实践的快速发展,将推动这一方向成为人才培养和工作实践的高地。2004 年《关于进一步加强和改进大学生思想政治教育的意见》颁布实施以来,大学生思想政治教育工作各项任务更加明确而具体,当前高等教育质量提升成为高等教育领域的重要任务,对于高校思想政治教育质量也提出了更高要求。近年来,高校思想政治教育工作质量评价研究的范围越来越宽广,溯及历史,观照全球,对于高校思想政治教育工作各具体模块的评价研究也越来越多,集中反映了提升质量是一种普遍诉求。这些研究,推进了高校思想政治教育工作质量评价的内涵和外延,也形成了一定的学术共同体。随着研究的深入和多学科的引入,高校思想政治教育工作质量评价将形成一个新的学科发展方向,也将推动这一领域走向专业化。

第二章　高校思想政治教育工作质量评价的基本原则

开展思想政治教育工作质量评价必须充分把握思想政治教育工作质量评价的基本原则。思想政治教育工作质量评价的基本原则在思想政治教育工作质量评价的理论与实践中具有重要的地位。因此,科学有效的思想政治教育工作质量评价原则是推动思想政治教育工作质量评价创新发展的重要内容,是提高思想政治教育工作质量评价有效性的基本遵循。确立科学合理的质量评价原则是进行高校思想政治教育工作质量评价的重要基础,也能为高校思想政治教育工作质量评价指明正确方向。要科学地评价思想政治教育工作质量必须遵循以下基本原则:坚持政治评价与业务评价相统一、坚持客观评价与主观评价相统一、坚持结果评价与过程评价相统一、坚持定性评价与定量评价相统一、坚持精准评价与模糊评价相统一的原则。对此,本章将做深入分析探究。

一、坚持政治评价与业务评价相统一

思想政治教育工作实践是一项复杂的实践活动,其中政治性是思想政治教育实践活动的本质特征,也是思想政治教育工作质量的根本内容。同时,任何一项思想政治教育实践活动均是特定领域的思想政治教育实践活动,都是与一定业务工作相互结合的思想政治教育实践活动,也是思想政治教育工作质量的实现载体。在这种意义上看,开展高校思想政治教育工作质量评价坚持科学有效的原则,必须首先坚持政治评价与业务评价的统一。为了更深刻全面地理解这个基本原则，我们将从高校思想政治教育工作质量坚持政治评价的所指和根据、坚持业务评价的所指和根据，以及实现二者统一的所指和要求等方面来对高校思想政治教育工作质量评价坚持政治评价与业务评价相统一原则来进行分析。

高校思想政治教育工作质量评价首先要坚持政治评价。这里的政治评价主要是指思想政治教育工作质量状况坚持或形成了正确的政治方向。具体到当代中国就是，是否坚持、符合乃至巩固了中国共产党的领导地位，是否有利于坚持中国特色社会主义制度，是否高举中国特色社会主义伟大旗帜，是否有利于实现中华民族伟大复兴中国梦，是否有利于巩固马克思主义特别是习近平新时代中国特色社会主义思想在意识形态领域的指导地位，是否有利于形成全国各族人民团结奋斗的共同思想基础，等等。正确的政治方向、注重政治评价是高校思想政治教育工作质量评价的最根本原则和依据，这既是由高校思想政治工作的特殊地位与作用决定的，又是由高校意识形态领域面临的实际形势决定的。

高校思想政治教育工作的特殊地位与作用决定了思想政治教育工作质量评价要坚持政治评价。思想政治教育工作是我们党的政治优势和优良传统，它对经济工作和其他一切工作起引导、服务和保证作用，发挥着统一思想、凝集力量的重大作用。思想政治教育工作说到底是在做人的工作，关系着培养什么样的人、如何培养人以及为谁培养人这个根本问题。政治方向坚持的如何，是否偏离，直接决定着高校思想政治教育工作质量的高低。坚持以政治评价作为思想政治教育工作质量的原则依据，必须做到在各项工作中贯穿讲政治的要求，增强原则性、系统性、预见性和创造性，立场坚定，旗帜鲜明，始终坚持正确的方向。2016 年 12 月，习近平总书记在全国高校思想政治工作会议上强调："我国高等教育肩负着培养德智体美全面发展的社会主义事业建设者和接班人的重大任务，必须坚持正确政治方向。"①2018 年 8 月，全国宣传思想工作会议中，

① 《习近平在全国高校思想政治工作会议上强调　把思想政治工作贯穿教育教学全过程　开创我国高等教育事业发展新局面》，《人民日报》2016 年 12 月 9 日。

他旗帜鲜明地指出："中国特色社会主义进入新时代，必须把统一思想、凝聚力量作为宣传思想工作的中心环节。"①高校意识形态领域面临的严峻形势决定了思想政治教育工作质量评价要坚持政治评价。从国内情况看，经济社会的转轨转型带来了思想领域的多元、多变。尤其是受西方思潮的影响，各种非马克思主义意识形态竞相登场，马克思主义在高校意识形态领域的指导地位受到严峻挑战。网络、微博、微信等新媒体对意识形态的影响越来越大，截止到 2018 年 12 月，我国的网民规模达到 8.29 亿人，是全世界最大的网络群体，网上舆论斗争越来越激烈，历史虚无主义、民粹主义、新自由主义等思潮无孔不入，高校网络阵地的治理任务繁重。从国际形势看，西方敌对势力继续对我国实施西化和分化策略，极力宣扬"淡化意识形态"。以上种种表明，在新时代，意识形态工作是党的一项极端重要的工作，通过思想政治工作加强意识形态建设，增强政治鉴别力和政治敏锐性，有效防范西化分化，维护我国政治安全和意识形态安全，任务十分紧迫。因此，高校思想政治教育工作质量评价应突出政治评价，强调正确的政治导向，以巩固马克思主义在高校意识形态领域的主导地位。

高校思想政治教育工作质量评价在注重政治评价的同时还要注重业务评价，保证全面完成思想政治工作的各项具体任务。这里所谓的业务评价，就是对于思想政治教育工作质量的评价要结合具体领域的思想政治教育工作来进行，结合思想政治教育工作通过统一人心、凝聚意志等对经济工作、具体部门工作所产生的实际的业务效果或效益进行。这里主要表现为思想政治教育工作是否促进了经济的发展，是否有利于调动了人们从事工作、生活、学习的积极性和主动性，是否带来了特定部分业务或业绩的提高等。在高校思想政治教育工作质量评价中，业务评价是思想政治教育工作质量评价的基础和前提，其主要由高校思想政治教育的根本任务和具体任务来决定。

---

① 《习近平在全国宣传思想工作会议上强调　举旗帜聚民心育新人兴文化展形象更好完成新形势下宣传思想工作使命任务》，《人民日报》2018 年 8 月 23 日。

高校思想政治教育的根本任务决定了思想政治教育工作质量业务评价的基本要求。习近平新时代中国特色社会主义思想为我们指明了思想政治教育工作的根本任务是立德树人、培育时代新人。高校思想政治教育质量评价注重业务评价，就要遵循“立德树人、培育时代新人”的根本任务制定业务评价的根本标准。多元的价值观、日新月异的社会、海量信息的冲击，人类面临的德性挑战日趋严峻，让思想政治教育面临前所未有的挑战和机遇。为了实现中华民族的伟大复兴，为了“培养担当民族复兴大任的时代新人”①，加强思想政治教育工作，提高思想政治教育工作质量，已成为新时代思想宣传战线面临的一项重大而紧迫的战略任务。“立德树人、培育时代新人”要求高校思想政治教育工作质量业务评价必须坚持德育为先。德是做人的根本，是一个人成长的根基。当今我国正处于开放的国际环境与多元文化的背景之中，德育为先更具有必要性和紧迫性。为此，要把社会主义核心价值观教育融入教育全过程，把理想信念教育作为思想政治教育的重中之重，把弘扬以爱国主义为核心的民族精神和以改革创新为核心的时代精神作为重要内容，引导和教育青年学生自觉践行社会主义核心价值观。“立德树人、培育时代新人”还要求高校思想政治教育工作质量业务评价必须着眼促进人的全面发展。人的全面发展是人类的崇高追求，是人的发展和社会发展的最终价值取向。在坚持德育为先的同时，全面加强和改进智育、体育、美育、劳育。全面实施素质教育，坚持文化知识学习与思想品德修养的统一、理论学习与社会实践的统一、全面发展与个性发展的统一，促进德育、智育、体育、美育、劳育有机融合，着力培养学生的社会责任感、创新精神和实践能力，提高学生综合素质，使之成为德智体美劳全面发展的、符合时代需求的社会主义建设者和接班人。可见，“立德树人、培育时代新人”还要求高校思想政治教育工作质量业务评价坚持培育健全人格。培养积极的心理品质和乐观向上的品格，创造幸福，分享快乐。关注内心世界，塑造纯真完美的心灵，

---

① 习近平：《决胜全面建成小康社会　夺取新时代中国特色社会主义伟大胜利——在中国共产党第十九次全国代表大会上的报告》，《人民日报》2017 年 10 月 28 日。

将显性教育与隐性教育结合起来，使学生在获取知识的同时，得到人格的滋养与涵育，营造良好的社会氛围，为培育健全人格提供良好氛围。

高校思想政治教育的具体任务则决定着思想政治教育工作质量业务评价的具体要求。在新时代背景下，应围绕高校思想政治教育工作的根本任务，完成具体任务的分解并制定业务评价的具体要求。习近平总书记在全国高校思想政治工作会议上的重要讲话、《关于加强和改进新形势下高校思想政治工作的意见》、《高校思想政治工作质量提升工程实施纲要》等，为高校思想政治教育工作质量的业务评价提供了依据。《关于加强和改进新形势下高校思想政治工作的意见》指出，要强化思想理论教育和价值引领，把理想信念教育放在首位，切实抓好马克思列宁主义、毛泽东思想学习教育，广泛开展中国特色社会主义理论体系学习教育，深入学习领会习近平总书记系列重要讲话精神；要培育和践行社会主义核心价值观，把社会主义核心价值观体现到教书育人全过程；要弘扬中华优秀传统文化和革命文化、社会主义先进文化，实施中华文化传承工程；要进一步办好高校思想政治理论课，充分发挥思想政治理论课的主渠道作用；要加强高校马克思主义学院建设，打造马克思主义理论教学、研究、宣传和人才培养的坚强阵地。① 这为高校思想政治教育质量评价提供了业务评价的内容和要求。《高校思想政治工作质量提升工程实施纲要》指出，高校思想政治教育工作包括全面统筹办学治校各领域、教育教学各环节、人才培养各方面的育人资源和育人力量，推动知识传授、能力培养与理想信念、价值理念、道德观念的教育有机结合，建立健全系统化育人长效机制。高校思想政治工作的基本任务包括，充分发挥课程、科研、实践、文化、网络、心理、管理、服务、资助、组织等方面工作的育人功能，挖掘育人要素，完善育人机制，优化评价激励，强化实施保障，切实构建“十大育人”体系。主要内容包括：统筹推进课程育人、着力加强科研育人、扎实推动实践育人、深入推进文化育人、创新推动网络育人、大力促进心理育

① 《关于加强和改进新形势下高校思想政治工作的意见》，《人民日报》2017 年 3 月 1 日。

人、切实强化管理育人、不断深化服务育人、全面推进资助育人、积极优化组织育人。以上基本任务、主要内容等可以看作高校思想政治教育工作的业务范围、分内之事,也可以作为制定质量评价业务标准的主要依据。也就是说,高校思想政治教育工作质量评价除了政治标准,还要重视以上各项具体指标任务。能否高效保质地完成,是评价高校思想政治教育工作的业务标准。

开展高校思想政治教育工作质量评价,既要坚持政治评价,也要坚持业务评价,更为重要的是将二者有机结合起来。政治评价关乎高校思想政治教育工作的性质和方向,是高校思想政治教育工作质量评价的根本和关键,业务评价体现高校思想政治教育工作的内容和任务,是高校思想政治教育工作质量评价的前提和基础。离开政治评价,高校思想政治教育工作就可能迷失方向;离开业务评价,高校思想政治教育工作就会失去丰富内容和效果保障。在当前实施高校思想政治教育工作质量评价应以党和国家尤其是近期关于思想政治工作的重要文献为根本依据,保证高校思想政治教育工作质量评价政治评价与业务评价的有机统一。

二、坚持客观评价与主观评价相统一

开展高校思想政治教育工作质量评价不仅要坚持政治评价与业务评价相统一原则,还应该坚持客观评价与主观评价的统一。为了更深刻全面地理解这一原则,我们将从高校思想政治教育工作质量评价坚持客观评价的所指和根据、坚持主观评价的所指和根据,以及实现二者统一的所指和要求等方面来对高校思想政治教育工作质量评价坚持客观评价与主观评价相统一原则进行分析。

高校思想政治教育工作质量评价应坚持客观评价原则。客观评价一般是由相关的国家教育行政部门、教育督导、相关科研机构、思想政治教育领域的专家等组成评价工作组进行的评价。客观评价属于第三方对被评价对象的评价,一般采取自上而下的形式,即由上级行政部门制定评价指标及评价标准，以书面通知形式提前告知被评高校做好迎评准备，被评院校认真总结思想政治教育工作开展情况，收集与整理支撑材料，形成书面报告，评价工作组通过听取工作汇报、查看支撑材料、考察、座谈等形式了解掌握被评高校的工作开展情况，最后评价工作组依据各评价指标的评判标准，形成评价工作报告。例如，2017 年 2 月中共中央、国务院印发的《关于加强和改进新形势下高校思想政治工作的意见》，明确指出要健全思想政治工作评价体系，研究制定内容全面、指标合理、方法科学的评价体系，推动思想政治工作制度化；再如教育部印发的《高校思想政治工作质量提升工程实施纲要》，从目标原则、基本任务、主要内容、实施保障四个方面阐述如何提升思想政治工作质量，并对构建思想政治工作质量评价机制做了相应的规定等。这些都是思想政治教育工作质量评价的纲领性文件，需各个高校根据意见、纲要、政策制定具体详细的评价内容，以此来检验思想政治工作的效度。客观评价相对比较客观公正，具有较强的强制力和权威性，具有检查、督促、指导等功能，可以凭借奖惩、评比等方式调动高校的积极性和主动性，使之依据测评结果的反馈，确定下一步的努力方向，推动不断创新工作方式方法、完善体制机制，从而提升高校思想政治工作的质量。但是客观评价，往往是在一定时期内集中进行的，重在评价某一时段被评高校的实际情况，容易忽视思想政治教育工作的具体过程和长远效果。因此，这就需要我们在进行评价时，正确把握思想政治教育工作评价的客观性。

高校思想政治教育工作质量评价应坚持主观评价原则。这里的主观评价是由高校自己成立评价工作组、自行制定评价指标体系实施的评价，具有灵活性、针对性、多样性，有助于探索适合不同层次、不同类型院校的具体思想政治教育工作评价体系，建构出灵活多样的标准与操作规程，也有助于发现各学院（系）、各具体部门等基层思想政治教育工作的真实问题和困难，以便更清楚地认识自我，为进一步提高思想政治教育工作质量评价的针对性和有效性提供参照。然而，纵观整个主观评价过程，从评价目标的确立，到评价资料的收集，到具体的评价过程，再到评价信息的反馈，都不可避免地掺杂一些主观价值判断，尤其对一些主观性较强的评价指标难以做出客观的评判,也就是说评价过程可能由于受主观因素影响,从而影响评价结果的可信度。在此应指出的是,过去我们对高校思想政治教育工作质量的评价存在只看重行为,而忽略知识理解和观念接受的倾向。我们应认识到,思想政治教育工作的本质特点在于把接受的知识和思想观念外化为行为,但是往往易忽略这样的事实:即思想政治教育工作本身就包括人们的思想认识问题。一方面,知识、思想观念是思想政治教育的重要内容构成,是思想政治教育工作质量评价的题中之义;另一方面,知识与思想观念是行为外化的重要前提,只有在知识理解与观念接受的基础上,才能有效生成相应行为。因此,知识与思想观念应同行为一道纳入高校思想政治教育工作质量评价系统。总之,思想政治教育工作质量主观评价,一方面要遵循思想品德形成和发展规律;另一方面还要努力建构高校思想政治教育工作质量评价的科学体系,唯有如此,才能获得全面客观的评价数据,提升高校思想政治教育工作质量主观评价的效度。

高校思想政治教育工作质量评价,不仅应该坚持客观评价原则和主观评价原则,还应该坚持客观评价与主观评价的有机统一,以在思想政治教育工作质量评价过程中充分发挥各自优势,并使之融合于特定思想政治教育工作质量评价活动中。坚持客观评价与主观评价有机融合要做到如下四个方面:其一,评价标准制定的客观性。制定评价标准要坚持一定的原则,这些原则要体现客观性,即要依据高校思想政治教育工作的内容制定评价标准,即教育什么内容、要求什么内容,就要评价什么内容;要依据可测度的内容制定评价标准,要依据社会认可和能够接受的程度来制定评价标准。其二,评价的内容要具有客观性。高校思想政治教育工作的内容和要求是非常丰富的,涉及多个方面,但经过抽象,整体上可把它概括为三个方面,即知识的理解、观念的接受、行为上的实践。因而,高校思想政治教育工作质量评价内容应该集中在这样三个方面。其三,评价方法的客观性。高校思想政治教育工作内容要求的三个方面,各有不同的特点,因而要根据实际采取不同的方式方法进行评价。知识的理解可以通过记名考试的方式进行,观念上的接受可以通过常规的无记名问卷调查，这样可以测度人们接受了哪些观念，拒绝哪些观念，无记名的方式更容易使人真实地表露自己的态度和价值取向；行为上的要求可以通过对人员的行为进行宏观统计分析，人的行为从总体上可以统计，这些统计分析可以反映出其接受教育的效果。在具体规定这三方面的评价标准和方法的时候，要分别规定出它们各自层级的指数，诸如效果非常好、效果比较好、效果不好、效果非常不好的标准界限划定。其四，主观标准要具有客观性。所谓主观标准具有客观性，是指高校思想政治教育工作质量评价标准的制定要客观地反映现实。我们知道，任何评价标准所要测度评价的内容都是客观的，但由于评价标准制定的主体是人，难免要受到主体的认识水平、价值理念等方面的影响，因而评价的标准不能不具有主观性。但是，评价标准也具有客观性，一方面，具有主观性的评价标准一旦制定完毕，就成为客观的东西，就成为人们必须遵循的准则；另一方面，主观的标准要尽量客观地反映现实，人的知识理解达到多少为好，多少为不好，观念接受达到什么程度为满意或是不满意，人的行为外化到什么程度为理想状态，什么程度为不可接受的状态。说到底，高校思想政治教育工作质量评价的主观标准要有客观性，就是在制定评价标准的过程中，要广泛征求家庭、学校、社会各界的意见，并取得政府的认可，反映主流意识形态。这既可以更好地吸收多方面的意见，又可以在实际评价过程中获得理解和支持。主观性标准除客观反映人们的愿望要求外，也意味着评价内容的客观性，即一定要真实反映评价内容的实际。由此可见，评价标准制定的客观性、评价内容的客观性、评价方法的客观性、主观标准具有客观性四个方面构成了高校思想政治教育工作质量评价坚持客观评价与主观评价有机统一的着力点。总之，高校思想政治教育工作质量评价要获得全面客观的评价数据，公正、客观、准确地评价思想政治教育工作的质量，在思想政治教育质量评价体系中，必须充分实现评价主体与评价客体的互动，整合主观评价和客观评价，坚持客观评价与主观评价相统一的原则。

三、坚持结果评价与过程评价相统一

思想政治教育实践是一个不断开展、发展和完善的过程，实施思想政治教育工作质量评价也是一个动态性、系统性工程。思想政治教育的根本目的就是“提高人们的思想道德素质，促进人的自由全面发展，激励人们为建设中国特色社会主义，最终实现共产主义而奋斗”①。这也是思想政治教育的方向和性质。思想政治教育工作的目标是面向未来，以发展为目的的，然而其工作效果的呈现却通常具有一定的滞后性，需要一个逐步显现和不断提高的过程，这就决定了要科学评价高校思想政治教育工作的质量，既应关注当下可见的实际工作和效果，又应坚持动态的、发展的眼光，关注思想政治教育工作的发展过程和长期效果。就是说，高校思想政治教育工作质量评价应坚持结果评价和过程评价相统一的原则。为深入把握这一原则，拟将从结果评价原则的所指及依据、过程评价原则的所指及依据，以及实现二者统一的所指和要求等方面来对高校思想政治教育工作质量评价坚持结果评价与过程评价相统一原则进行分析。

高校思想政治教育工作质量评价应该坚持结果评价的原则。“思想政治教育是指一定的阶级、政党、社会群体遵循人们思想品德形成发展规律，用一定的思想观念、政治观点、道德规范，对其成员施加有目的、有计划、有组织的影响，使他们形成符合一定社会、一定阶级所需要的思想品德的社会实践活动。”②作为深入和系统研究如何做人的工作的一门学问，思想政治教育的出发点和归宿是引导人的理想信仰、思想观念、政治观点、道德品质、人格品质和价值追求的形成和发展。思想政治教育是以人为对象的教育活动，主要解决人的思想、观点、立场等问题。在这种意义上看，高校思想政治教育工作质量评价，应坚持结果评价的原则。结果

① 陈万柏、张耀灿：《思想政治教育学原理》，高等教育出版社2007年版，第73页。

② 张耀灿、郑永廷等：《现代思想政治教育学》，人民出版社2006年版，第50页。

评价是指评价工作组通过听取汇报、发放问卷、深度访谈等形式了解掌握高校思想政治工作的开展情况、教育效果、受教育对象对教育目标的完成情况等整体情况。对思想政治教育结果的评价，首先体现为对教育目标完成情况的评价，具体包括受教育者的政治立场、政治方向以及以此为指导的实践活动。党的十八大以来，以习近平同志为核心的党中央以高度的使命担当和政治自觉，围绕坚持和发展什么样的中国特色社会主义、怎样坚持和发展中国特色社会主义，形成一系列创新性观点，集中体现为习近平新时代中国特色社会主义思想。党的十九大报告指出："必须推进马克思主义中国化时代化大众化，建设具有强大凝聚力和引领力的社会主义意识形态，使全体人民在理想信念、价值理念、道德观念上紧紧团结在一起。要加强理论武装，推动新时代中国特色社会主义思想深入人心。"①因而，从这个意义上看，新时代高校思想政治教育工作结果评价最为重要的时代内涵，就是要评价是否能以习近平新时代中国特色社会主义思想武装青年学生头脑，转化为学生的思想自觉与行为自觉。

高校思想政治教育工作质量评价应坚持过程评价。实践活动具有过程性，因而思想政治教育实践活动追求的及形成的一定结果，都是在一定的思想政治教育过程中实现的，都是思想政治教育工作的动态展开过程。高校思想政治教育工作质量要通过思想政治教育过程来实现，思想政治教育过程运行状况体现着思想政治教育质量的状况。通常而言，高校思想政治教育的效果往往难以立竿见影，而是在实施了一段时间后才能体现出来，所以日常信息的收集和积累，对思想政治教育过程的关注不可或缺。思想政治教育质量的过程评价是指由评价工作组讨论制定或参照既有的思想政治教育评价指标体系实施对思想政治教育队伍质量、思想政治教育对象接受情况、思想政治教育内容、教育方法、教育形式和手段等的评价。因而，在这种意义上，思想政治教育工作质量评价应该坚持过程评价的原则。所谓的过程评价原则是指评价工作组借助长期的追踪、观

---

① 习近平：《决胜全面建成小康社会　夺取新时代中国特色社会主义伟大胜利——在中国共产党第十九次全国代表大会上的报告》，《人民日报》2017 年 10 月 28 日。

察、反馈,及时了解掌握高校思想政治教育工作的发展变化过程及趋势,重点关注高校思想政治教育工作的动态变化以及长远效果。

高校思想政治教育工作质量评价不仅应该坚持结果评价和过程评价,还应该坚持结果评价与过程评价相统一。坚持结果评价和过程评价的统一,是推动全面客观评价思想政治教育工作质量的根本保证。思想政治教育结果评价侧重思想政治教育静态效果的评价,过程评价侧重评价思想政治教育的动态变化和趋势,两者相辅相成,互为补充。过程评价更多关注高校思想政治教育的具体过程和动态发展,或是从前后变化的对比视角进行评价,而非仅就思想政治教育的当前状态进行静止性评价,通过过程评价,有助于了解高校思想政治教育工作的发展变化历程和真实水平,实现自身的纵向比较。坚持过程评价,有助于多角度、全过程的评价思想政治教育工作的真实状况,鼓励开展创新性工作,把创新成果纳入评价指标体系,实事求是地反映思想政治教育工作的质量和水平。思想政治教育结果评价可以充分发挥其鲜明的价值导向性,引导高校思想政治教育实践适应人和社会的发展需要,确保教育活动高效有序地运行,保证高校思想政治教育工作的正确方向。只有导向正确,才能防止思想政治教育的偏离和教育过程的失序,从而使高校思想政治教育工作始终沿着正确的方向来运行。在当前多种社会思潮并存,思想文化领域多元化发展背景下,客观、科学的思想政治教育结果质量评价有助于推动习近平新时代中国特色社会主义思想入脑入心,巩固马克思主义在意识形态领域的指导地位。习近平总书记指出,思想政治工作从根本上说是做人的工作。思想政治教育工作的“目的就是要摸清人的思想行为变化发展的规律,从而有针对性地进行思想政治教育,使人们的思想向社会发展所要求的方向变化,进而促成人的全面发展”①。“做人的工作”是思想政治教育工作的重要特点和特色,“使人们的思想向社会发展所要求的方向变化”,体现了思想政治工作目标的复杂性和抽象性。可见,高校思想政治教育工作的目的具有明确性,但由于思想政治教育对象的复杂性以及思

① 陈万柏、张耀灿:《思想政治教育学原理》,高等教育出版社2007年版,第6页。

想政治教育工作自身的特殊性,决定了实现高校思想政治教育的目标难以一蹴而就,只能是循序渐进的。因此,结果评价和过程评价都不可缺少,对高校思想政治教育工作的结果和过程进行全面评价,对比过程评价几个阶段呈现的具体数据,描述高校思想政治教育工作发展的动态曲线,结合结果评价暴露出的问题,进行不同教育阶段的对比分析,根据各种信息反馈分析教育理念、教育目标、教育内容、教育方式、教育对象、教育者等各个方面存在的问题,进而依据过程评价反馈的数据进一步修正、完善高校思想政治教育过程,总结思想政治教育工作规律,针对存在的问题提出切实的改进措施,达到以评促改、以评促建的效果。

高校思想政治教育工作质量评价坚持结果评价与过程评价相统一,有利于防止思想政治教育工作质量评价过程中出现将思想政治教育工作质量评价的结果评价与过程评价相互割裂开的偏向。很多时候,我们在对高校思想政治教育对象的接受情况进行评价和分析时主要是基于教育对象的短期的或阶段性的表现来作出评判。事实上,这只是评判思想政治教育对象接受质量的一个方面,我们还需要对受教育者所受到的长远影响进行跟踪监测和评价,即把短期的即时效果和长远的关乎教育对象一生成长的影响两个方面结合起来考察。正如习近平总书记在高校思想政治工作会议讲话中强调的那样,思想政治理论课教学质量效果并不是即时效果,而是“为学生一生成长奠定科学的思想基础”①,是着眼于长远发展的。有学者也指出:“从质量评价和教学效果评价的差异性来看,由于教学质量的显现并不是教学状况的直接反映,也就是说教学质量的作用是一个长效的过程,而教学现状的评价较注重短期效应,有时候课堂教学短期效应较好,并不意味着教学质量很高。”②这表明,在考察和评价思想政治教育对象的接受质量时要关注和重视长期效果的评价,即关注思想政治教育在教育对象成长发展中所形成的影响和作用。

开展高校思想政治教育工作质量评价,必须坚持结果评价与过程评

---

① 《习近平谈治国理政》第二卷,外文出版社 2017 年版,第 377 页。

② 佘双好:《关于思想政治理论课教学质量评价问题的思考》,《学校党建与思想教育》2018 年第 13 期。

价的有机统一。坚持结果评价和过程评价的统一,是推动高校思想政治教育工作创新发展的客观需要。正如前述所言,思想政治教育工作质量评价较多采用结果评价的形式,结果评价的指标体系相对容易制订,实施起来可操作性较强,借助结果评价,较容易进行同时期不同评价结果的横向比较。然而,思想政治教育工作的目标是面向未来,以发展为目的的,其工作效果的呈现通常具有一定的滞后性,需要一个逐步显现和不断提高的过程,这就决定了高校思想政治教育工作质量评价应坚持结果评价与过程评价相结合,两者的有机结合有助于多角度、全方位检测和提升高校思想政治教育工作质量,从而有利于制定有针对性的措施对思想政治工作过程、结果进行有效调控和优化调整,推动高校思想政治教育工作创新发展。思想政治教育结果评价与过程评价有机统一于高校思想政治教育工作质量评价过程。划分思想政治教育过程评价和结果评价的依据,主要是评价时间与目的的不同。过程评价、结果评价各有侧重,前者主要评价思想政治教育的具体过程,侧重受教育者的情感、态度、价值观等的变化历程,目的主要是考察思想政治教育的实施过程;后者主要评价思想政治教育的最终效果,侧重受教育者的政治立场和方向,实施结果评价主要目的是反思思想政治教育的教育成果。高校思想政治教育工作质量评价不应是微观意义上对思想政治教育过程的评价,也不应是只注重过程而不注重结果的评价,而是围绕高校思想政治教育目标,对思想政治教育动机、过程和效果进行的三位一体的评价,因此要客观公正地评价高校思想政治教育工作质量,就要坚持过程评价和结果评价相统一的原则。

四、坚持定性评价与定量评价相统一

为了更好地反映高校思想政治教育工作质量的基本状况,在思想政治教育工作质量评价中还应该坚持定性评价与定量评价的统一原则。在高校思想政治教育工作质量的评价过程中坚持定性评价与定量评价必须充分认识到二者的科学内涵以及“为何要”“如何坚持”定性评价与定量评价相统一的问题。

高校思想政治教育工作质量评价坚持定性评价与定量评价的相统一,必须充分认识到定性评价和定量评价的所指。这是提出高校思想政治教育工作质量评价坚持定性评价与定量评价相统一必须充分把握的基本环节。只有明白了什么是定性评价和定量评价,才能深入把握思想政治教育工作质量评价坚持定性评价与定量评价的统一。一般说来,定性评价和定量评价都是评价领域经常使用的方法,并且有着明确的内涵和所指。定性评价,一般是指用语言描述形式以及哲学思辨、逻辑分析揭示被评价对象特征的信息分析、处理方法。其目的是把握事物质的规定性,形成对被评价对象完整的看法。它是分析和处理评价信息最常用的方法之一。可见,定性评价是采取归纳和演绎、分析与综合以及抽象与概括、经验判断与观察的方法,对评价对象平时的表现、现实和状态或文献资料的观察和分析,直接对评价对象做出定性结论的价值判断,侧重从高校思想政治教育工作的性质方面对被评价高校进行综合分析与评判,通过去粗取精、去伪存真、由此及彼、由表及里,形成对高校思想政治教育工作效果与价值的科学判断与评价。定量评价,一般是指用数值形式以及数学、统计方法反映被评价对象特征的信息分析、处理方法。其目的是把握事物量的规定性,客观简洁地揭示被评价对象重要的可测特征。可见,定量评价是采用数量分析的方法,收集和处理数据资料,对评价对象做出定量结果的价值判断,侧重运用数据的形式对评价高校表现出来的一些量的关系的整理和分析,从数量上相对精确地反映评价高校思想政治教育工作的局部或整体面貌,以把握高校思想政治教育工作的价值高低。高校思想政治教育工作质量评价坚持定性评价与定量评价的相统一,不仅要充分认识到定性评价和定量评价的所指,同时还要充分认识到思想政治教育工作质量评价坚持定性评价与定量评价的依据。在高校思想政治教育工作质量评价领域坚持定性评价有深刻的内在根据。高校思想政治教育工作是一项服从服务于特定经济社会发展特别是特定社会中占支配地位的阶层的社会实践活动,在当代中国,思想政治教育工作应该服从服务于党和国家、人民的需要,更好地为我国经济社会发展提供政治方向保证和价值导向。高校思想政治教育工作并不是一项“价值无涉”的工作,而是一项有着鲜明方向性和价值导向性的工作。对高校思想政治教育工作质量的评价,就应该充分把握评价对象是否坚持或符合高校思想政治教育工作的这种方向性和价值导向性。因而在这种意义上,高校思想政治教育工作质量评价应充分利用定性评价的方法。同时,高校思想政治教育工作质量评价坚持定量评价也有深刻的内在根据。高校思想政治教育作为一项社会实践活动,也有自己“量”的方面的特征,有着“量”的方面的规定性,有着一定的数量特征。这些“量”的特征规定着高校思想政治教育工作的基本状况和思想政治教育工作质量的高低。例如,具体院校思想政治教育工作的规模大小、活动开展的次数、人员构成乃至于业务工作相结合产生的实际效益等都具有一定的“量”的方面的规定性。因而,高校思想政治教育工作质量评价也应该坚持定量评价。如果说高校思想政治教育工作质量评价的定性评价侧重于从性质方面对被评价对象进行综合分析与评判,揭示出质量评价对象的好坏,那么高校思想政治教育工作质量的定量评价侧重于把握事物量的规定性,以客观化、精确化、量化,客观简洁地揭示被评价对象重要的可测特征,揭示出质量评价对象的高低。

高校思想政治教育工作质量评价,不仅要充分认识到高校思想政治教育工作质量评价应该采用定性评价和定量评价,同时,还应该充分认识到在思想政治教育工作质量评价过程中应该坚持定性评价与定量评价的统一。就是说,在高校思想政治教育工作质量评价中不仅要运用定性评价和定量评价,而且还应该在具体的思想政治教育工作质量评价活动中将定性评价与定量评价有机结合起来。马克思主义哲学原理告诉我们,任何事物都是质与量的统一体,既没有脱离事物“质”的单纯“量”的存在,也没有脱离事物“量”的单纯“质”的存在。因而,任何事物都是质和量的统一体,决定了在实际运用中,定性评价的方法和定量评价的方法并不能截然分开。定性分析和定量分析这两种方法各有所长,两者优势互补。评价者绝不能根据自己的偏好,盲目地信奉、赞赏某一种方法,而排斥、贬低另一种方法。在分析评价高校思想政治教育工作数据时,评价者应当根据评价信息的特性和多种相关因素选择最适当的方法。如果评价信息主要用于帮助被评价者改进工作时，定性的分析比定量的分析更有价值；而当评价的主要目的是比较、评比时，定量分析更为适合。因此，在高校思想政治教育工作质量评价过程中只有坚持质与量的统一，并根据具体情况选取适应的评价方法，才能充分、客观地测评到高校思想政治教育工作的质量状况。这就要求在高校思想政治教育工作质量评价中评价者应当尽可能地融合使用两种方法，从质和量两个侧面把握质量评价的本质特性，在此基础上对高校思想政治教育工作质量状况做出符合实际的综合判断。

高校思想政治教育工作质量评价坚持定性评价与定量评价相统一，既要充分认识到定性评价与定量评价的辩证统一关系，同时也要避免当前在处理两者之间关系上存在的一些偏向。在当前高校思想政治教育工作质量评价中存在着一种偏向，即过度强调定量评价，一味地追求数据的量化和客观标准化，盲目地迷信数据。不可否认，定量评价强调数量计算，以教育测量为基础。它具有客观化、标准化、精确化、量化、简便化等鲜明的特征，在一定程度上满足了以选拔、甄别为主要目的的评价需求。但过度强调定量评价往往易导致只关注可测性的品质与行为，处处、事事都要求量化，强调共性、稳定性和统一性，过分依赖测验形式，有些内容勉强量化后，只会流于形式，评价结果无法对客观现实作出恰如其分的反映。原因在于，它忽略了那些难以量化的重要品质与行为，忽视个性发展与多元标准，把丰富的个性心理发展和行为表现简单化为抽象的分数表征与数量计算。这就决定了在高校思想政治教育工作质量评价中应防止片面追求过度的定量评价。定性评价与定量评价各有侧重，缺一不可。在高校思想政治教育工作质量评价中，定性评价注重“质”的判断，是对高校思想政治教育工作质量评价对象的本质属性的鉴别与确定；定量评价注重“量”的方面，是通过数字、指标来量化表示高校思想政治教育工作的综合特征和水平。坚持定性评价与定量评价相统一，主要是由高校思想政治教育工作质量及其评价的复杂性、抽象性和隐蔽性决定的。一般说来，具体的指标容易测量，抽象的指标难以测量；定量的指标容易测量,定性的指标难以测量。然而,事实上,在实际工作中高校思想政治教育工作的“质”和“量”往往是难以严格区分的,而是密切联系、互相转化的,没有明确的分界线的。因此,定性分析与定量分析应相互补充、统一于高校思想政治教育工作质量评价。其中,定性分析是定量分析的基本前提,没有定性的定量是一种盲目的、毫无价值的定量。定量分析使之定性更加科学、准确,在对量的科学分析基础上全面、科学把握高校思想政治教育工作质量。

总而言之,坚持定性评价与定量评价相统一的原则对更准确反映高校思想政治教育工作质量状况具有突出的必要性。只有充分贯彻、坚持定性评价与定量评价的统一,才能应对新时代高校思想政治教育质量评价的复杂性,充分而全面判断高校思想政治教育工作质量状况。在高校思想政治教育工作质量评价过程中坚持定性评价,才能从性质方面充分把握高校思想政治教育工作质量评价对象是否坚持、贯彻或体现了思想政治教育工作质量的方向性和价值性;同时,在高校思想政治教育工作质量评价过程中坚持定量评价,才能从数量上相对精确地反映评价对象的局部或整体面貌。更为重要的是,在高校思想政治教育工作质量评价过程中坚持定性评价与定量评价的统一,才能更深刻全面地从质和量两个侧面把握质量评价对象的特性,对高校思想政治教育工作质量状况做出更符合实际的综合判断。

五、坚持精准评价与模糊评价相统一

高校思想政治教育工作质量评价在坚持政治评价与业务评价、客观评价与主观评价、结果评价与过程评价、定性评价与定量评价的基础上还应该坚持精准评价与模糊评价的统一。这是高校思想政治教育工作质量评价不可缺失的原则,也是新时代思想政治教育工作评价必须贯彻始终的原则。不论是政治评价与业务评价相结合的过程,还是客观评价与主观评价相结合的过程,抑或是在结果评价与过程评价相结合的过程中,在定性评价与定量评价相结合的过程中，都要始终贯彻精准评价与模糊评价的统一。可以说，精准评价与模糊评价有机统一于高校思想政治教育工作质量评价之中。为更好把握这一原则，须充分认识模糊评价和精准评价的所指以及精准评价与模糊评价相互统一的依据，同时也应深刻把握坚持精准评价与模糊评价相统一时应注意的一些问题，从而增强在高校思想政治教育工作质量评价中坚持精准评价与模糊评价的自觉性、坚定性和科学性。

高校思想政治教育工作质量评价坚持精准评价与模糊评价的统一，必须充分把握精准评价和模糊评价的所指。只有明白了精准评价和模糊评价的所指，才能进一步深入理解高校思想政治教育工作质量评价的精准评价和模糊评价的科学内涵。精准评价，一般来说是对评价对象进行全面系统、科学严谨，并给出准确结果的评价，侧重评价的信度和效度，注重评价过程、结果和环节的精确性和准确性。对于任何一项评价活动而言，为了更好地获得理想的评价效果，从本质上看，都应该在各个环节追求评价的科学严谨性，都要求有明确的标准、严格的程序乃至令人信服而明确的结果。与精准评价相比，模糊评价，一般来说是对评价对象的基本状况、发展趋势乃至因果关系给出一个大体的、笼统的判断或预测，侧重评价的相对性和预测性。任何一项评价活动，都不可能穷尽评价对象的所有方面，也不可能对所有方面进行评价，更无法对评价结果进行毫厘不差的描述，因而这决定了在评价活动中为了更好地反映评价对象，对评价对象的基本现状、发展趋势、因果关系乃至最终结果进行描述，应采用模糊评价。精准评价和模糊评价都是评价活动必须坚持的原则，有着不同的内涵和所指。如果说精准评价侧重评价的客观性和精确性，那么模糊评价则体现评价的主观性和相对性。在高校思想政治教育工作质量评价中精准评价和模糊评价有着不同的科学内涵及其根据。精准评价是高校思想政治教育工作质量评价的本质要求。思想政治教育工作质量评价坚持精准评价，要求在高校思想政治教育工作质量评价过程中精准地确定评价的内容，制定客观有效的评价标准及其指标体系，采用科学有效的信息收集方式和手段，制定严格的质量评价程序，并对质量评价状况作出具有信度和效度的描述。同时,高校思想政治教育工作质量评价中的模糊评价也有内在的必要性和科学内涵。与一般的实践活动相比,高校思想政治教育工作实践活动是一项非常复杂的实践活动,关涉诸多影响因素。思想政治教育工作从根本上说是做人的工作。“做人的工作”是高校思想政治教育工作的重要特点和特色,而人这一主体的思想水平、政治觉悟、道德品质、文化素养处于不断变化的过程之中。以上种种决定了高校思想政治教育工作质量评价不能依靠单一的精确测评,须将模糊评价纳入评价体系。高校思想政治教育工作质量评价坚持模糊评价,要求在思想政治教育工作质量评价中充分把握高校思想政治教育工作质量评价的复杂性,科学预测高校思想政治教育工作对青年学生思想观念、政治观点和道德行为的影响,对特定的思想政治教育工作质量状况作出总体把握和分析,并能相对区分和把握不同部门或院校的思想政治教育工作质量状况。

高校思想政治教育质量评价应坚持精准评价与模糊评价的有机统一。在高校思想政治教育工作质量评价活动中,精准评价与模糊评价是紧密联系在一起的,精准评价应是模糊评价的方向,模糊评价也应以精准评价为基础。模糊评价是精准评价基础上的模糊评价。高校思想政治教育工作质量评价中的模糊评价并不是纯粹的模糊,而是始终贯彻和体现着精准评价的要求,是为了适应高校思想政治教育工作实践活动及其质量状况的复杂性,特别是青年学生思想观念的复杂性,进而采用相对模糊的方式来衡量或预测思想政治教育工作的质量状况。在运用模糊评价的过程中,是以精准地确定评价对象的内容、标准和指标乃至使用科学严谨的评价程序为基础的,没有这些评价活动的精确性,所产生的模糊评价的结果缺乏科学性。同时,精准评价要想实现自身的精准性也应该在精准评价过程中使用模糊评价来深入反映高校思想政治教育工作质量的状况,以更好地适应高校思想政治教育质量评价的相对性、条件性,更好地适应高校思想政治教育工作质量的持续性和潜在性。因此,在高校思想政治教育工作质量评价过程中应充分认识精准评价与模糊评价相统一的必要性,并将精准评价与模糊评价融合贯彻于高校思想政治教育工作质量评价实践，以充分反映、把握高校思想政治教育工作质量状况。目前，高校思想政治教育质量评价在一定程度上仍存在精准评价与模糊评价结合不够紧密，评价不够精准、模糊笼统的状况。高校思想政治教育工作质量评价涉及非常丰富的内容，按照被评价内容的特征划分，既包括硬件内容，又包括软件内容。对于比较确定和比较容易测量与评价的硬件内容，可以凭借科学方法和技术手段运用定量分析进行评价，如思想政治理论课出勤率、思想政治教育实践活动开展的数量等；对于软件内容，基于思想政治教育工作的特殊性，其工作效果主要体现为高校师生思想的变化以及由思想变化带来的外在行为的变化，如对教育对象思想水平、政治觉悟、道德品质、文化素养的评价等，其具有不好精确测量、不易量化的特点，难以进行精确评价。对此，模糊评价是相对科学的评价方法。因此，在新时代应进一步深化把握精准评价与模糊评价的内涵与外延，推动二者在高校思想政治教育质量评价中的具体的有机融合。从一定程度来看，坚持精准评价与模糊评价相统一，体现了高校思想政治教育工作质量评价体系中评价内容的具体清晰与评价标准相对性的统一。“在思想政治教育工作质量评价中，精确评价是指准确选取和界定指标体系中各个指标的内涵和外延，各项指标都要有明确具体且独特的含义，评价指标的内涵必须清晰，内容精练、意义清晰、绝不能含糊不清、模棱两可、模糊抽象；也不能出现人云亦云、见仁见智、漂浮游移的情况，更不能出现标准片面、甚至错误的情况。”①由于高校思想政治教育的特殊性，在具体实施政治与业务评价、主观与客观评价、过程与结果评价、定性与定量评价的过程中，往往需要采取“模糊”的方式。这里的“模糊评价”并非内容含糊不清、指标不确定，而是指由于高校思想政治教育工作质量评价的特殊性而导致的评价标准的相对性，即用区间的数字来标示思想、情感、态度等模糊变量的等级，“测评标准”（主要测评点）的具体评价一般都是采用“划分等级”或依据“主观模糊印象评定”来进行，等级划分具有相对性，一般

① 李春华：《构建现代思想政治教育评价体系基本特征研究》，《中国高等教育》2012 年第 1 期。

分为“优良中差”或者“A、B、C、D”等级，相邻等级之间的界限不明确、不清晰、差距不大。

总而言之，高校思想政治教育工作质量评价必须坚持精准评价与模糊评价的统一。坚持精确评价和模糊评价相结合，一定程度上解决了部分指标体系难以精确测评、思想政治教育工作的投入产出不完全对等等现实问题，也是辩证思维在高校思想政治教育工作质量评价中的灵活运用和生动实践。坚持精准评价与模糊评价相统一，是构建科学的高校思想政治教育工作质量评价体系，增强高校思想政治教育工作质量评价的科学性和针对性，切实提高新时代高校思想政治教育工作质量的客观要求。

高校思想政治教育质量评价的有效推进须建立在遵循科学原则的基础之上，总体而言，即须坚持政治评价与业务评价相统一、客观评价与主观评价相统一、结果评价与过程评价相统一、定性评价与定量评价相统一、精准评价与模糊评价相统一的原则。

第三章　高校思想政治教育工作质量评价的主要内容

新时代推进高校思想政治教育工作质量评价的创新发展，还必须充分回答和把握高校思想政治教育工作质量评价的主要内容。高校思想政治教育工作质量评价指向哪些内容，哪些内容是评价的内容，是值得深入思考的问题。高校思想政治教育工作质量评价的内容并不能随意确定，确定这一内容，既要遵循思想政治教育的规律，也要遵循高校思想政治教育质量生成的规律，并在二者的统一中实现对高校思想政治教育工作质量评价内容的系统把握。高校思想政治教育工作质量评价内容的确定在整个思想政治教育工作质量评价中具有关键性地位。只有明确了高校思想政治教育评价的主要内容，才能为深入开展质量评价提供参照和可能。新时代高校思想政治教育工作质量评价，必须深入开展高校思想政治教育对象接受质量评价、高校思想政治教育过程质量评价、高校思想政治教育结果质量评价、高校思想政治教育领导管理质量评价、高校思想政治教育队伍质量评价。

一、高校思想政治教育对象接受质量评价

新时代推进高校思想政治教育工作质量评价，要把高校思想政治教育对象接受质量评价作为思想政治教育工作质量评价的重要内容。从一定意义上看，高校思想政治教育对象的接受质量是高校思想政治教育工

作质量的直接体现。当我们着手对思想政治教育对象进行评价的时候，主要是对思想政治教育对象的学习效果和接受程度进行评价。对思想政治教育对象的学习和接受质量的评价可以从很多方面来进行，其重点是对教育对象的理论学习情况和平时的思想道德状况及其运用马克思主义立场、观点分析和解决实际问题的能力等方面作出考察和评价。对思想政治教育对象的接受质量进行考察和评价本身具有重要意义，它对教育工作者和受教育者都能起到非常重要的导向作用。当前，立足于中国特色社会主义的新时代，要不断探索新的评价理念和方式方法，以便更加全面和真实地反映高校思想政治教育对象的学习成效和接受质量。

（一）高校思想政治教育对象接受质量评价的重要意义

把高校思想政治教育对象接受质量评价纳入高校思想政治教育评价内容之中，首先要充分认识到高校思想政治教育对象接受质量评价的意义。高校思想政治教育质量的评价涉及多个方面的内容，包括课程设置、课时安排、师资队伍、经费投入、教材编写和使用等，而高校思想政治教育对象接受质量的评价在整个思想政治教育工作质量评价体系中处于核心的地位，思想政治教育对象接受质量是思想政治教育质量的集中体现。对高校思想政治教育对象接受质量的评价本身具有重要意义，既有助于对受教育者形成导向和约束作用，也有助于为教育工作者和相关部门提供教育反馈，以便其及时调整教育策略。归结起来，其重要性或重要意义具体表现在以下几个方面。

首先，受教育者是教育质量的最终体现者，因而做好思想政治教育对象接受质量评价工作是整个思想政治教育工作质量评价工作的重中之重。思想政治教育对象接受质量评价在整个思想政治教育工作质量评价体系中处于核心的地位，教育对象学习和接受状况的好坏与教育质量的高低直接相关。对思想政治教育质量的评价和考察是一项系统工程，涉及多个方面，包括思想政治理论课教学组织机构、教学管理、教学方式方法、队伍管理、学科建设、教学特色项目、教学实践活动、教学活动效果等。这些都是当前学界和教育相关部门十分关注的方面。从一定程度上讲，以上这些评价项目大多属于外在的评价因素，而思想政治教育质量的最为根本的方面应当是体现在思想政治教育对象的接受质量上。对这些方面进行考核和审查的最终目的是思想政治教育对象是否通过这些外在的条件或因素而学有所获，即归根结底都得聚焦于思想政治教育对象的接受和领会的程度和效果上来。事实上，很多国家的教育评价都主要聚焦于受教育者的学习产出，也即学习效果，“综观国际高等教育质量测评现状，以学生学习效果为高校育人质量的基点和监测的起点，已成为国际高等教育测评发展的新趋势”。国外许多专家经过深入研究和调查后指出：“教育资源与教育质量之间的相关关系比较薄弱，对于高校资源条件的要求还不足以保证其教育质量，而对高等院校的评估应该重视与教育质量有更直接关系的学生学习效果。”①我国也不例外，对受教育者的接受情况进行考察应当是教育质量评价的核心。

其次，高校思想政治教育对象接受质量评价工作对受教育者具有一定的约束和导向作用。在高校思想政治教育工作质量评价工作中重视对思想政治教育对象接受质量的考察和评价工作，对思想政治教育对象自身来说具有重要的意义。这种重要意义或作用主要表现在两个方面。一是开展接受质量评价活动能对教育对象形成一定的约束作用。把思想政治教育活动纳入正式或正规的考试或考评当中，可以起到督促思想政治教育对象（或学生）学习，巩固和发展其学习效果的作用。反之，如果不把思想政治教育学习及其相关活动纳入评价或考察范围，会导致思想政治教育对象轻视或忽视对这一活动或相关课程的学习和运用。二是通过开展经常性的接受质量评价活动，能对思想政治教育对象形成一定的导向作用。这种导向作用又具体体现在两个方面。一方面，引导思想政治教育对象正确认识教育质量评价的实质和根本目的（即质量评价并不是要对他们划分等级名次，而是要帮助受教育者真正领悟和掌握相关知识、理论及学以致用的能力），当受教育者明白和懂得这一点之后，在其接受

① 张耀灿：《思想政治教育学科建设研究》，中国人民大学出版社2017年版，第313页。

评价和考察时就能尽量避免出现应付态度和虚假行为，从而为评价工作提供真实可靠的反馈信息。另一方面，通过对其开展接受质量评价工作，有助于受教育者把握学习的方向和重点，进而增强学习的针对性，提高学习的有效性，并最终领悟学习和教育的真正意义。

最后，做好高校思想政治教育对象接受质量的评价工作有助于为相关教育部门、教师及相关教育工作者总结经验和教训，进一步掌握思想政治理论课教学规律，更好地为开展思想政治理论课教学、提高针对性和实效性提供直接依据和参考凭证。对思想政治教育对象的学习和接受状况进行摸底和考察，是教育者掌握和了解教学效果的必要环节，一方面，通过对这一环节的考察，思想政治教育工作者及相关部门能够及时掌握思想政治教育对象的学习情况、发现和分析相关问题、总结经验教训，改进教育方式和策略，从而避免教育者陷入被动的处境之中，掌握教育的主动权。另一方面，通过对思想政治教育对象接受质量的考察，即看他们是否真正领悟和掌握相关知识、理论，是否学以致用、掌握相关技巧和能力，这本身也是对教育者工作效果或教育效果的一种反映。

因此，对受教育者评价是思想政治教育的前提和起点。只有在认真调查研究和切实评价的基础上，对受教育者的思想品德现状，做出科学的评述和估量，才能制订出正确的教育计划，并付诸实施。对受教育者的评价是对思想政治教育效果的检验。受教育者思想品德的现状是前一个教育过程的结果。要想对前一个教育过程的价值和成效作出评价，最基本的方法是对受教育者进行科学的评价。对高校思想政治教育对象接受质量的评价和考察既是对教育对象的学习情况的考察，同时也是对教育者工作成效的一种考察。以高校思想政治教育对象的大学生接受质量为例，要重点检测青年学生是否正确认识世界和中国发展大势、正确认识中国特色和国际比较、正确认识时代责任和历史使命、正确认识远大抱负和脚踏实地，是否自觉成为有理想、有道德、有文化、有纪律的“四有”新人。因此，结合多重维度的评价，能对教育者自身的工作能力形成更加全面和准确的认识和评判。从这个意义上看，在一定程度上印证了对思想政治教育对象接受质量的评价是思想政治教育工作质量评价的核心这一观点，即对教育者、教育条件设施等方方面面的考察，最终都要归结到受教育者是否从中有所收获、是否取得成效或进步。

（二）高校思想政治教育对象接受质量评价的科学内涵

高校思想政治教育对象接受质量评价主要是指对思想政治教育对象的学习效果进行考察和评价。这种学习效果也即教育效果，是指思想政治教育对象对相关知识和理论的理解和接受程度及其运用和实践表现。只有教育对象或受教育者真正领悟和掌握了相关知识和理论，并内化为自觉的行为，才能说他们所接受的思想政治教育是高质量的、有效果的。在理解这一含义时，需要明确以下几点。

第一，从认识论的角度看，当把质量评价和高校思想政治教育对象结合起来讨论时，其中心任务是对高校思想政治教育对象的学习和接受状况进行考察和评价。思想政治教育的对象是人，而对人的评价本身是可以从很多方面来进行的，但就思想政治教育的质量评价而言，则主要是考察和评价思想政治教育对象在接受思想政治教育之后的学习收获和学习效果，换言之，即对思想政治教育对象在整个教学活动中的实际收获进行分析和评价。事实上，在思想政治教育过程中，从认识论的角度看，思想政治教育对象即受教育者，既是客体又是主体。因此，为了把握思想政治教育的质量状况，其中一个很重要的方面就是分析和判断思想政治教育对象的接受和领会情况，受教育者是否认清自己的状况，是否认识和领会了相关知识和理论以及各种社会规范。这一考察主要侧重于考察教育对象对理论知识的系统学习情况（接受程度、理解程度、认同程度等）及其对思想政治教育内容的把握和理解情况。这是考察思想政治教育对象在接受教育之后所获得的教育效果的最为基本的方面。

第二，从实践论的角度看，对高校思想政治教育对象接受质量的评价还包括考察教育对象是否具备了运用马克思主义的立场、观点、方法去观察事物和解决问题的能力。如前所述，从认识论角度看，对思想政治教育对象的接受质量的评价主要是侧重于考察思想政治教育对象的理论学习情况，与此同时，从实践论角度看，对思想政治教育对象的接受质量的评价则侧重于受教育者的日常行为表现,即考察受教育者在接受思想政治教育之后是否把相关知识和理论运用于认识和分析日常生活和社会问题,并内化为自觉的行为和社会实践。这是评价思想政治教育对象接受质量的高一层次的标准。把这一标准纳入考察高校思想政治教育对象的接受质量之中,有利于防止出现只重视理论学习和背诵,而忽视理论理解和运用的弊病。这表明“考查考试和主要是检查学生对马列主义基本原理的理解和运用这些原理分析问题的能力,而不是单纯检查学生的记忆力”①。所以,在考察受教育者的接受情况时,一个很重要的方面就是看他们是否在这一过程中达到了由被动到主动、由客体到主体的转化,换言之就是要看思想政治教育对象的主动性和能动性是否被调动起来。这是衡量是否完成思想政治教育的过程、达到思想政治教育目标的重要指标或关键之处。

第三,在对高校思想政治教育对象的接受质量进行考察和评价时,要把对教育对象学习效果或学业成绩的考察与对其思想面貌和道德素质的考察区分开来。需要注意的是,教育对象的思想道德素质与其学业成绩不存在直接的对应关系,即分数高、学习成绩好并不意味着思想道德素质高,反之亦然。正如苏联教育家苏霍姆林斯基所指出的那样:“把学科评分跟道德面貌等同起来,就是不假思索地追求表面上不错的指标——数字。我们认为,不可把一切都归结为一个简单的结论:分数好,孩子就好;分数‘不合要求’,就等于学生‘没有达到水平’。”②对高校思想政治教育对象接受质量的评价和考察,并不是为了对教育对象进行简单的排名或对受教育者做出等级(包括好坏和高低)划分,而是为了真实反映思想政治教育对象的认知和实践情况。因此,在对教育对象的接受质量进行评价和考察时,要避免单纯以学习成绩来衡量学生思想道德素质的做法,而是要根据不同的标准对学生的学习成绩和思想道德素质单独展开评价和

---

① 张耀灿:《思想政治教育学科建设研究》,中国人民大学出版社 2017 年版,第 301 页。

② [苏]苏霍姆林斯基:《给教师的建议》,周蕖、王义高等译,长江文艺出版社 2014 年版,第 159 页。

分析。

第四，在对高校思想政治教育对象接受质量进行评价和考察时，要把短期效应和长远影响都纳入考察范围。很多时候，我们在对思想政治教育对象的接受质量进行评价和分析时主要基于教育对象的短期的或阶段性的表现来作出评判。事实上，这只是评判思想政治教育对象接受质量的一个方面，我们还需要对受教育者所受到的长远影响进行跟踪监测和评价，即把短期的即时效果和长远的关乎教育对象一生成长的影响两个方面结合起来考察。正如习近平总书记在高校思想政治工作会议讲话中所明确强调的那样，思想政治理论课教学质量效果并不是即时效果，而是"为学生一生成长奠定科学的思想基础"①。有学者也指出："从质量评价和教学效果评价的差异性来看，由于教学质量的显现并不是教学状况的直接反映，也就是说教学质量的作用是一个长效的过程，而教学现状的评价较注重短期效应，有时候课堂教学短期效应较好，并不意味着教学质量很高。"②这表明，在考察和评价思想政治教育对象的接受质量时要关注和重视长效评价，即关注思想政治教育在教育对象一生成长中所形成的影响或作用。

（三）如何推进高校思想政治教育对象接受质量评价

一般而言，那些适用于思想政治教育工作质量评价的一般方法和理念（如考试）也同样适用于高校思想政治教育对象的接受质量评价。除此之外，在对高校思想政治教育对象的接受质量进行评价时，还涉及一些专门的方法和手段（面对面的交谈等）。在新时代的大背景下，对高校思想政治教育对象接受质量的把握和考察还需要探索和运用一些新的评价方式和手段。归结起来，做好高校思想政治教育对象的接受质量评价工作可以遵循以下基本思路。

首先，考试或学习测验仍然是了解和掌握高校思想政治教育对象接

① 《习近平谈治国理政》第二卷，外文出版社 2017 年版，第 378 页。

② 佘双好：《关于思想政治理论课教学质量评价问题的思考》，《学校党建与思想教育》2018 年第 13 期。

受质量的一种有效的方式。在思想政治教育对象经过一定时段的学习或培训之后,有必要对其学习情况进行考察和检测,以便思想政治教育对象巩固这一阶段的学习,同时也为教育者下一阶段的教学安排提供参考依据。因此,考试或学习测验仍然是可以采用的基本办法。需要注意的是,在使用考试这一办法时,要辩证地灵活地看待和分析思想政治教育对象的考试结果,对思想政治教育对象通过考试所反馈的信息要灵活解读,尤其是不能以一时的学习成绩来判定受教育者的学习状况,不要着急下结论,懂得考试所具有的参考意义。如若不然,这就有可能违背评价的初衷。在运用考试这一方式时需要平等地对待每位教育对象,既发挥考试所具有的区分、甄别和选拔的功能,更重要的是,还要发挥考试所具有的诊断、改进和激励及促进思想政治教育对象的发展的功能(例如,把口头考试和书面考试结合起来,培养思想政治教育对象清晰表达自己的观点或学习体验的能力),唯有如此,才能避免出现只重考试分数而不重实际运用的现象。

其次,重视与思想政治教育对象的日常交流和沟通,同教育对象建立起亦师亦友的良好关系,以便在这种经常性的互动中全面掌握思想政治教育对象的接受质量。需要指出的是,思想政治教育对象的接受质量情况不是一次或几次考试就能反映得出的,为了准确和全面的把握,还需要加强与思想政治教育对象的日常交流和相处,重视采用面对面交谈的方式,利用这种从日常相处中得来的信息来丰富和完善教育者对受教育的认识和评价。与此同时,教育者通过这种日常的相处,增加了对教育对象的认识和了解,有助于增加教育的针对性和适应性,以便教育者采取更加适合于教育对象的方式来开展思想政治教育,从而改善和提升思想政治教育的效果,并且教育者还可以通过这一方式及时发现问题,及时引导和教育,以避免受教育者产生一些不必要的误读或出现不符合社会规范的行为。因此,在把握思想政治教育对象的接受质量情况时,要多增加与思想政治教育对象之间的互动和相处机会,相关教育工作者和教师在这种日常的相处中当好受教育者成长道路上的良师益友,真正同受教育者交知心朋友,同他们平等的分析和讨论问题,通过这样一种耐心细致的、深入交流的方式全面把握受教育者的学习情况和思想道德状况等。

再次，给予思想政治教育对象更多的人文关怀和心理疏导，在日常的关怀中加深对思想政治教育对象学习情况的认识和把握。很多时候，当我们试图考察和评价思想政治教育对象的接受质量时，会遇到来自受教育者的不理解或排斥心理，表现为受教育者时常会对这种评价敬而远之，不愿意配合我们的评价工作。这其实是与思想政治教育工作质量评价的特殊性质相关的，即"思想政治理论课教学质量评价不同于一般企业评价、行政评价、管理评价，而是一种学术评价和业务评价，而思想政治理论课又是意识形态内容强烈的课程评价，因此思想政治理论课教学质量评价应遵循思想政治理论课教学管理的特殊性"①。正是基于评价中所掺杂的意识形态性等元素，使得对思想政治教育对象接受质量的评价工作具有一定的敏感性，难免使教育对象对评价工作产生心理负担，而不愿意表露或分享他们的真实情况。面对这种情况，加强对思想政治教育的人文关怀和心理疏导就尤为重要，向思想政治教育对象解释清楚评价的真实用意，舒缓他们的敏感情绪和排斥心理。其中，人文关怀具体包括询问和了解思想政治教育对象的心声、要求及甘苦，并针对性的提供帮助，同他们建立起深厚的感情和信任，以此获得更多真实有效的信息。

最后，在新时代条件下，要及时运用新的技术手段以及沟通方式（包括运用新的语言词汇等）加强与思想政治教育对象的联系，拉近同他们的距离，以获得更多真实的和及时的反馈信息。党的十九大报告明确指出："经过长期努力，中国特色社会主义进入了新时代，这是我国发展新的历史方位。"②思想政治教育及其质量评价也已然处于新的历史方位和时代背景中。高校思想政治教育对象的接受质量评价工作也不例外，同样处于新的时代条件之下。在这一新的时代条件下，对高校思想政治教

---

① 佘双好：《关于思想政治理论课教学质量评价问题的思考》，《学校党建与思想教育》2018 年第 13 期。

② 习近平：《决胜全面建成小康社会　夺取新时代中国特色社会主义伟大胜利——在中国共产党第十九次全国代表大会上的报告》，《人民日报》2017 年 10 月 28 日。

育对象的接受质量所展开的评价工作具备了一些新的特点或挑战(包括思想政治教育对象的群体更加庞大;思想政治教育对象所受到的来自社交媒体等网络新环境的影响日益增强;除了传统的教学场所和环境,网络日益发展成为新的教育阵地等),这促使我们要在新的背景下探索和运用新的评价理念和手段方法。其中,一个很重要的方面就是要利用好网络这一新的教育阵地,通过各种网络社交媒体了解和掌握思想政治教育对象的学习和运用情况,分析新时代条件下思想政治教育对象所出现的新的学习和交流方法,学会使用思想政治教育对象所熟悉的语言和新潮词汇等来拉近同他们的距离。总之,只要是有利于收集和整理思想政治教育对象学习和接受效果的方式和途径都可以运用,不断根据新的需要探索和运用新的评价方式和手段。

二、高校思想政治教育过程质量评价

新时代高校思想政治教育工作质量评价,不仅要评价高校思想政治教育对象接受质量评价,同时还要基于动态的视角去检测高校思想政治教育过程的质量状况。整个高校思想政治教育过程运行状况从根本上影响到高校思想政治教育质量。思想政治教育质量只能通过思想政治教育过程来实现,思想政治教育过程运行状况决定着思想政治教育质量的状况。要想保证思想政治教育保持高质量必须保证思想政治教育过程高质量运行,必须保证思想政治教育过程沿着正确的方向运行。从一定意义上看,思想政治教育过程的质量将在一定程度上影响和决定着思想政治教育质量;思想政治教育过程质量应该是思想政治教育质量的核心构成。因而,新时代高校思想政治教育工作质量评价,应该把高校思想政治教育过程质量纳入其中。

(一)高校思想政治教育过程质量评价的重要意义

第一,重视思想政治教育的过程评价,有助于切实提升高校思想政治教育质量，克服和纠正思想政治教育中重知识轻能力、重结果轻过程、重理论轻实践等不良倾向。传统的思想政治教育评价，通常更重视对思想政治教育的结果进行评价，评价时往往重知识轻能力、重结果轻过程、重理论轻实践，导致在思想政治教育实践中忽视了学生能力的培养，在教学过程中只注重灌输和传授，对阶段性、过程性效果不认真考查，在教学过程中一定程度上忽视了学生的情感体验以及学生能力的培养。而思想政治教育过程评价，更强调重视学生的需求、情感、价值观等非智力因素，更注重培养学生的能力，包括认识和分析问题的能力、实践体验和动手能力等，这些能力在人才培养中起着非常重要的作用。传统评价模式下，重视结果忽视过程、容易出现以下问题，诸如课堂环境不够宽松、民主，师生互动性差，气氛不够活跃，难以激发学生的学习兴趣。大学生作为被动的接受者，在这种教育过程中难以获得一定的情感体验，如幸福感和愉悦感，难以把这些内化为自己的思想、信念、品质，导致思想政治教育针对性和实效性大打折扣。通过过程评价与分析，充分尊重大学生在需求、兴趣、爱好、心理发展水平和理解接受能力等方面存在的差异。实现思想政治教育的目标，帮助大学生树立积极健康的人生态度，提高大学生的思想道德素质和文化素质，提高大学生认识世界和改造世界的能力，将大学生真正培养成为新时代担当民族复兴大任的时代新人。

第二，重视思想政治教育的过程评价，有助于保证高校思想政治教育过程中各种有效信息的传递，提升思想政治教育质量。思想政治教育工作是教育者和被教育者双方面的活动，教师与学生的对话是不容忽视的问题，借助思想政治教育过程的质量评价，将思想政治教育过程中教师对学生的单向传递转变为教师与学生的双向沟通，从学生那儿可以了解他们掌握了什么，在哪些方面尚未能理解，教师的授课是否讲解清晰、透彻，哪些方面还需要进一步改进，学生还有什么需求和期待，等等，所有这些信息，对教师不断改进和完善思想政治教育均有着十分重要的意义。思想政治教育过程评价可以为我们提供这些有益信息，我们需要科学设计思想政治教育的过程，及时了解和掌握教育者与被教育者的最新进展和各方面的动态，对思想教育过程中教育内容的接受情况、教育环境的影响、教育方法的效果、教育目的的实现情况等给出客观评价，针对思想政治教育的现状和存在的问题，及时和适时作出相应的反馈与调整，完善教育过程，切实提升思想政治教育质量。

第三，重视思想政治教育的过程评价，有助于更有针对性地规范、指导和评价高校思想政治教育工作，以评促建，推进思想政治教育创新发展。就当前思想政治教育评价现状而言，思想政治教育工作质量评价较多采用结果评价的形式，结果评价的指标体系相对容易制订，实施起来可操作性较强，借助结果评价，往往能够获取某个被评价对象或者某个地区某一时期的思想政治教育情况，包括实践、文化、网络、心理、管理、服务、组织等方面工作的育人情况，较容易进行同时期不同被评价对象评价结果的横向比较。然而，要想全面考察被评价对象思想政治教育的原有基础、发展历程、发展潜力和发展趋势，包括一些难以立竿见影呈现效果的创新性工作；要想对思想政治教育状况进行全方位的评判，更加有针对性地规范和指导被评价对象，过程评价必不可少。过程评价更多关注思想政治教育的具体过程和动态发展，或是从前后变化的对比视角进行纵向评价，而不是仅就思想政治教育的当前状态进行静止的评价。通过过程评价，有助于了解思想政治教育的发展变化历程和真实水平，实现自身的纵向比较。坚持过程评价，有助于多角度、全过程的评价思想政治教育的真实状况，鼓励各高校开展创新性工作，把创新成果纳入评价指标体系，实事求是地反映思想政治教育的质量和水平，从而制定有针对性的措施对思想政治教育过程、结果进行有效调控和优化调整，推动思想政治教育创新发展。

（二）高校思想政治教育过程质量评价的科学内涵

思想政治教育过程是教育者和受教育者在一定的目的指导下，借助一定的方式和手段互动的过程，是教育者根据一定社会的思想品德要求和受教育者思想品德形成发展规律，对受教育者施加有目的、有计划、有组织的教育影响，促使受教育者产生内在的思想矛盾运动，以形成一定社会所期望的思想品德的过程。思想政治教育过程是教育者、受教育者之间,在教育目的、教育内容、教育手段、教育环境和教育活动的联结下,互相作用的过程。一切教育效果都是教育过程的直接产物,只有思想政治教育的过程完善和合乎规律,教育才能产生良好的效果。因此,必须重视高校思想政治教育过程的科学评价,这些是我们把握高校思想政治教育过程质量内涵必须充分认识到的问题。

思想政治教育过程的质量评价主要是对思想政治教育过程各种因素、环节和节奏做出评价,典型方法或工具是"成长变化记录"或"表现式的评价"。过程性评价拓宽了思想政治教育评价的领域,运用质性评价工具对教育对象的情感、态度和价值观进行评价,是非常可贵的。当然,思想政治教育是一个整体,在当前高校思想政治教育的背景下,非智力的情感态度因素在高校思想政治教育过程中的重要性日益凸显出来,与思想素质的提升、知识的增长、能力的提高及智力的发展紧紧结合在一起,很难进行严格区分。过程性评价、终结性评价各有侧重,前者侧重评价情感、态度、价值观等方面,后者侧重评价思想政治教育的最终效果。过程性评价不是微观意义上对思想政治教育过程的评价,也不是只注重过程而不注重结果的评价,而是对课程实施意义上的教育动机、过程和效果的三位一体的评价。把过程评价和结果评价对立起来,容易导致对学生思想政治教育的狭隘理解,产生不良的后果。

高校思想政治教育过程的质量评价是指,由评价工作组讨论制定或参照既有的高校思想政治教育评价指标体系实施的对思想政治教育队伍质量、思想政治教育对象接受情况、思想政治教育内容、教育方法、教育形式和手段等的评价。过程评价具有灵活性、针对性、多样性,也有助于发现思想政治教育的真实问题和困难。对思想政治教育过程进行评价时,必须坚持辩证唯物主义全面的观点、联系的观点和发展的观点。首先,要做横向评价,即检查和评价教育过程中"主体"(教育者、受教育者)和"主要要素"(媒介——教育目的、教育内容、教育手段、教育环境和教育活动)在方向上是否协调一致。其次,要做纵向评价,即检查和评价整个教育过程的各个因素是否做到了良性循环。最后,要做全面评价,即要对思想政治教育队伍质量、思想政治教育对象接受情况、思想政治教育内容、教育方法、教育形式和手段等做具体检查和评价，对教育目的、教育内容、教育手段和教育活动是否科学和正确做出判断。总之，在思想政治教育过程中，要探索适合不同层次、不同阶段和不同流程的具体思想政治教育评价体系，建构出灵活多样的标准与操作规程，要有计划地评价思想政治教育过程的发展情况，及时采取措施，以保证教育过程正常和符合规律地发展。

需要指出的是，高校思想政治教育过程质量的评价虽然涉及思想政治教育的各种要素，但是归根结底是对思想政治教育过程运行状态的评价，检查和评价思想政治教育过程在方向上是否协调一致；检查和评价思想政治教育过程是否做到了良性循环。检查和评价教育目的、教育内容、教育手段和教育活动是否科学和正确。思想政治教育过程主要是教育者、受教育者和教育环境三者之间，在教育目的、教育内容、教育手段和教育活动的联结下，互相作用的过程。一切教育效果都是教育过程的直接产物。只有思想政治教育过程完善和合乎规律，思想政治教育才能产生良好的效果，因此，必须对高校思想政治教育过程质量进行及时和科学的评价。对高校思想政治教育过程质量的评价必须坚持辩证唯物主义全面的、联系的和发展的观点，有计划地评价教育过程质量情况，及时采取措施，以保证思想政治教育过程正常和符合规律地发展，为新时代高校思想政治教育质量提升提供重要保障。

（三）如何推进高校思想政治教育过程质量评价

思想政治教育是不断发展和完善的过程，实施高校思想政治教育工作质量评价也是一个系统性工程。科学评价高校思想政治教育工作过程质量，既要关注当下可见的实际工作和效果，又要坚持动态的、发展的眼光，关注思想政治教育的发展过程和长期效果。鉴于此，我们必须找到高校思想政治教育过程质量评价的思路。

首先，高校思想政治教育过程质量的评价必须坚持过程性、全面性、及时性的特点。习近平总书记指出，思想政治工作从根本上说是做人的工作，必须围绕学生、关照学生、服务学生，不断提高学生思想水平、政治觉悟、道德品质、文化素养，让学生成为德才兼备、全面发展的人才。所谓“过程性”是指对思想政治教育过程的关注，这里“过程”是相对于结果性评价的“结果”而言的。过程性评价并不是只关注过程而不关注结果，更不是单纯地观察思想政治教育过程而是具有导向性的评价方式。它强调通过关注思想政治教育目标、内容、方式方法的选择等达到提升思想政治教育效果的目的，实现从过程到结果的良性循环。因此，评价指标的科学合理性有待加强，评价体系有待加强。近年来，思想政治教育过程评价日益受到重视，各单位相继形成了较为完整的思想政治教育工作评价体系，但很多细节却尚未明确与完善。高校思想政治教育过程的质量评价包括对思想政治教育对象、队伍、管理者，以及思想政治教育的各个具体要素的评价，如何制定科学的、可操作性的评价体系和具体指标，是一项富有挑战性的工作。高校思想政治教育过程质量评价以往通过评价工作组以听取汇报、发放问卷、深度访谈等形式了解掌握思想政治教育的开展情况、教育效果，重点关注教育教学环节、人才培养情况、育人资源和力量，以及学生对知识层面教育目标的完成情况等整体情况。加强高校思想政治教育过程质量评价，应该通过长期的追踪、观察、反馈，了解掌握思想政治教育的发展变化过程及趋势，重点关注思想政治教育的动态变化以及长远效果。

其次，高校思想政治教育过程质量的评价必须坚持发展性、创新性等特点。发展性，是指思想政治教育不仅要从静态上来评价，而且要从动态上来评价，旨在通过评价环节审视人的情感、认知、行为习惯、理想和信念等方面的已有水平和状态，采取有针对性的完善措施，以更好地促进这些方面的发展。思想政治教育过程质量评价往往制定评价指标难度较大，而且可操作性和难度较大。思想政治教育工作质量评价是一个价值判断过程，必须依据一定的价值判断标准来进行，这个价值标准具体要借助一系列的指标表现出，因而实施思想政治教育过程的质量评价是一个动态性、系统性工程。思想政治教育是一个不断发展和完善的过程，实施思想政治教育工作质量评价也是一个动态性、系统性工程。高校思想政治教育的目标是面向未来，以发展为目的的，然而其工作效果的呈现却通常具有一定的滞后性，需要一个逐步显现和不断提高的过程，这就决定了要科学评价思想政治教育过程质量的重要性，既应关注当下可见的实际工作和效果，又应坚持动态的、发展的眼光，关注思想政治教育的发展过程和长期效果。

最后，高校思想政治教育过程质量的评价必须坚持评价的内容更全面，目标更多元，结果更科学。新时代高校思想政治教育必须紧紧扣“培养什么样的人、如何培养人、为谁培养人”这一根本问题。思想政治教育过程性评价强调坚持以人为本的原则，重视连续性。思想政治教育工作中如果忽视个人需要的满足和个人的自我发展完善，就会使人失去自觉接受外在思想道德影响的内在动力，而且会使他们把思想政治教育视为一种外在于个人需要的、来自国家或社会的外在要求，从而导致受教育者疏远甚至反感思想政治教育。在高校思想政治教育评价过程中，对于硬件内容，是比较确定和比较容易测量与评价的，可以凭借科学方法和技术手段运用定量分析进行评价，如思想政治理论课出勤率、思想政治教育活动开展的数量、学生就业率等；对于软件内容，基于思想政治教育的特殊性，其工作效果主要体现为人的思想变化以及由思想变化带来的外在行为的变化，如对大学学生思想水平、政治觉悟、道德品质、文化素养等的评价等，存在不好精确测量、不易量化的特点，难以进行精确和科学评价。目前，还缺乏科学的常态化评价指标体系和评价技术，高校思想政治教育过程质量评价体系尚需要进一步科学化、精细化，使内容更全面，目标更多元，结果更科学。同时，过程评价涉及的思想政治教育因素较多，一般需要采集的数据量较大，过程比较烦琐，需要耗费大量时间。因此，高校思想政治教育的过程评价要始终坚持把人作为思想政治教育的主体和根本，通过建立健全思想水平、政治觉悟、道德品质、文化素养等全方位的评价指标体系，确立以培养有理想、有本领、有担当的时代新人为评价目标体系，在确保社会主义办学方向的基础上，倡导和秉承以人为本、立德树人的思想政治教育理念，为培养担当民族复兴大任的时代新人奠定坚实思想政治基础。

三、高校思想政治教育结果质量评价

推进高校思想政治教育工作质量评价，除了要充分把握教育对象接受质量、教育过程运行质量外，还应该从整体上关注思想政治教育的结果，对思想政治教育的结果进行质量评价。这个结果是思想政治教育的最终结果，这个最终结果既不同于教育队伍质量、教育对象接受质量，也不同于教育过程质量、领导管理质量，而是思想政治教育活动的最终结果。其虽与教育队伍状况、教育对象接受状况、教育过程状况、领导管理状况等密切相关，但也具有一定的相对独立性。思想政治教育结果对于思想政治教育来说具有根本性的意义，思想政治教育的存在就是通过调动各方面的力量和因素，致力于实现思想政治教育的最终结果。因此，新时代推进思想政治教育工作质量评价，必须把高校思想政治教育最终结果的评价放到重中之重的位置。

（一）高校思想政治教育结果质量评价的重要意义

高校思想政治教育结果质量评价是推进新时代思想政治教育工作质量评价重中之重的内容，为了增强高校思想政治教育结果质量评价的自觉性和坚定性，就必须充分把握其重要意义。

首先，开展高校思想政治教育结果质量评价是保证思想政治教育工作正确方向的需要。新时代思想政治教育工作应该坚持正确的方向，这个方向坚持的如何、是否有所偏离，都与加强思想政治教育结果质量评价息息相关。只有坚持以马克思主义为指导，坚持不懈宣传马克思主义科学理论、培育和弘扬社会主义核心价值观、培育优良校风和学风，才能牢牢把握社会主义的办学方向，筑牢思想基础。也只有做好思想政治教育工作，才能抓住全面提高培养人才能力这个核心点，完成“培养社会主义事业建设者和接班人”的重大任务。新时代思想政治教育要培养的是能够担当社会主义现代化建设历史重任和担当中华民族复兴大任的时代新人,特别是培养的是理想信念坚定、充满蓬勃朝气的可靠接班人,就必须始终对思想政治教育的这个最终结果进行检测,检测思想政治教育结果是否坚持了正确政治方向。新时代思想政治教育工作要坚持正确的政治方向,就应该加强思想政治教育工作质量评价。高校思想政治教育结果质量评价可以充分发挥其鲜明的价值导向性,它可以引导思想政治教育活动适应人和社会的发展需要,确保教育活动高效有序的运行,保证思想政治教育沿着正确的方向发展下去。只有导向正确,才能防止思想政治教育的偏离和教育过程的失序,从而使思想政治教育运行方向和活动过程始终按照教育目标来运行。特别是在各种社会思潮激荡的情况下,思想领域的多元化会导致不同价值取向同时存在,为了引导人们坚定马克思主义立场,思想政治教育结果质量评价就会发挥它的价值导向功能,具体表现为不同岗位各负其责,齐抓共管,正确引导,实现协同育人。可以看出,思想政治教育工作质量评价有利于确保思想政治工作坚持正确的方向,思想政治教育最终结果质量评价承担着新时代思想政治工作"把关人"的角色,发挥着价值导向作用,能够把正确的政治方向贯穿于新时代思想政治教育工作的全过程。

其次,开展高校思想政治教育结果质量评价是诊断思想政治教育工作问题及其对策有效性的重要手段。新时代高校思想政治教育工作需要增强针对性和实效性,而发现思想政治教育工作中存在的问题并制定相应的对策,就需要开展思想政治教育结果质量评价。思想政治教育结果质量评价一定程度上能够对整个思想政治教育活动状况进行检测。进行结果质量评价的过程,就是获取整个活动状况信息的过程,通过调查研究,能够较全面地呈现思想政治教育工作中的问题、方法、规律和对策等信息。思想政治教育结果质量评价是为整个思想政治工作过程服务的,它既是调查研究获取信息的过程,也是科学正确决策的准备过程,教育者要想有效地控制思想政治教育工作过程,就必须及时地掌握质量评价结果呈现出来的反馈信息,然后对所获取信息进行归纳整理,进而分析思想政治教育过程中存在的问题,积极寻求相应对策。"从现实看,人们对思想政治教育最终结果质量或实效性的评价总体还是比较具有主观性的,往往根据自己的主观判断做出评价，而不是根据客观而科学的评价指标和经过一番严谨的评价做出结论。实际上，思想政治教育实效性的高低不能仅仅凭经验的主观感觉，而应该通过科学研究，建立起严谨的评价指标体系，才能获得客观而科学的评价。”①只有这样的评价，才能相对全面地把握思想政治教育结果质量的整体状况，给出客观而科学的结论。因为只有根据这样的评价，才能判断出思想政治教育最终结果质量的高低，才能通过各个科学客观的指标知道思想政治教育最终结果质量存在哪些具体问题，进而通过对现状和具体问题的把握找到提升高校思想政治教育最终结果质量的对策。

最后，开展高校思想政治教育结果质量评价能够推进新时代思想政治教育创新发展。思想政治教育结果质量评价能够充分认识思想政治教育实践活动的最终结果，因而开展思想政治教育结果质量评价，可以充分反映思想政治教育创新发展的要求。开展思想政治教育结果质量评价可以充分体现和落实新时代思想政治教育工作的目的和目标要求，并把目标具体化，分解成一系列具备可操作性的具体目标，然后依据一定的方法和手段，对这些指标作出定量与定性分析，最终得出评价结论。这样既可以宏观展现对整体思想政治教育状况的检验，又可以具体展现每一评价指标存在的问题及趋势。习近平总书记提出“高校思想政治工作要因事而化、因时而进、因势而新”的理念，这是新时代新环境下指导高校学生思想政治工作的总要求。“因事而化”就是要摸准学生的思想脉搏，了解他们的所言所行，积极回应学生思想关切，帮助学生解疑释惑；“因时而进”就是从新的时代特征出发，牢牢抓住学生思想政治教育的时代主题，善于发现思想政治工作时机，因时制宜、应时而动、顺时而进；“因势而新”就是要结合世界新变局、社会新变革，适应情势的演进常态，适应大学生互联网学习生活的新常态，要有新认识、新谋划，推进高校学生思想政治工作创新发展。“事”“时”“势”是新时代高校思想政治工作必须直面的“变量”，“化”“进”“新”即是对新情况新变化的回应与决策。故而，

① 吴林龙：《当代德育实效测评的反思与前瞻》，《广西社会科学》2014 年第 4 期。

当我们在开展高校思想政治教育结果质量评价时，要遵循"三因"理念，根据时代的变化和要求，客观而灵活的设定评价标准，只有建立在真实可靠信息基础上的评价结果才是可信的，展现出的问题才是真实的，唯有如此，才能为思想政治教育工作者全面掌握教育动态，探求新时代思想政治教育工作的问题，进而采取正确的决策提供客观依据。因此，通过开展思想政治教育结果质量评价来诊断思想政治工作存在的问题及对策，就应该密切结合新时代思想政治教育工作面临的新情况、新问题，根据新的工作要求来进行质量评价。通过与时俱进的思想政治教育结果质量评价，真实、客观地反映思想政治教育工作的现状，推进新时代思想政治教育创新发展。

（二）高校思想政治教育结果质量评价的科学内涵

高校思想政治教育结果质量评价所指是什么？这涉及高校思想政治教育结果质量评价的本质规定，涉及高校思想政治教育结果质量评价的时代内涵。

在我国思想政治教育领域，思想政治教育结果质量评价说到底就是检验思想政治教育对受教育者的影响能力，就是思想政治教育是否具有凝聚人心、统一意志的能力，能否在各种社会思潮中具有引导民心和决定社会舆论走向的能力。因而在这种意义上，高校思想政治教育结果质量评价就要评价高校思想政治教育能否保证将马克思主义基本原理、马克思主义中国化成果在纷繁复杂的各种社会思潮中转化成为青年学生的指导思想。随着中国特色社会主义进入新时代，特别是党的十八大以来，以习近平同志为核心的党中央以高度的使命担当和政治自觉，围绕坚持和发展什么样的中国特色社会主义、怎样坚持和发展中国特色社会主义，形成一系列创新性观点，形成了习近平新时代中国特色社会主义思想。习近平新时代中国特色社会主义思想是党和国家必须长期坚持的指导思想，是全党全国各族人民团结奋斗的共同思想基础，是决胜全面建成小康社会、建设社会主义现代化强国、实现中华民族伟大复兴中国梦的行动纲领。因而在这种意义上看，新时代高校思想政治教育结果质量评价最为根本的时代内涵，就是要看评价是否以习近平新时代中国特色社会主义思想去推动工作、指导实践，是否将习近平新时代中国特色社会主义思想转化成为青年学生的思想自觉和行动自自觉。党的十九报告指出："必须推进马克思主义中国化时代化大众化，建设具有强大凝聚力和引领力的社会主义意识形态，使全体人民在理想信念、价值理念、道德观念上紧紧团结在一起。要加强理论武装，推动新时代中国特色社会主义思想深入人心。"①这揭示了新时代思想政治教育结果质量评价的本质规定、基本内容和核心要义。因此，新时代高校思想政治教育结果质量评价一定程度就是思想政治教育的凝聚力和感染力，就是能否实现马克思主义中国化时代化大众化，推动习近平新时代中国特色社会主义思想深入人心，能否使青年学生在理想信念、价值理念、道德观念上紧紧团结在一起。

新时代高校思想政治教育结果质量评价就是要让马克思主义科学理论特别是习近平新时代中国特色社会主义思想在社会思潮中占主导地位，成为民众尤其是大学生的行动指南。2018 年 8 月 21 日，习近平总书记在全国宣传思想工作会议上强调指出："中国特色社会主义进入新时代，必须把统一思想、凝聚力量作为宣传思想工作的中心环节。"②从现实看，随着全面改革开放的纵深推进，社会经济成分、就业方式、分配方式和生活方式日益多样化，人们思想活动的独立性、选择性、多变性、差异性进一步增强。世界范围内各种思想文化的交流交融交锋越来越频繁，国际思想政治教育的斗争和西方思想政治教育渗透日益趋向隐蔽且来势凶猛。特别是网络社会的到来，人们在各类信息获取更加便捷的同时，网络社会也充斥着良莠不分、鱼龙混杂甚至诋毁主流价值的信息。我们的民众在这种社会现实中生活和学习，必然受到这些现实的熏染，形成一些先入为主的思想观念，甚至受到一些错误思想的诱导，直接或间接消解主流思想政治教育话语言说的效果。在这种情况下，必须坚持和发展马克思

① 习近平：《决胜全面建成小康社会　夺取新时代中国特色社会主义伟大胜利——在中国共产党第十九次全国代表大会上的报告》，《人民日报》2017 年 10 月 28 日。

② 《习近平在全国宣传思想工作会议上强调　举旗帜聚民心育新人兴文化展形象　更好完成新形势下宣传思想工作使命任务》，《人民日报》2018 年 8 月 23 日。

主义，把深入学习和贯彻习近平新时代中国特色社会主义思想作为新时代掌握思想政治教育结果质量评价的本质与核心。从当前看，尽管我们的党和政府在社会各领域取得一些重大历史性成就，解决了许多长期想解决而没有解决的难题，特别是有效解决了一些突出的社会热点和难点问题，但人们对美好生活的需要与不平衡不充分发展之间的矛盾已经成为我国社会的主要矛盾，诸如贪污腐败、分配不公、贫富差距等社会问题一定程度上影响到思想政治教育效果。在这种现实下，如何在复杂社会现实环境中发挥社会主义思想政治教育对民众的吸引力和感染力，将马克思主义特别是习近平新时代中国特色社会主义思想转化成为民众的思想追求和行为自觉，充分发挥主流思想政治教育话语的吸引力和感染力，就成为新时代思想政治教育结果质量评价建设需要解决的迫切问题。

因此，高校思想政治教育结果质量评价的内涵，就是指根据党和国家事业发展的战略需要，采用一定的方法和手段，对思想政治教育自身的性能是否最终满足党和国家事业发展需要以及教育对象发展需要的状况或水平给出价值判断的过程。这个评价最终是以是否维护安定团结的政治局面，是否巩固了马克思主义指导地位，是否巩固了全国各族人民团结奋斗的共同思想基础为根本的标准。思想政治教育工作不同于经济工作，也不同于行政管理；思想政治教育工作是在党的领导下按照国家和社会的要求通过发挥思想政治教育理论对民众思想和行为的影响，凝聚起人们坚持党的领导、坚持社会主义制度，坚持中国特色社会主义的坚定信念。因而，这决定了高校思想政治教育结果质量评价最为主要和关键的是思想政治教育理论话语的主导力，即巩固马克思主义的思想指导地位、巩固全国人民团结奋斗的思想基础，实现马克思主义理论，特别是习近平新时代中国特色社会主义思想对民众，尤其是大学生的思想观念、政治观点、价值取向的主导和引领。

（三）如何推进高校思想政治教育结果质量评价

新时代推进高校思想政治教育结果质量评价，不同于教育对象接受状况、教育过程运行状况的评价。对于思想政治教育结果质量评价应该是站在整体的角度来把握高校思想政治教育最终的实际效果。这个最终的效果与思想政治教育的本质有关，与思想政治教育目的有关，与思想政治教育的方向有关。这个思想政治教育最终结果体现着思想政治教育的社会本质，体现了思想政治教育目的，体现了思想政治教育从归根结底的意义上为谁服务以及这种服务的状况。对此，推进高校思想政治教育结果质量评价应该做好如下几点工作。

首先，高校思想政治教育结果质量评价，要重点监测这个最终的结果是否实现了以马克思主义指导思想为根本，以理想信念教育为核心，以社会主义核心价值体系和价值观为引领，以教育对象全面发展为旨归，深入推进习近平新时代中国特色社会主义思想进教材、进课堂、进头脑；是否形成全员全过程全方位育人格局，切实提高思想政治教育亲和力和针对性；是否着力培养德智体美劳全面发展的社会主义建设者和接班人，着力培养担当民族复兴大任的时代新人，不断开创高校思想政治教育工作新局面，形成系统完善的高校思想政治教育工作供给体系。高校思想政治教育结果质量，本质上是思想政治教育为党和国家事业发展及人民发展需要提供服务的状况或水平。因而，高校思想政治教育结果质量状况是否有科学的教育目标定位、内容选择、方法路径等，都是高校思想政治教育结果得以最终实现的核心内容，没有这些核心内容，就无法开展高校思想政治教育，更无法满足党和国家事业及人民发展需要。

其次，高校思想政治教育结果质量评价，要重点监测这个最终的结果是否牢牢把握住社会主义方向，坚持以马克思主义为指导，坚持党对思想政治教育的领导，坚持中国特色社会主义道路自信、理论自信、制度自信、文化自信；是否坚持办好思想政治理论课，发挥好哲学社会科学育人功能，加强高校各类阵地建设管理，加强教师队伍和思想政治工作队伍建设；是否强化问题导向，弘扬改革创新精神，做到高校思想政治工作因事而化、因时而进、因势而新，在破解高校思想政治工作短板上取得实质性进展；各级党委是否负起把关定向、统筹指导、建强班子的责任，把思想政治工作纳入党建工作和意识形态工作责任制，确保各领域成为坚持党的领导的坚强阵地；组织、宣传、教育等部门是否各负其责，形成齐抓共管的工作格局；各级党委是否履行好管党治党、创新体制机制，改进工作方式，把党建和思想政治工作优势转化为高校思想政治教育引领的优势。

最后，高校思想政治教育结果质量评价，要重点检测这个最终的结果是否实现了为人民服务，为中国共产党治国理政服务，为巩固和发展中国特色社会主义制度服务，为改革开放和社会主义现代化建设服务。高校思想政治教育工作质量是为党和国家事业及人民发展需要提供的一种服务，因而也需从其对党和国家事业其他工作的保障作用角度来评价高校思想政治教育结果质量。只有满足了党和国家事业及人民发展需要，为党和国家事业的发展提供了保障服务，为人民的全面发展提供了科学指导，才能说是高质量的高校思想政治教育结果。在庆祝改革开放 40 周年之际，习近平总书记前往国家博物馆参观“伟大的变革——庆祝改革开放 40 周年大型展览”时发表重要讲话强调：“教育引导广大干部群众更加深刻地认识到中国共产党、中国人民和中国特色社会主义的伟大力量，更加深刻地认识到我们党的理论是正确的、党中央确定的改革开放路线方针是正确的、改革开放的一系列战略部署是正确的，更加深刻地认识到改革开放和社会主义现代化建设的光明前景，统一思想、凝聚共识、鼓舞斗志、团结奋斗，坚定跟党走中国特色社会主义道路、改革开放道路的信心和决心。”①高校思想政治教育结果质量不仅是工作质量评价的集中体现，也是进一步开展思想政治教育的必然要求。高校思想政治教育最终结果体现着思想政治教育的社会本质，体现了思想政治教育目的，体现了思想政治教育从归根结底的意义上为谁服务以及这种服务的状况。因此，新时代推进高校思想政治教育结果质量评价，要重点检测思想政治教育是否实现了为人民服务，为中国共产党治国理政服务，为巩固和发展中国特色社会主义制度服务，为改革开放和社会主义现代化建设服务。

---

① 《习近平在参观“伟大的变革——庆祝改革开放 40 周年大型展览”时强调 统一思想凝聚共识鼓舞斗志团结奋斗 坚定全国各族人民跟党走中国特色社会主义道路改革开放道路的信心和决心》，《人民日报》2018 年 11 月 14 日。

四、高校思想政治教育领导管理质量评价

新时代推进高校思想政治教育工作质量评价还应该关注高校思想政治教育领导管理状况，是否实现了高质量的高校思想政治教育领导管理。领导管理在高校思想政治教育工作中处于核心地位。如果削弱了领导管理不仅无法保证高校思想政治教育工作的质量，就连正常的思想政治教育活动也不能顺利进行。在新的历史条件下，加强高校思想政治教育领导管理并对其质量进行评价，不仅有利于找准当前我国高校思想政治教育领导管理体制存在的问题，保证思想政治教育的顺利开展，而且对于提升高校思想政治教育的实效性具有重要意义。

（一）高校思想政治教育领导管理质量评价的重要意义

高校思想政治教育领导管理是影响思想政治教育工作实效性的关键因素。没有思想政治教育的领导管理，高校思想政治教育工作不仅不可能取得实效，还有可能产生负面效果。一些领导干部对思想政治教育工作的极端重要性认识不足，不想抓、不会抓、不敢抓；一些地方和部门的实际工作中，思想政治教育工作往往成了软任务、软指标，甚至成了宣传部门一家之事；一些从事直接实际工作的党员干部思想政治教育能力较为薄弱。因此，要进一步加强高校思想政治教育领导管理，不断完善高校思想政治教育领导管理质量评价，并得出正确的评价结论，只有这样，才能保证高校思想政治教育工作沿着正确的方向发展。

首先，高校思想政治教育领导管理质量评价，有利于增强对高校思想政治教育领导管理质量的重视。思想政治教育是有目的、有计划、有组织的教育活动，要想及时地确切地知道思想政治教育是否有效、目的是否达到、计划是否正确并被执行，必须进行科学的评价。就是说，为了教育必须评价教育，不进行科学的教育评价，必然使思想政治教育陷入盲目性。当前，我国正处于高速发展阶段，国际环境日趋复杂，思想政治教育工作

面临时代变革的全新局面，分分秒秒都会出现新情况、新问题、新困难，时时刻刻必须迅速响应、快速适应、合理应对。作为国家人才教育与培养的重要组成部分，高校思想政治教育工作永远处于不断改革与发展之中，然而目前高校思想政治教育工作对领导管理质量评价的重视程度明显不足。比如，党和国家授予高校领导管理权，师生员工给予信任并满怀期待，希望领导者能够尽其力、施其效、显其功，然而一些领导在其位不谋其政，把思想政治教育工作当作随意摊派的政治任务，在许多方面并没有充分听取和积极采纳广大师生、教职员工的评价意见，不免出现实施困难、推进乏力、不了了之的情况，有的引发师生不满、怨声载道的不良结果，有的甚至会引发师生员工的强烈抵制。究其原因，主要是没有形成完备的高校思想政治工作领导管理体制，对领导管理质量评价重视不够引起的。做好新时代高校思想政治教育工作，各级思想政治教育领导管理部门必须以高度的政治使命感、责任感，加强对宣传思想领域重大问题的分析研判和重大战略性任务的统筹指导，不断提高领导宣传思想工作能力和水平，强化责任担当意识，严格追责问责，动员各条战线各个部门一起来做，把宣传思想工作同各个领域的行政管理、行业管理、社会管理更加紧密地结合起来。因此，高校思想政治教育领导管理质量评价，有利于增强对高校思想政治教育领导管理质量的重视。

其次，高校思想政治教育领导管理质量评价，有利于推动高校思想政治教育领导管理的权责明确。从当前看，高校思想政治教育领导管理质量评价权力和责任分配还存在一定程度的不合理性。比如，高校思想政治教育目前所采取的学校机关与基层学院的二级管理体制，带来的直接问题就是人、财、物等行政权力高度集中在机关，而来自学生工作一线的压力却几乎完全由基层学院来承担。这样不仅容易造成学校机关与学院在具体问题上的矛盾，还会打击学院开展思想政治教育工作的动力和积极性，影响领导管理质量评价的效果。而对于这一现状，在学院层面往往会出现“上有政策，下有对策”的情况。举例来讲，当前，在基层学院从事思想政治教育工作的专职和一线辅导员从体制上看归学生处、人事处、学院三方负责，但在实际工作中，学院往往拥有辅导员的实际控制权，这就会出现“管事的不管人,管人的不管事”的情况。因为大部分基层学院工作头绪较多,但人员编制又偏少,因此,相当多的学院让辅导员兼任了办公室、教务等其他类型的工作,思想政治教育工作反而成了副业,长此以往,思想政治教育工作的领导管理就会出现混乱,质量评价效果自然难以保证,最终失去其应有的价值和意义。可见,高校思想政治教育领导管理质量评价,有利于促进高校思想政治教育管理的权责明确。

最后,高校思想政治教育领导管理质量评价,有利于改变高校思想政治教育领导管理质量评价形式过于单一的状况。高校思想政治教育领导管理质量评价是思想政治教育信息反馈的基本方法之一,没有计划的高校思想政治教育领导管理质量的评价,就不可能有全面系统的信息反馈,也就不可能对新时代高校思想政治教育质量进行有效控制。领导干部作为党政管理队伍的一员,对其管理质量评价往往呈现出对效率与工具理性的片面追求趋势,在现实评价过程中具体表现为以下几点:一是评价内容的单一性,重视对个别数据的评价,诸如对领导干部的晋升情况、获奖情况等的评价,而较少从整体上、系统地对领导干部的管理情况进行评价;二是评价标准的模糊性,往往比较重视上层领导的评价,而较少关注同行的评价。做好新时代高校思想政治教育工作,要把思想政治教育工作责任制落实到工作的方方面面,落实好思想政治教育工作主体责任,党政齐抓共管,共同推动思想政治教育工作责任制的落细落小落实。领导管理质量评价对效率与工具理性的倡导,激发了领导干部对工作的务实精神与竞争意识,有助于正确把握工作任务、及时开始工作,但是同时也回避了领导管理工作中的价值意义,使领导干部过分关注量性指标,而较少重视工作中的意义性因素。在这种评价形式下,领导管理工作中往往体现出“为评价工作”“为职务晋升”等现象,使领导职务中“管理”部分过分放大,而对思想政治教育所重视的教育、指导、服务等工作较为忽视。因此,评价形式的多元化发展是高校思想政治教育管理质量评价科学性的重要保障。

因此,高校思想政治教育领导管理质量评价在新时代思想政治教育实践中具有不可忽视的地位。做好新时代高校思想政治教育工作必须压紧压实政治责任、领导管理责任，以高度的政治自觉、思想自觉、行动自觉，强化对思想政治教育工作的责任担当，增强阵地意识、加强阵地管理，做到守土有责、守土负责、守土尽责，为实现中华民族伟大复兴凝心聚力。总之，思想政治教育领导管理部门影响到统管所辖单位或地区思想政治教育的全局，对思想政治教育负有决策、实施、检查和督导的重大责任，对思想政治教育的全局具有决定性影响。因此，在一定时期对思想政治教育领导管理质量做出正确评价具有重要意义。

（二）高校思想政治教育领导管理质量评价的科学内涵

思想政治教育工作是有目的、有计划、有组织的实践活动，其质量状况还能通过领导管理层反映出来。一定程度上看，领导管理层属于高校思想政治教育工作质量生成的中枢神经系统，起着统领高校思想政治教育工作全局，协调供给侧和需求侧两方的作用。因而高校思想政治教育领导管理质量评价，其主要对象是对整个工作起着支配作用的领导管理层。思想政治教育作为一种社会活动，必然要在一定的社会历史条件和社会关系中进行，与此同时，还需要建立一定的制度进行管理。思想政治教育领导管理是指管理工作由谁来领导和组织实施的问题，它是对管理方针、管理目标、管理对象、管理方法、管理策略、管理模式等的统称。因此，在这种意义上，高校思想政治教育领导管理质量评价，是指运用一定的手段，充分把握思想政治教育的领导管理层面对思想政治教育的领导管理状况进行价值判断的活动。这种价值判断活动应该充分参照新时代对加强和改进思想政治教育领导管理的客观要求，应该结合新时代思想政治教育发展需要来评价思想政治教育的领导管理是否满足了加强和改进新时代思想政治教育的需要，是否能够为加强和改进思想政治教育提供强有力的领导和科学的管理。

对高校思想政治教育领导管理质量的评价内涵可以从历史沿革角度来深化理解。从历史沿革来看，高校思想政治教育领导管理根据实际工作的需要进行了若干次调整。1980 年 4 月，教育部、共青团中央印发的《关于加强高等学校学生思想政治工作的意见》明确指出，学校党委要加强对学生思想政治工作的领导，把它列入党委的重要议事日程。该文件对于高校思想政治教育领导管理体制的确定与完善具有重要意义，成为确保学生思想政治教育工作在高校各项工作中占据一席之地的重要组织保证。2004 年 8 月，中共中央、国务院颁布的《关于进一步加强和改进大学生思想政治教育的意见》明确指出，要建立和完善党委统一领导、党政齐抓共管、专兼职队伍结合、全校紧密配合、学生自我教育的领导体制和工作体制。《意见》还对高校党委、校长、学校各管理部门在思想政治教育中的位置和作用进行了明确规定，对思想政治教育领导管理质量评价具有重要的指导和借鉴意义。2014 年 10 月，中共中央办公厅印发的《关于坚持和完善普通高等学校党委领导下的校长负责制的意见》明确指出，党委要统一领导学校工作，领导学校思想政治工作和德育工作，坚持用中国特色社会主义理论体系武装师生员工头脑，牢牢掌握学校意识形态工作的领导权、管理权、话语权。该《意见》对思想政治教育工作的领导管理权进一步巩固加强，有利于提升高校领导管理质量评价的效度。2016 年 12 月，习近平总书记在全国高校思想政治工作会议上指出，各级党委要把高校思想政治工作摆在重要位置，加强领导和指导，形成党委统一领导、各部门各方面齐抓共管的工作格局。该会议对党委领导思想政治教育工作做出了明确规定，是新时代高校思想政治教育领导管理质量评价的一个重要依据。2017 年 12 月，教育部印发了《高校思想政治工作质量提升工程实施纲要》，从目标原则、基本任务、主要内容、实施保障四个方面论述了如何提升高校思想政治教育工作质量，并对构建高校思想政治教育工作质量评价机制做了相应的规定，这其中就包括组织育人质量提升体系。

改革开放以来，高校思想政治教育领导管理质量评价在中国特色社会主义理论的指引下，不断得到改进和加强。比如，逐步确立了“育人为本，德育为先”的工作理念，形成了政策与法规相结合的制度保障机制，完善了在党委领导下党政工团学组织齐抓共管的工作运行模式，有效保障了高校思想政治工作持续协调发展。领导管理是高校思想政治教育工作质量评价的重要环节，新时代推进思想政治教育领导管理质量评价必须加强高校思想政治教育领导管理质量评价。加强高校思想政治教育领导管理评价是思想政治教育坚持正确的政治方向和取得工作实效的根本保证。对高校思想政治教育领导质量进行评价，主要是对影响全局的指导思想、制度管理和人员素质进行评价。如主要评价高校思想政治教育的规划及其检查、督促和落实情况；高校思想政治教育及管理的有关制度和规定是否科学与合理，高校思想政治教育人员及队伍的思想建设、作风建设和组织建设（考核、培训、提高等），以及思想政治教育的理论研究和调查研究开展的情况；等等。只有教育部门的评价和建设搞好了，高校思想政治教育才可能获得正确且坚强有力的领导。

（三）如何推进高校思想政治教育领导管理质量评价

领导管理虽然在高校思想政治教育工作中发挥着重要的作用，但是由于一直以来缺乏系统的研究与深入的剖析，在质量评价方面仍然存在着一定的不足和问题。探索优化高校思想政治教育领导管理质量评价的有效路径，其思路可以从以下三个方面展开：一是把高校思想政治教育领导管理质量评价建立在事实与价值相统一的基础之上；二是加强工作创新，使高校思想政治教育领导管理质量评价既能体现日常工作，又能兼顾创新工作；三是注重量性考核与质性评价相统一的价值导向。

首先，高校思想政治教育领导管理质量评价要建立在事实与价值相统一的基础之上。价值是评价的对象和内容，评价反映、揭示价值，同时对价值和价值活动产生影响。而事实则是评价对象自身的客观存在状态，体现着价值评价的效果和程度。从本质上讲，思想政治教育领导管理质量评价既是一种价值判断活动，它要对领导管理者的管理方针、管理目标、管理对象、管理方法、管理策略、管理模式等做出判断，又是一种事实判断活动，判断所从事的思想政治教育领导管理工作是否实现了它应有的效果，以及实现的程度如何。恩格斯指出，"辩证法在考察事物及其在观念上的反映时，本质上是从它们的联系、它们的联结、它们的运动、它们的产生和消逝方面考察的"①。接着他又指出，"要精确地描绘宇宙、宇宙

① 《马克思恩格斯选集》第3卷，人民出版社2012年版，第397页。

的发展和人类的发展,以及这种发展在人们头脑中的反映,就只有用辩证的方法,只有不断地注视生成和消逝之间、前进的变化和后退的变化之间的普遍相互作用才能做到"①。由此看来,事实与价值是相互关联、辩证统一的,两者之间不存在不可逾越的鸿沟。进一步说,思想政治教育领导管理质量评价所涉及的对象就是思想政治工作领域的事实,思想政治工作事实本身也包含着事实、包含着价值,是建立在事实与价值辩证统一基础上的。因此,一方面,高校思想政治教育要及时掌握党中央最新的思想政治方针政策,并尽快反映到领导管理层以便迅速做出决策;另一方面,领导管理层还要及时调整管理方针、管理目标等,加强对高校思想政治教育领导管理质量评价的重视程度,进而最大限度地提升思想政治教育的实效性。

其次,高校思想政治教育领导管理质量评价要建立在常规工作与创新工作相结合的基础之上。思想政治教育工作是不断创新的工作,领导管理层是开展思想政治教育创新工作的主要力量。因此,单独关注领导管理层对常规工作的处理而不关注他们创新工作的开展是不实际的,也是不科学的。这就要求在领导管理质量评价中要坚持常规工作与创新工作相结合的方式,予以创新工作成果额外加分,从管理方法、管理模式、科学研究、参加培训以及获奖情况等方面予以不同分值,鼓励领导管理层根据自身专长,多方面促进自身成长;予以常规工作过程性记录,将评价由结果转向具体过程,以记录的方式形成每位领导干部年度工作表,以年度评比取代单个的具体评比,力求降低评价的资源成本与心理成本。将领导管理创新工作引入质量评价体系中,有利于领导干部根据自身优势,依托岗位需要,发挥自身能动性开展创新性工作,进而为高校思想政治教育工作增添正能量;同时也有利于领导干部自身水平的提高,更好地适应思想政治教育新形势对领导干部的素质能力要求,促进高校思想政治教育领导管理质量评价沿着正确的方向发展。

最后,高校思想政治教育领导管理质量评价要注重量性考核与质性

① 《马克思恩格斯选集》第3卷,人民出版社2012年版,第793页。

评价相统一的价值导向。领导干部工作的管理性质与行政特点决定了采用单一的定性或定量评价方式是不科学的,仅依靠定性评价不利于对领导干部日常工作中标准要求的衡量,而单纯依据定量评价也不足以说明领导干部在高校思想政治教育工作中的具体内容。因此,要坚持"量化部分明确到标准,定性部分表现于共识"的思路:一是对领导管理日常工作诸如管理方针制定、管理对象选择、管理策略建设等细化到指标,赋予不同分值,形成完整的日常工作评价标准;二是对领导干部工作态度、业务水平与工作作风等方面,坚持"个人述职、同事打分、单位评测"相结合方式,并就各部分赋予不同权重。此种评价方式一方面区别了不同岗位领导干部实际工作的内容,使评价内容覆盖到每个人的具体工作;另一方面,将工作过程评价与工作结果评价并重,既防止了"人情化"的柔性评价惯性,也防止了"功利化"的理性评价弊病,使每位领导干部认同考核并接受考核,从而保证了被评者都能得到公正的评价。定性评价与定量评价相结合,力求规避"干多干少一个样""只看结果、不管过程"等传统评价弊端,从而充分实现高校思想政治教育领导管理质量评价的客观性与科学性。

五、高校思想政治教育队伍质量评价

新时代推进高校思想政治教育工作质量评价,必须把思想政治教育队伍质量作为其重要内容构成。高校思想政治教育队伍是加强和改进思想政治教育工作的组织保证,在思想政治教育活动中担负着组织、管理、实施、检查、督促、总结、评价等各项任务。高校思想政治教育队伍质量的高低,直接决定着能否完成这些任务以及能否有效实现思想政治教育的目标。队伍质量评价应该是高校思想政治教育工作质量评价的重要内容和环节,也是加强和改进新时代高校思想政治教育工作的重要手段。

（一）高校思想政治教育队伍质量评价的重要意义

推进新时代高校思想政治教育工作质量评价，对思想政治教育队伍质量进行评价是现实的需要。2018 年 1 月 20 日，中共中央、国务院出台《关于全面深化新时代教师队伍建设改革的意见》指出，坚持兴国必先强师，把全面加强教师队伍建设作为一项重大政治任务和根本性民生工程切实抓紧抓好。2018 年 9 月 10 日，习近平总书记在全国教育大会上也指出，“坚持把教师队伍建设作为基础工作”①。高校思想政治教育队伍是教师队伍中的一支特殊力量，但在很长一段时间里，高校思想政治教育队伍建设工作重点都是在教师队伍的数量提升和学历提升上，为了更好地满足学校和学生日益增长的对美好教育生活的需求，为了更好地培养担当民族复兴大任的时代新人，高校思想政治教育队伍建设的重心应转向关注教师队伍的内涵式发展，即提升高校思想政治教育队伍质量，科学公正地高校思想政治教育队伍质量评价自然是思想政治教育队伍质量提升的重要途径。

首先，进行高校思想政治教育队伍质量评价，能够激发思想政治教育队伍开展工作的内生动力。所谓内生动力，就是在主体需要的基础上产生的一种内部唤醒状态或紧张状态，表现为推动主体活动以达到满足需要的内部动力，也称之为内驱力。高校思想政治教育队伍质量评价直接指向高校思想政治教育队伍的整体素质，作为新时代开展思想政治教育工作的组织者和实施者，面对思想政治教育的挑战和机遇，高校思想政治教育工作者的引导对于落实立德树人根本任务，培养德智体美劳全面发展的社会主义建设者和接班人起着“领航人”和“指明灯”的作用，这也是新时代赋予高校思想政治教育工作者的重要使命。通过高校思想政治教育队伍质量评价，能够使高校思想政治教育工作者立足使命，强化责任担当，以百般热情投入到思想政治教育工作中，提升高校思想政治教育队伍对教育对象的责任性与使命感，进而激发

① 《习近平在全国教育大会上强调　坚持中国特色社会主义教育发展道路　培养德智体美劳全面发展的社会主义建设者和接班人》，《人民日报》2018 年 9 月 11 日。

开展思想政治教育工作的内生动力。

其次,进行高校思想政治教育队伍质量评价,能够促进高校思想政治教育队伍内涵式发展。内涵式发展重在求质,高校思想政治教育队伍质量的体现不在于数量和规模,而是与思想政治教育队伍的教育理念、政治信念、理论素养、管理方式、实际效果密切关联的,既要重过程也要重结果。现实中,一部分高校思想政治教育工作者面对新情况、新问题,未能适应时代变化,更好地完成时代所赋予的历史重任。主要表现为忽视理论学习,动摇社会主义、共产主义的理想信念,尽管只发生在少数教育者身上,但影响恶劣,同面临的新形势与新任务极不适应。还有,在对学生的管理上,方式简单粗暴,要求学生绝对服从而忽略学生意愿。在追求思想政治教育效果方面,往往搞面子工程,急功近利,形式花样但效果甚微。所以加强对高校思想政治教育队伍质量的评价,科学反馈思想政治教育队伍质量现状,能够有针对性地督促思想政治教育队伍在观念及管理上的转变,增强他们对自身工作性质的认识和把握,促进高校思想政治教育队伍内涵式发展。

最后,进行高校思想政治教育队伍质量评价,能够开拓新时代思想政治教育新局面,提高工作的实效性。思想政治教育从根本上说是做人的工作,必须围绕学生、关照学生、服务学生,不断提高学生思想水平、政治觉悟、道德品质、文化素养,让学生成为德才兼备、全面发展的人才,这个过程需要高校思想政治教育队伍依据形势变化、学生成长规律与发展需求制定切实可行的教学、管理措施,将思想政治教育贯穿教育教学全过程,在过程中育人,使学生坚定信念、开阔视野、增长才干,增强社会责任感和使命意识。评价教育者不要只停留在对教育者素质的评价上,而且要探究教育者素质状况形成的原因,以便制订提高教育者素质的措施。通过高校思想政治教育队伍质量评价,既能够评价反映思想政治教育目标的实现情况,又能够反馈思想政治教育队伍在具体教育教学过程中的疏漏与不足,起到督促高校思想政治教育队伍依据新情况新问题,顺势而为,提升高校思想政治教育队伍的质量。

(二)高校思想政治教育队伍质量评价的科学内涵

思想政治教育队伍是指由从事思想政治教育活动的人员构成的有组织的、承担共同职责的集体。从高校思想政治教育的角度来讲,思想政治教育队伍的主体一般包括高校党政干部和共青团干部,思想政治理论课和哲学社会科学课教师,辅导员、班主任及心理咨询教师等。这支思想政治教育队伍不仅承担着传播思想、传播真理的历史使命,还肩负着塑造灵魂、塑造人的时代重任,要把思想政治教育贯穿于各项工作和活动,促进师生全面发展。高校思想政治教育队伍的整体水平与素质即是思想政治教育队伍质量的体现与反映,主要包括这支队伍的政治理论素养和政策水平、工作能力和工作技能、育人理念和敬业精神等要素,直接关系到学生思想政治教育的成效和人才培养的质量。因此,要建立一支"政治强、业务精、纪律严、作风正"的高校思想政治教育队伍,提升高校思想政治教育队伍质量,就必须注重考核高校思想政治教育队伍的思想政治素质、理论政策水平及从事学生思想政治工作的实绩和能力。

所谓高校思想政治教育队伍质量评价,就是根据一定的评价标准和考核原则,采用一定的方法和手段,评价高校思想政治教育工作者在开展思想政治教育工作中的能力、业绩与作用的过程。高校思想政治教育队伍是高校思想政治教育工作的组织者和引导者,队伍主体涉及多个工作岗位。比如,学校党委、各级基层党支部、学生工作部、团委、工会、思想政治理论课教学部门、心理咨询中心等,各部门工作职责也不尽相同。再如,对高校队伍评价要检测广大教师是否以德立身、以德立学、以德施教,坚持教书和育人相统一,坚持言传和身教相统一,坚持潜心问道和关注社会相统一,坚持学术自由和学术规范相统一,是否自觉成为有理想信念、有道德情操、有扎实学识、有仁爱之心的"四有好教师"。因此,对高校思想政治教育队伍质量进行评价应该建立起符合其工作特点的考核体系,定量与定性相结合,逐步完善高校思想政治教育队伍质量评价的科学性,进行科学公正地评价,这对于充分调动高校思想政治教育者的积极性、创造性,推进各部门合力育人,有效实现思想政治教育目标具有极其重要的促进作用。

（三）如何推进高校思想政治教育队伍质量评价

高校思想政治教育队伍质量评价要强化思想引领意识。思想政治教育的根本目的，是“要提高整个中华民族的思想道德素质和科学文化素质，提高人们认识世界和改造世界的能力，动员广大干部和群众为建设有中国特色的社会主义和实现共产主义崇高理想而努力奋斗”①。这就决定了思想政治教育工作必须以正面宣传为主，给人民打气鼓劲，重点进行思想引领。习近平总书记在全国宣传思想工作会议上强调：“坚持团结稳定鼓劲、正面宣传为主，是宣传思想工作必须遵循的重要方针。……必须坚持巩固壮大主流思想舆论，弘扬主旋律，传播正能量，激发全社会团结奋进的强大力量。”②可见，思想引领是思想政治教育工作之重，但前提是高校思想政治教育队伍首先要树立思想引领意识，这是思想政治教育工作实施的关键。对于高校思想政治教育工作者而言，重要的是要明确自己“弘扬主旋律，传播正能量”的工作任务，要完成好这项任务，则需要在工作中时刻怀揣“弘扬主旋律，传播正能量”的思想引领意识。这也是实现思想政治教育根本目的的需要，也是高校思想政治教育队伍质量评价的重中之重。

高校思想政治教育队伍质量评价要体现大局观。高校思想政治教育队伍应有纵贯全局的工作重点与着力点的规划，规划就要有大局意识，这是规划的指导思想，也是找准思想政治教育工作重点与着力点，保证思想政治教育有效性的整体策略。2013 年，习近平总书记在全国宣传思想工作会议上强调：“宣传思想工作一定要把围绕中心、服务大局作为基本职责，胸怀大局、把握大势、着眼大事，找准工作切入点和着力点，做到因势而谋、应势而动、顺势而为。”③这是新形势下习近平总书记对整个宣传思想工作提出的新要求，每一个思想政治教育工作者都应深刻领悟这段话，尤其是要树立其中所要求的“胸怀大局、把握大势、着眼大事”的大局意

① 张耀灿、陈万柏：《思想政治教育学原理》，高等教育出版社 2001 年版，第 123—124 页。

② 《习近平谈治国理政》第一卷，外文出版社 2018 年版，第 155 页。

③ 《习近平谈治国理政》第一卷，外文出版社 2018 年版，第 153 页。

识，在对高校思想政治教育队伍质量进行评价时也应从大局大势入手，对高校思想政治教育队伍的政治站位、把握大局的能力、开展工作中以大局为重的理念与思维作为考核要素。

高校思想政治教育队伍质量评价要注重对高校思想政治教育队伍创新性的评价。随着时代的发展，思想政治教育的环境与条件都发生了巨大变化，创新是必然要求。做好思想政治教育工作，比以往任何时候都更加需要创新。但是，高校思想政治教育要创新，首先是高校思想政治教育队伍要有创新意识，这是增加思想政治教育实效性的重要途径。如果高校思想政治教育工作者思想封闭僵化、不思进取，则思想政治教育必然落后于时代，不仅起不到积极作用，相反会因为人们对其教育方式与方法的厌恶而起消极作用。思想是行动的先导，理念决定努力的方向。高校思想政治教育工作者面对信息化、全球化的新时代要有思想的敏锐性和开放度，要能及时发现社会生活与人们思想的新变化，把握时代发展的脉络，要有世界的眼光与开阔的胸怀，努力增强创新意识。因此，对高校思想政治教育队伍创新性的考核是高校思想政治教育队伍质量评价的重要内容。

开展高校思想政治教育队伍质量评价，加强高校思想政治教育队伍对政治认同、情感认同、价值认同的评价，建立一支“政治强、业务精、纪律严、作风正”的高校思想政治教育队伍，是当前提升高校思想政治教育实效的重要举措。邓小平早在 1985 年就指出：“思想政治工作和思想政治工作队伍都必须大大加强，决不能削弱。”①党和国家始终把建设高素质、高质量和高水平的思想政治教育队伍摆在重中之重的位置，思想政治教育队伍质量如何直接决定着思想政治教育各项工作的具体开展。

将高校思想政治教育队伍的政治认同纳入高校思想政治教育队伍质量评价体系。民心是最大的政治，认同是最强的力量。人民群众对于中国特色社会主义强大和稳定的认同，是我们的党和国家继往开来的力量之源，有利于构筑中国精神、中国价值、中国力量。对政治的认同需要传

---

① 《邓小平文选》第三卷，人民出版社 1993 年版，第 145 页。

播与引导，高校思想政治教育工作者就是“传道者”，传道者自己首先要明道、信道，要做先进文化的传播者、党执政的坚定支持者，努力成为大学生健康成长的指导者和引路者，要自觉承担起这份神圣使命。这就要求高校思想政治教育工作者首先加强政治认同，加强对中国特色社会主义和党的领导的自觉认同，不断增强道路自信、理论自信、制度自信和文化自信。同时，要勇于正视我国发展中存在的一些不可回避的问题，如发展不平衡、生态环境恶化、收入差距、民生短板等损害党和政府的公信力；如西方政治价值观、意识形态、政治制度和观念的传播造成马克思主义失语、失声、失踪，冲击着社会主义意识形态。高校思想政治教育工作者对待这些问题的态度和方式，直接影响着大学生对党和政府的认知和评价，决定着大学生是否能够成为合格的社会主义建设者接班人。因此，高校思想政治教育队伍的政治认同应该成为高校思想政治教育队伍质量评价的基本要素。

将高校思想政治教育队伍的情感认同纳入高校思想政治教育队伍质量评价体系。教育心理学中有一个著名的“罗森塔尔效应”，它给我们的启示就是当教师不断通过自己的情感、语言和行为向学生传递关爱、信任和期望时，学生就会变得自尊、自信、自强，从而取得异乎寻常的进步。“罗森塔尔效应”的教育本质就是情感认同，要用情感的教育去感染学生，用理性的教育去说服学生。做好思想政治工作，要因事而化、因时而进、因势而新，无论是课堂教学，还是日常思想政治教育管理，都要力求提升思想政治教育的亲和力和针对性，满足学生成长发展需求和期待。这就要求高校思想政治教育队伍不仅要有基本的政治认同，坚持正确的政治方向，还要根据学生全面发展的需求，加大情感投入，从心里真正认可这份工作的责任与使命，从内心感到光荣和自信，使思想政治教育工作更接地气、更聚人气、弘扬正气。高校思想政治教育队伍质量评价要加强对高校思想政治教育工作者情感认同的评价，一方面，可以考察思想政治教育队伍的履行职责情况；另一方面，可以根据反馈有目的地对部分思想政治教育工作者进行教育引导，促进其思想转变，增强对高校思想政治教育工作的情感认同。

将高校思想政治教育队伍的价值认同纳入高校思想政治教育队伍质量评价体系。价值认同是指人们对于基本价值的倾向性共识和认可,价值认同是所有认同的基础所在,是认同的核心和灵魂。社会主义核心价值观是我们社会主义国家的价值理念和价值追求,为中国特色社会主义事业提供源源不断的精神动力和道德滋养。广大高校思想政治教育工作者要做社会主义核心价值观的坚定信仰者、积极传播者、模范践行者,要教育引导大学生正确认识时代责任和历史使命,用中国梦激扬青春梦,激励大学生自觉把个人的理想追求融入国家和民族的事业中。这就要求高校思想政治教育队伍不仅要有基本的政治认同,有饱满的情感认同,更要具有坚定的价值认同。价值认同是政治认同的有效提升,也是情感认同的理性表达,全面推进和整体提升思想政治工作实效,就要倡导高校思想政治教育队伍对思想政治教育工作的自发认可、自觉提升、自愿坚守。思想政治教育目标的实现,需要社会主义核心价值观的支撑。因此,将高校思想政治教育队伍价值认同纳入高校思想政治教育队伍质量评价体系,才能保证在思想政治教育过程中思想引领的正确性,为大学生思想政治教育引领正确航向。

第四章　高校思想政治教育工作质量评价方法

20世纪80年代以来，世界高等教育进入了以提高质量为核心的时代，对质量的评价渗透于高等教育发展的方方面面。2004年，中共中央、国务院颁布《关于进一步加强和改进大学生思想政治教育的意见》指出："要把大学生思想政治教育工作作为对高等学校办学质量和水平评估考核的重要指标，纳入高等学校党的建设和教育教学评估体系。"[①]2012年，中共中央宣传部、教育部印发《全国大学生思想政治教育工作测评体系（试行）》，勾勒了高校思想政治教育工作范畴，反映了思想政治教育工作"全员、全程"的特点，初步建立了关于我国高校思想政治教育工作质量的评价体系；为落实全国高校思想政治工作会议精神，《2017年高校思想政治理论课教学质量年专项工作总体方案》更是以思想政治理论课质量提高为抓手，推进高校思想政治教育工作的全面提升。新时代，我国高校思想政治教育工作已然从探索起步走到了较为成熟的评价阶段，对高校思想政治教育工作质量进行科学评价也成为时代需求。面对高校思想政治教育工作质量评价这样的命题，如何评价，评价的主体是谁，评价的具体方法有哪些，均是学理与实践中需要思考的重点。本章聚焦于目前高校思想政治教育工作质量评价的具体方法及应用介绍，以期为实际的评价工作提供参考。

① 《加强和改进大学生思想政治教育重要文献选编（1978—2014）》，知识产权出版社2015年版，第270页。

一、思想政治教育工作质量评价的两种方法取向

西方教育评价学的发展最早可追溯至20世纪初,历经了测验、描绘、判断、建构四个阶段。20世纪80年代兴起"第四代评估理论",由美国著名评价专家林肯和库巴创立,在其专著《第四代评估》中提出:"评价就是对被评事物赋予价值,它本质是一种心理建构,评价描述的人或团体关于评价对象的一种主观性认识,是一种通过协商而形成的共同的心理构建。"①评估理论的发展深刻地影响了评估实践活动,代表了一定时期人们对于评估的认识,从而反映出该阶段秉持的评估理念、评估的方法选择偏好等。我国思想政治教育工作质量评价的实践相较于教育评价学的实践较晚,其在评估取向上杂糅了四代评估理论的特点,表现出较为鲜明的两种方法取向:一种是质性评价取向;另一种是量化评估取向。

(一)质性评价取向

质性评价方法,也被称为自然主义评价(naturalistic evaluation)范式,是以建构主义为理论基础,在认识上反对科学实证主义的基本观点,反对把复杂的教育现象和课程现象简化为数字,认为依靠一系列测量所得到的数据并不能够对教育现象及其背后的原因做出合理解释,且有可能丢失重要信息的一种评价方法。质性评价首先强调采用质的方法开展评价活动,重点在于评价方法从运用量化的、实证主义的方法向强调运用定性的、自然主义的方法转变,评价方法是动态的,多元的和情境化的。如在学生学业质量评价中,区别于标准化测验,质性评价关注的是学生学习、发展的整体情况,以及在具体情境中运用知识的能力,评定内容侧重对知识的深层理解,问题比较开放或为非结构的,甚至难以找到标准答案。其

① ［美］古贝、林肯:《第四代评估》,秦霖、蒋燕玲等译,中国人民大学出版社2008年版,第55页。

次，质性评价强调评价主体的多元性，要求学生、教师、家长和同辈群体共同参与评价过程。复杂科学理论认为，教育评价活动本身具有极强的丰富性和复杂性，而评价的生命力就在于评价活动是多主体共同参与和协商的活动。仅单靠单一主体实施评价，由于信息来源渠道的单一性以及评价主体自身认识的局限性，难免会影响评价结果的客观性、真实性和准确性。① 同时，质的评价结果的呈现注重现象描述、背景全貌的勾勒和行为背后原因的解释，不同于标准分数，也很少用好与坏，优与差这样的话语。

2016 年在全国高校思想政治工作会议上，习近平总书记强调："要坚持把立德树人作为中心环节，把思想政治工作贯穿教育教学全过程，实现全程育人、全方位育人，努力开创我国高等教育事业发展新局面。"②德与人的观念、意识、判断、情感、能力等紧密相连，但同时具有内隐性和潜在性，这就要求我们对德的评价需要完整地展现出它本身的发展水平和真实情况。质性评价方法的核心特点是注重对事物进行定性的描述，强调透过教育现象看到教育的本质。教育以培养人为目标，活动具有复杂性、人文性和多变性，单用"客观事实的数据"无法展现教育质量这一综合结果，因而，质性评价在教育质量评价过程中是非常必要的方法取向。但由于我国教育质量评估的历史不长，在评价方法、评价模式等方面经验有限，尤其是对思想政治教育质量进行评价更是缺少同质的国际经验的借鉴。在质性评价方法的运用中曾出现诸多问题。如评价过程中主观性因素过强，以专家入校访谈、观察为主的政府评价模式存在些许不足，评价结论的得出存在过多依赖一己经验的倾向。再如在质性评价规范性程序履行方面，部分高校为迎接检查和质量评价，过度专注于评价标准的文本分析，在自评报告撰写过程中容易"以本为本"，忽略学校自身实际情况。随着质量评价经验的累积、高校思想政治教育工作质量评价研究工作的推进，尤其是信息化及大数据的应用范围的扩大，高校思想政治教育工作

---

① 冯永刚：《复杂科学视域下的德育评价》，《外国教育研究》2007 年第 11 期。

② 《习近平在全国高校思想政治工作会议上强调　把思想政治工作贯穿教育教学全过程　开创我国高等教育事业发展新局面》，《人民日报》2016 年 12 月 9 日。

质量评价不再局限于质性的评价和“价值判断”，更多地走向质性和量化的融合，在方法上体现为混合方法的应用。

（二）量化评价取向

追本溯源，可以说教育评价脱胎于教育测量活动，是对教育活动满足社会与个体需要的程度做出判断的活动，是对教育活动现实的（已经取得的）或潜在的（还未取得，但是可能取得的）价值做出判断，以期达到教育价值增值的过程。① 这样的特性决定了教育评价活动本身所具有的“量的思维”。随着数据理念的盛行，以往模糊的质性评价方法逐渐暴露出局限性。一直以来采用的讨论评议、总结鉴定等定性方法不再能够满足思想政治教育工作质量评价的需求。20 世纪 80 年代，在德育评价领域开始引进量化方法，即采用量表计分法对学生德育发展水平进行评价。在此过程中，除了强调量表体系的构建，在数据收集、清理、挖掘方面都有所尝试，对于量表测验法、层次分析法、问卷调查法等量化方法的应用逐步得到扩展。

以往对于思想政治教育质量的评价处于经验性、描述性的阶段，“评价方式主要有问卷调查、访问、座谈、考察等形式，主要依靠经验判断方式居多”②。总体来说，评价过程较为模糊，主观经验过强。运用量化的方法，能够通过有效数据勾勒思想政治教育工作成效，追踪学生成长，做到可测量、可观察、可交互分析。而且使用计算机等现代化工具来处理相关信息，能尽可能减少主观随意性，提高质量评价工作的科学性。但思想政治教育工作涉及学生主体思想、观点、思想品质等诸多方面要素，其质量构成及其呈现较为复杂和内隐，完全依靠量化评价也会造成评价的失真或失效。评价本身就是一种定量与定性的结合，对教育过程、教育结果进行数量化描述的同时需要进行价值判定。正如美国学者郎兰德指出的评价公式：评价＝测量（量的记述）或非测量（质的记述）＋价值判断。由此

---

① 陈玉琨：《教育评价学》，人民教育出版社 1999 年版，第 1—7 页。

② 王颖、戴祖旭：《大数据时代高校思想政治教育评价方式改革探究》，《学校党建与思想教育》2018 年第 8 期。

可见,两种评价取向如同矛盾的两个方面,互相依存,相辅相成。

二、高校思想政治教育工作质量评价的三个阶段

20世纪80年代,质量提升成为世界各国高等教育发展的首要命题。高等教育质量评估也成为高教理论界与实践中最具挑战性的问题之一,其包含的范围十分广泛,例如管理绩效、教育质量、学生学习成果、科研成效、资源分配效益、大学区域效应等。对于不同的评价内容,相对应的评价方法各有不同,呈现出明显的阶段性特征。作为高校人才培养的中心环节,思想政治教育工作的质量在一定程度上影响着高等教育的整体发展质量,其质量评价工作大致可分为三个发展阶段。

“合规”阶段的思想政治教育工作质量评价。合规即产品符合国家或行业颁布的技术标准,高校思想政治教育工作质量“合规”也就是依据国家、学术团体或利益团体为教育制定出某种标准,学校以此为参照,进行人才培养、社会研究和社会服务等工作,达到标准即为合规,也就是有质量的思想政治教育工作。在此阶段,人们对质量的关注集中于政策文件或者是评估指标构建中,力图对各类院校制定出统一的质量标准,如1993年,中共中央、国务院发布的《中国教育改革和发展纲要》中提出“建立各级各类教育的质量标准和评估指标体系”,在评估方法上“要采取领导、专家和社会用人部门相结合的办法,通过多种形式进行质量评估和检查”。尤其以第一次高等院校评估为代表,评估方法以专家评估方法为主。主要由专家根据本人的知识和经验直接判断进行评价,较常用的有德尔菲法、评分法、表决法和检查表法等。这类方法是利用专家的知识和经验对评价对象做出判断和评价,主观因素占据主导地位,评价的结果和判断往往是模糊的,评价的精确性不足。由于模糊数学的发展,使得评价思维得以量化,增强了此类评价技术的科学性,成为我国高等教育质量评价的重要方法之一,在思想政治教育工作质量评价中体现得更为明显。

“合需要”阶段的思想政治教育工作质量评价。20世纪90年代开

始,高等教育质量观逐渐发展变化。此阶段,高等教育领域中市场力量日渐增强,社会对于人才培养的质量越来越有发言权。经历了学费改革之后,学生及家长的消费者身份被突出。这样的变化打破了高等教育质量由政府主导和评价的一贯趋势,所有的利益相关者均提出了对高等教育质量进行评价的需求。在此阶段,人们对于高等教育质量的关注不再局限于其对国家发展的贡献,更多的是关注于教育对社会、个人、家庭等需要的满足。2004 年,中共中央、国务院颁布《关于进一步加强和改进大学生思想政治教育的意见》提出高校内部要“把思想政治教育与教学、科研、社会服务工作结合起来,同时部署,同时检查,同时评估”。此阶段评价的方法渐趋多元,由单纯依靠专家评价法转向为社会绩效评价和个人需要满足度的评价。其中绩效评价可分为三类:行为导向型绩效评价;结果导向型绩效评价和综合型绩效评价方法;个人需要满足度的主要评价方法依托大规模满意度调查法实现。

此阶段的评估方法中凸显了学生这一主体的地位与功用。学生作为高等教育的直接利益相关者,其对高等教育质量的评价最具有发言权,是立德树人工作出发点和落脚点的高度统一体。在这一时期,西方对高等教育的质量评价已经开始采用大规模、长时段的学生调查来研究学生发展的特点及其影响因素。以美国为例,全国教育统计中心①(National Center for Education Statistics,NCES)自 1980 年代就开始进行高中生和大学生以及大学毕业生的长期追踪调查。例如 NCES1980 年进行了“高中及以后发展调查”②(High School and Beyond Longitudinal Study),追踪 1980 年的 8 年级学生,直到 1992 年这批学生进入劳动力市场。1988 年开始的“全国教育长时段学生调查”③(National Education Longitudinal

① 美国全国教育统计中心(National Center for Education Statistics),见 http://nces.ed.gov/index.asp。

② 高中及以后发展调查(High School and Beyond),见 http://nces.ed.gov/surveys/hsb/。

③ 全国教育长时段学生调查(National Education Longitudinal Studies program),见 http://nces.ed.gov/surveys/nels88/。

Studies program，NELS）追踪1988年的8年级学生直到2000年，此时这批学生基本完成大学学业、进入劳动力市场。1996年开始的“新大学生追踪调查”①（Beginning Postsecondary Students Longitudinal Study）的思路是从大学新生开始进行追踪，系统记录这批大学生的发展，直到2001年他们完成大学学业并开始工作。此外，NCES还开展了大学毕业生调查，例如“大学后发展调查”②（Baccalaureate and Beyond Longitudinal Study）等调查。不同追踪调查目的不同，调查工具迥异，但是其核心思想都是通过长时段追踪来反映学生在发展各个阶段的不同经历，反映高等教育培养质量。

“合发展性”阶段的思想政治教育工作质量评价。《面向21世纪教育振兴行动计划》提出：高等教育要瞄准国家创新体系的目标，培养造就一批高水平的具有创新能力的人才。提出下一个阶段的高等教育质量评价不再停滞于“合乎需要”，更体现为其对社会的引领，不仅体现在技术上的引领，更强调其在文化、精神层面的引领作用的评价发展趋向。这一时期的质量评价延续了前两个阶段的主要方法，并结合大数据和计算机技术的发展，构建了高等教育质量“全程”的跟踪与积累平台，如全国性数据行为采集平台的建立与发展。在全国高校思想政治工作会议上，习近平总书记强调：“我国高等教育发展方向要同我国发展的现实目标和未来方向紧密联系在一起，为人民服务，为中国共产党治国理政服务，为巩固和发展中国特色社会主义制度服务，为改革开放和社会主义现代化建设服务。”③围绕“立德树人”的总目标和宗旨，要求高校思想政治教育工作的评价必须坚持人本化的理念，重视人的价值，关注人的发展及精神境界，强调在评价过程中不是为了“管理”而评价，是为了发展而评价；不是为

① 新大学生追踪调查（Beginning Postsecondary Students Longitudinal Study），见http://nces.ed.gov/surveys/bps/。

② 大学后发展调查（Baccalaureate and Beyond Longitudinal Study），见http://nces.ed.gov/surveys/b&b/。

③ 《习近平在全国高校思想政治工作会议上强调 把思想政治工作贯穿教育教学全过程 开创我国高等教育事业发展新局面》，《人民日报》2016年12月9日。

了“成绩”而评价,是为了学生道德发展评价,在发展评价阶段,不强调排名、诊断、甄别优良,而是要充分发挥评价的激励、导向作用。新时代思想政治教育质量评价必须紧紧围绕新时代党和国家对高校思想政治工作的总体要求和大学生全面发展成长成才的实际需要。①

三、高校思想政治教育工作质量评价的四种模式

高校思想政治教育工作内涵丰富,囊括了人才培养的众多方面,思想政治教育工作质量评价是一个多元综合的命题,其中评价对象众多,评价主体多元。从根本来说,对高校思想政治教育工作质量的评价归属于教育评价范畴,“作为一种管理活动,必须要有一整套科学合理的评价体系,整套规范、稳定、配套的制度体系,以及推动制度正常运行的组织甚至是法律”②,而一整套的科学合理的评价体系往往表现为模式(model),是既有理论性又具有可操作性的行为范式。③ 以教育评价为基础,高校思想政治教育工作质量评价模式主要有以下几种。

(一)过程模式

过程模式最为典型的代表即为 CIPP 模式,是美国学者斯塔夫比姆在 1967 年提出的一种评价模式,该模式最基本的观点是:评价最重要的目的不在证明,而是改进。该模式下通常将工作质量评价分为四个阶段,分别是背景描述(context)阶段、信息输入(input)阶段、信息处理(process)阶段、结果输出(product)阶段,此模式着重于过程评价,以信息的输入和处理作为评价模式的主要手段。

第一,背景描述阶段,背景评价是根据社会发展需要和评价对象的需

① 冯刚:《思想政治教育工作质量评价的时代特征》,《思想教育研究》2018 年第 5 期。

② 林斯坦:《教育评价机制轮》,《教育评论》1997 年第 6 期。

③ 庄穆:《国外教育评价模式演进及启示》,《高校发展与评估》2013 年第 2 期。

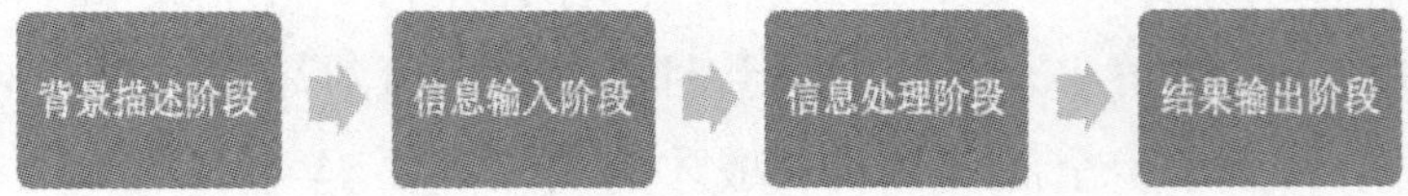

要对教育目标本身作出价值判断。即确定教育计划实施机构的背景;明确评价对象及其需要;明确满足需要的机会;诊断需要的基本问题;判断目标是否已反映了这些需要。背景评价强调应根据评价对象的需要对教育目标本身做出判断,明晰两者是否一致。第二,信息输入阶段,对达到目标所需而且可能获得的条件进行评价,本质上是一种方案可行性评价。第三,信息处理阶段,对方案实施情况不断检查,即对是否按计划实施方案,是否以有效方式利用现有资源等进行评价。如通过描述实际过程来确定或预测教育设计本身或实施过程中存在的问题,从而为决策者提供如何修正教育计划的有效信息。第四,结果输出阶段,即要测量、解释和评判教育计划的成绩。收集和结果有关的各种描述与判断,把他们与目标以及背景、输入和过程反面的信息联系起来,并对它们的价值和优点做出解释。

CIPP 模式整合了背景评价、输入评价、过程评价和成果评价,具有较强的系统性。① 因而被广泛应用于对课程的全过程评价,通过整合诊断性评价、形成性评价、终结性评价,可以塑造全方位全过程的评价体系,充分发挥质量评价的功能。但由于该模式过分注重描述性信息,从而易忽视对方案及其实施的价值判断,在具体应用中应注意加以克服。在高校思想政治教育质量评价实践中,基于 CIPP 模式,可对大学生社会实践育人成效的评价体系进行研究,亦可将其应用于高校爱国主义教育课程的质量评价体系构建中。

---

① Blaine R., Worth and James R.Sanders, Education Evaluation: Alternative Approaches and Practical Guidelines, New York & London: Longman, 1987, p.78.

案例①：高校国防教育具有复合性、潜在性、战略性和连续性的特点，受施教条件、教学、管理等多方面的影响，各院校间的校际差距较为明显。在此背景下，用统一的目标方式进行终结性课程评价，难以体现爱国主义教育课程教学的实际效果，评价结果也较为片面。基于 CIPP 模式构建评价体系，有助于将整个教学过程纳入评价范围，推动课程改革。

基于 CIPP 模式的四个过程，可按照背景评价、输入评价、过程评价、结果评价 4 个一级指标及课程目标制定、机构设置、人员配置等二级指标构建高校爱国主义教育课程质量评价指标体系，选择相适应的评价方法，如表 4-1 所示。

表 4-1　基于 CIPP 模式的民办高职院校爱国主义教育课程评价模式构建

阶段	目标	内容	评价要点	评价方法
背景评价	对课程目标进行诊断性评价	课程目标以国防教育为主线，以军事理论教学为重点，通过军事课教学，使学生掌握基本军事理论与军事技能，具有爱国主义与集体主义精神，强化国家安全意识，提高国防素养，为中国人民解放军训练储备合格后备兵员和培养预备役军官打下坚实基础	回答本校军事课程总目标和具体目标是否符合本校实际；课程计划是否符合实际等	文献研究法 访谈法 问卷调查法 专家咨询法
输入评价	对课程方案实施的可能性进行评价	基于背景评价，对实现课程目标所需要的设施条件、人员配备、组织机构、规章制度等进行评价	回答保障条件是否能够满足需要	观察法 文献法 问卷调查 专家咨询法
过程评价	对教学过程进行不间断地监督、检查和反馈	将课程实施过程中的信息进行详细记录并进行即使反馈，以便对课程方案进行调整	关注课程实施，对教师在教学方法、教学内容和态度方面是否体现出课程特色	跟踪听课 现场观摩 问卷调查 访谈法

① 参见徐晓霞：《基于 CIPP 模式的民办高职院校爱国主义教育课程评价模式构建》，《高教学刊》2018 年第 11 期。

续表

阶段	目标	内容	评价要点	评价方法
结果评价	对课程效果所达到的目标和非预期效果进行评价	总结课程信息,为新的课程教学方案的设计提供决策依据	教学组织效果的实现程度;资源利用的程度;学生学习收获;课程目标达成	问卷调查测评

以 CIPP 模式为基础搭建的爱国主义教育课程质量评价体系将评价分为四个紧密相连的环节,各环节之间紧密对接,勾勒出高校爱国主义教育课程的质量全貌,避免了终结式,“一刀切”的片面性评价,有益于全程性评价的实现。

(二)绩效模式

这一模式突出构建理想化目标,以绩效评估为主要方式,对高等学校整体办学进行绩效评价是高等教育资源优化配置的重要手段。该模式可分为以下几种类型。

基于普通多指标的综合评价方法——大学排名。大学排名系统即用一套设计的指标体系按照预先设定的权重进行加权平均,将一定范围内的大学按照分数高低排列。该类模式运用了多种评价方法,例如德尔菲法、主成分分析法、层次分析法等。多指标综合分析评价法的缺陷也很明显,例如指标体系缺乏设计依据,指标数量的控制缺少相关研究,主观赋权值得思考,等等。现有影响力较强的大学排名分别有:上海软科的世界大学学术排名(ARWU)、英国泰晤士高等教育世界大学排名(THE)、美国 U.S.News 世界大学排名和英国 QS 世界大学排名。每类大学排名都有其自我设计的指标体系,并对每项指标给予了权重安排。

基于平衡记分卡的绩效评价方法。平衡计分卡(the Balanced Score Card,BSC)于 20 世纪 90 年代初由哈佛商学院的罗伯特·卡普兰(Robert Kaplan)和诺朗诺顿研究所所长戴维·诺顿(David Norton)所从事的“未来组织绩效衡量方法”研究中形成的一种绩效评价体系。平衡记分卡打破了单一使用财务指标衡量组织业绩的传统，而是在财务指标的基础上加入了相关驱动因素，即客户因素、内部业务流程和员工学习与成长，在集团战略规划与管理实施方面发挥举足轻重的作用。我国高等教育领域对该类方法尚在讨论阶段，实际应用案例较少。

基于 DEA 的高校绩效评价方法。这是一种典型的非参数评价方法，DEA 模型广泛应用于各类教育机构的绩效评价与分析，其主要通过投入指标和产出指标的模糊对比与计算，比较投入与产出差值，从而得到评价结果。在一些客观性较强的指标上，如师资队伍、建筑面积、图书设施、教育经费支出、生活设施等，该方法表现出较强的应用性，但对于思想政治教育工作强调的“道德发展”“学生获得”等，其应用性表现差强人意。

基于标杆管理的高校绩效评价方法。标杆管理源于“Benchmark”，可被理解为测量事物时距离参考点或者基准点的差距，即学校自身与标杆院校在各类指标上的比较与差异。标杆管理中重要的步骤是选定标杆院校。

案例：以某大学学生工作标杆管理的应用为例，可以看出标杆管理在提升学生管理工作效率，激发学生管理活动创新方面的优势。其标杆管理的思路主要分为三个步骤，如图 4-1 所示。

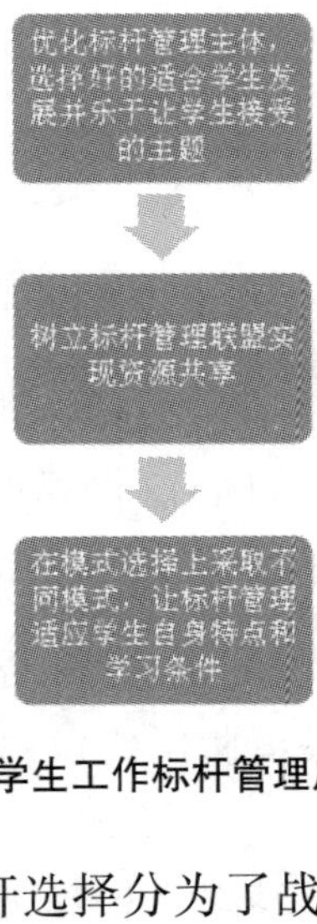

图 4-1　学生工作标杆管理应用思路

依据此思路，该校将标杆选择分为了战略型、操作型以及流程型三种。关乎学校建设、关乎学生管理工作的长远目标为战略标杆；集中一点在关键环节并梳理典范的标杆为流程型标杆；通过树标而明确最终工作目标、创造出更好业绩水平的为操作性标杆。[①] 标杆管理现在高校思想政治教育工作质量评价中还未得到广泛应用，但标杆管理的方法对院校发现自身不足，找到改进方向，追求明确追赶目标十分有益，值得推广。

"绩效模式"的目标往往由高校思想政治教育工作的上级管理部门制定，效果也主要由上级管理部门评估。"绩效模式"导向性强，重视效率，关注结果，高校思想政治教育工作目标制定以后，工作完成的质量与效果在评价结果中一目了然。然而，由于该模式主要关注结果，不能有效地反映高校思想政治教育工作的进程，评价结果难以面向整体的高校思想政治教育工作，系统性体现不足。同时构建绩效评价组织需要专业机构的参与并在此扮演重要角色，其职责如图 4-2 所示。但在实际的评价过程中，专业评价机构参与空间较小，能力范围有限，也阻碍了该模式的推广。

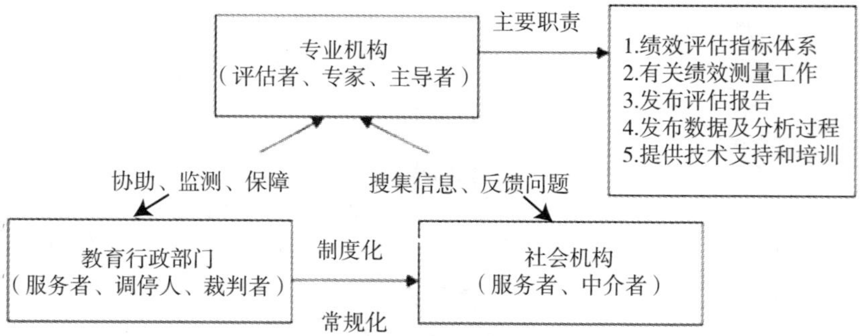

图 4-2　绩效模式

（三）项目模式

这一模式利用计划行为理论，一般将高校思想政治教育工作质量评价从细分的项目着手，如辅导员队伍建设、大学生理想信念教育等，将这

---

① 顾杰：《高校学生工作标杆管理的应用研究》，《新课程》2014 年第 10 期。

些项目分解为五个要素：态度、主观规范、自觉行为控制、行为意向和行为，并制定相应的要素标准。①

案例：对高校辅导员队伍建设的质量评价，可分为以下几类要素与评价标准，如表 4-2 所示。

表 4-2　辅导员队伍建设评价指标

一级指标	二级指标
工作胜任力	工作理念
	工作能力
	工作态度
	工作作风
日常管理	班级管理
	学风建设
	公寓文化
	校园活动
	突发事件
思想政治教育	党团工作
	思想政治教育/活动
	咨询服务
工作业绩	班级学习成绩
	个人奖励
创新创业教育	就业工作统计
	创新创业教育活动
其他	各职能部门协调工作

“项目模式”将“过程模式”与“绩效模式”的优势融合在一起，标准

① 曹威威：《高校思想政治教育工作质量评价模式建构研究》，《思想教育研究》2018 年第 9 期。

健全,能够较为全面地反映高校思想政治教育工作的质量。虽然这种评价模式在对某一项具体工作进行评价时效果较好,但需注意的是,该模式难以从整体上把握高校思想政治教育工作的质量,同时要素标准的制定对该模式的影响极大,一旦存在问题,评价模式的有效性难以保证。

(四)诊断评价模式

这一模式以问题为导向,重在设定标准,以便及时发现问题,主要应用于课程方案的评价之中。随着评价技术和理念的发展,其应用范围也愈加广泛,旨在为课程方案的改进提供认识和理解依据,并明确课程方案与变化着的条件之间的关系,使评价研究结果适用于不同的情境和问题域。该模式的主要特点为采用系统分析方法研究所有可能影响教育效果的因素(心理、社会、环境)及其内在关系,以及教育方面的种种变量,以便根据条件的变化及时变革课程方案。在高校思想政治教育工作质量评价中,该模式的应用目标在于发现高校思想政治教育工作中存在的问题,通过问题诊断将结果呈现给相关决策者,以提高思想政治教育工作决策的科学性。

四、高校开展思想政治教育工作质量评价的几种方法

高校思想政治教育工作范畴广泛,评价要素复杂,评价主体多元,在实际质量评价工作中,其模式的选择呈现出综合性、复杂性的特征,依据评价主体和评价目标的不同,评价模式的选择也不尽相同。虽然任何评价工作,其原理、目标、模式都存在着区别,但在具体实践过程中,我们发现,最基本的方法选择其实具有共通性,是根据评价的活动、评价的目的、评价性质灵活组成的,如表 4-3 所示。

表 4-3 高校思想政治教育工作质量评价体系及要素

	要素		
活动	问题、认定、方案、评估、决策	计划、组织、实施、监督、评估	成果、影响、评估、后续
评价性质	诊断性评价 (需求评估)	形成性评价 (过程评估)	终结性评价 (影响评估)
主要方法	理性策略	行为规范	对比实效
评价主体	高校 行政部门 专家	督导部门 高校 第三方	政府 督导部门 第三方 利益相关方 社会公众 学生
评估准则(实效性、可行性、适度性和正确性)	适应性 科学性 合法性 可行性	合规性 公平性 科学性 可行性 有效度	效果 效益 影响 满意度
评估模式	因果推断模式	目标行为模式	绩效模式
评价典型方法	文本分析法 访谈法	访谈法 观察法 档案袋评价法	调查法 量化评价技术

(一)访谈法

访谈,就是研究性交谈,是以口头形式,根据被询问者的回答搜集客观的、不带偏见的事实材料,以准确地说明样本所要代表的总体的一种方式。① 根据不同的标准可将其划分为不同的种类,如表 4-4 所示。

表 4-4 访谈法分类及内容

分类	内容重点
重点访谈	根据事先确定的题目和假设,就某个方面的问题进行有针对性的访谈,关键在于对重点问题的把握

① [美]赫伯特 · J.鲁宾等:《质性访谈方法:聆听与提问的艺术》,卢晖临等译,重庆大学出版社 2010 年版,第 10 页。

续表

分类	内容重点
深度访谈	为了取得某种特定行为及行为动机的主观材料所做的访谈，经常用于对特殊人群的个案调查中
座谈会	是将若干访谈对象召集在一起同时进行访谈，须注意一下原则：座谈会的参加人员要有代表性，应要求到会者有必要的能力和修养并熟悉访谈内容；参加座谈会的人数不宜超过 10 人；须提前准备；应采用讨论式，允许参加座谈的人发表不同的看法
电话访谈	是访谈者通过电话向被访者就某一问题进行交谈，搜集资料的调查方法

在高校思想政治教育工作质量评价中访谈法得到了较多运用，其形式主要体现为深度访谈和座谈会相结合。教育部指出，大学生思想政治教育要注重时效性和针对性，也就是教育是否准确作用于学生，是否符合其身心发展规律，带给大学生何种亲身感受，引起他们什么样的行为的变化等，一方面可以通过行为数据反映出来，但更多地需要用访谈的方法来探究行为背后的主体感受及成因。例如专家入校后通常进行的"访谈教学单位及管理部门、学生"就采用了深度访谈法，如访谈学校领导、中层领导，可深入了解学校的办学思想、办学特色、教育教学改革、人才培养模式改革等问题；访谈教师、学术带头人，可了解专业教师素养、教师专业发展举措、教学质量、职业技能等；组织相关学生进行座谈，能够获得学生对于思想政治教育工作质量的质性评价。除专家入校访谈外，校内管理者也可通过多样化的访谈活动，扩充思想政治教育模式，提升教育效果。如近年来山东农业大学广泛调研学生思想动态，累计开展"优秀学子访谈""职场人生访谈""优秀毕业生访谈""启益人生访谈"等系列访谈活动六十余场，涵盖学业规划、职业发展、就业创业、心理健康教育、学生干部培训等活动主题。活动结束后通过参与学生的访谈资料可获得学生群体对该类型教育模式的满意度和改进需求，极大提升了该校思想政治教育工作质量。同时，在微观的思想政治教育课堂中，也可运用访谈教学法与学生进行思想沟通，传授理论知识，帮助学生形成正确认识。如安徽农业大学自 2001 年开始尝试将访谈法教学运用于思政课堂。经过不断探索，如

今已经逐步形成访前准备、主题确立、访谈实施和访谈延伸四个环节的访谈法教学新模式，使该校的思想政治理论课更贴近学生实际生活。

简言之，访谈法方便可行，不需要借助过多的外部辅助设备，通过引导、深入交谈，便可获得较有效的一线资料。但访谈法受访问者与被访者双方主观因素影响较大，如专家入校访谈中，教师和学生因与专家不熟悉或者是受到学校管理人员影响，在回答问题时就会有所保留，工作人员在访谈过程中的态度和技巧等都直接影响了访谈的质量等。在实际应用中可从被评估对象选取、访谈人员培训、访谈资料分析三个环节加强培训工作，提升评价公正性。

（二）观察法

观察法是指研究者根据一定的研究目的、研究提纲或观察表，用自己的感官和辅助工具去直接观察被研究对象，从而获得资料的一种方法。[①]科学的观察具有目的性和计划性、系统性和可重复性。常见的观察方法有核对清单法、级别量表法、记叙性描述。观察一般利用眼睛、耳朵等感觉器官去感知观察对象。由于人的感觉器官具有一定的局限性，观察者往往要借助各种现代化的仪器和手段，如照相机、录音机、录像机等来辅助观察。根据不同的观察目的、内容、手段和方式可将观察法进行细致的分类，主要有以下分类（如图 4-3 所示）：根据观察的情境条件是在自然状态还是在人工控制状态，可将观察分为自然观察与控制观察；根据观察者是否借助仪器，可将观察分为直接观察和间接观察；根据观察者是否直接介入被观察者所进行的活动之中，可分为参与性观察与非参与性观察；根据事先是否有确定的观察项目和观察程序设定，分为有结构观察与无结构观察。

观察法作为应用范围较广的质量评价方法，具有其突出优势。首先，观察法在搜集非语言行为资料方面明显优于其他的方法，尤其可结合访

① ［美］丹尼·乔金森：《参与观察法》，龙筱红、张小山译，重庆大学出版社 2009 年版，第 4 页。

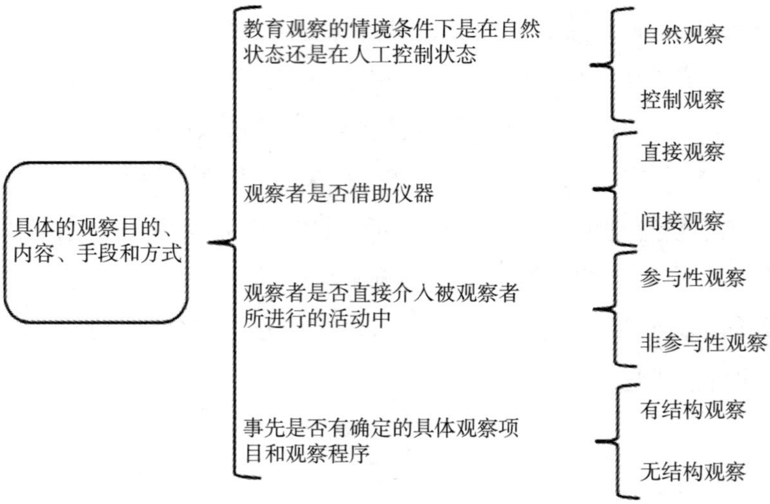

图 4-3　观察法分类及标准

谈法获得尽可能多的相关信息。如通过对学校师生精神状态、身体姿势、衣着与神态等方面的观察,可了解到师生日常的真实状态,从而反映出学校校风情况。其次,观察法发生的条件限制并不严格,伸缩性较大,能够有充裕的机会与被观察对象接触。当评价开始的时候就是观察开始的时候,利用评价者本身就可以完成观察与评价。再次,非控制条件下的观察,能够保证被观察者不易出现行为上的失常,事件发生的情境就较为自然真实。最后,观察法在大量观察资料和观察实践的基础上,可总结规律,进而发现事物发展倾向。如对校风校园文化的长久观察,可了解到学生在特定环境之下做出选择的倾向性。同时,该方法亦有其不足之处。其一,大多数观察的环境是难以控制的,评价者进入观察场域中并不是每次都能获得自己想要得到的资料或是观察到典型事件。其二,观察中只有较少的指标可用数量表示,大量的观察资料难以数量化和分析。同时,由于观察者注意力的限制,每次观察可获得的有效指标较少,大多数的观察资料只能呈现场景的描述,对于评价工作的支撑度较差。其三,观察受时间限制较大。一般而言,时间越长的观察更有利于观察者进入观察环境,接触到真实的观察事件。短时间内的观察,有可能观察会"失真"。

总之，观察法可应用范围广泛，在质量评价中具有突出性优势，虽存在一定的方法缺陷，但仍是目前最为重要的评价方法之一。为规避其自身缺陷，可从以下几个方面着手改进：首先，根据评价的目标设定，选用结构性的观察方法，提前建立观察评价量表。如对高校思想政治理论课程效果的评价，可先围绕学生学习过程与方法、学习能力、学习态度与情感等方面设计评价量表，在课堂中实施有计划的观察，规避无效信息。其次，可借用录像设备对一段时间内的课堂进行观察，确保观察时长，以使信息更加准确、真实。再次，可针对典型的个案进行研究。在评价的观察的过程中发现典型个案，应对此进行持续深入的观察，了解被观察者的信息追踪行为背后的原因。最后，评价中须重视教师和学生主体的观察，二者作为教育活动的直接参与者，对思想政治教育工作质量最有发言权，注重发动教师和学生进行观察，并保留观察资料以更全面反映高校思想政治教育工作质量全貌。

（三）档案袋评价法

档案袋（Portfolio）评价法是 20 世纪 80 年代起源于美国评价领域的一种有影响的质性评定方法。对其内涵，目前较一致的看法是：档案袋是由学生自己、教师及同伴收集并作出评论的相关材料，以此来评价学生在能力发展上的进步情况。档案袋评价的突出意义在于它为学生提供了一个学习机会，使学生能够学会判断自己的进步，在自我评价过程中激发学生积极性。在档案袋评价中，学生是选择档案袋内容的一个决策者甚至是主要决策者，从而拥有了判断自己学习质量和进步的机会。档案袋评价基于观念的转变，即对学生成就的评价是对其进步的连续考查，而不是对掌握内容范围的阶段性审计。

高校思想政治教育工作致力于大学生的人格培育、德行养成、精神成长，因无法用技术手段和精确的工具测量学生在人格、德行、精神等方面的成长程度，因此，在一定程度上而言，其质量评价是“不可具象化”的，档案袋评价法契合高校思想政治教育工作的特性，在实践应用中具有明显的优势。首先，档案袋评价内容比较丰富。档案袋评价持续、动态记录学生道德生成过程中努力程度、情感态度、价值观念和实践能力等全方位的发展轨迹,真实反映道德发展状况。其次,评价主体多元。档案袋评价强调学生的主体地位,重视多元评价。各评价主体立足不同维度,从整体上近似真实地描述学生道德成长轨迹,形成以学生自评为主,教师、同伴共同参与的综合性、多元评价体系。再次,评价方式多样。档案袋评价侧重平时表现和综合素质考核,评价方法灵活多样。通过真实记录、自我反思、倾听交流等形式实现自评与他评、定性评价与定量评价的结合。最后,评价过程开放。档案袋评价既关注结果,更重视学生自主发展过程,不仅根据大学生的行为表现评定为不同等级,还纵向追踪他们的道德成长过程,捕捉生活情境中的真实表现、努力程度、道德冲突、内省反思等信息表征因子,是一种发展性评价。同时,档案袋评价法也具有一定不足。如由于档案袋记录的动态性、资料的多元性造成工作量大,评价参与者负担过重;基于档案袋评价内容的多元性和教师对档案袋管理的有限性两方面影响,使得档案袋的内容与评价目标契合程度较差,影响着评价的效度等。总之,与其他评价方法一样,档案袋评价法不是一剂“万能良药”,在应用过程中也存在着一些潜在局限性,须在实际应用中加以关注。

目前部分高校通过网络技术构建了自身具有特色的档案资源体系,成为学生评价的重要素材。主要是包括以下三种:其一,诚信档案,或学生德育评价,操行评语等。具体内容包括:一是学生个人基本情况信息表。二是学习诚信评价。主要反映大学生在校期间上课、考试、学术研究、图书资料借阅等学习实践活动中相关情况的诚信评价。主要记录奖学金获得情况,毕业论文有无抄袭剽窃行为,有无考试违纪作弊、作业抄袭、伪造社会实践经历、无故旷课及处分情况。三是经济生活诚信评价。四是择业诚信评价。此外,也记录大学生参加公益活动情况及获奖等情况。诚信档案建立的过程也是大学生进行潜移默化自我教育的过程。其二,学生社团档案。学生社团档案是学生在校期间社团活动以及各种社会实践活动的真实情况记录,是学生社团发展、社团联合会开展工作、各大高校调整管理模式的第一手资料,同时也是社会用人部门、企业选拔人才、聘用人才的重要依据。学生社团作为高校进行思想政治教育的重要主体之一,社团档案在一定程度上丰富了思想政治教育素材。其三,学生心理档案。高校学生心理档案是使用科学与适应性较强的心理测试量表,通过问卷、谈话、咨询等各种方式来客观、综合地记录每个学生的个性心理特征和心理健康状况的资料集,是大学生心理活动、发展、变化状况的记录,对于高校学生的心理健康具有重要的作用及指导意义。高校学生心理档案的建立和收集有助于及时掌握学生的心理状态,以便更有针对性地开展思想政治教育工作。学生档案体系的建立,是档案袋评价法在高校思想政治教育工作质量评价中的典型应用。互联网技术的发展使档案袋评价法的应用载体转变为数据中心或学生行为分析中心,应用范围突破了原有的"记录",更好地起到了预测干预的功效。

(四)问卷调查法

问卷调查是指通过制定详细周密的问卷,要求被调查者据此进行回答以收集资料的方法。所谓问卷是一组与研究目标有关的问题,或者说是一份为进行调查而编制的问题表格,又称调查表。它是人们在社会调查研究活动中用来收集资料的一种常用工具,调研人员借助这一工具对社会活动过程进行准确、具体的测定,并应用社会学统计方法进行量的描述和分析,获取所需要的调查资料。

问卷调查法作为应用广泛的质量评价方法,其优点主要有以下几方面:首先,问卷调查法节省时间、经费和人力。尤其在网络调查问卷兴起后,通过网络链接推送、挂网调查的方式极大节省了问卷调查的整体时间和人力、经费的投入,也方便了被调查者能够利用碎片化的时间完成调查,从一定程度上提高了问卷的回收率。其次,问卷调查结果容易量化。从问卷调查本质上来说,其是一种结构化的调查,调查问题的表达形式、提问的顺序、答案的方式方法都有固定的表述,不受调查人员的主观影响。调查的统计结果一般都能够被量化处理,形成数据举证报告。再次,问卷调查法可以进行大规模的调查并且可以做长时间追踪调查。研究人员无论是否参与调查,都可以从问卷结果中了解被访人的基本信息和相关回答,并且可用做长时间的追踪调查。最后,由于问卷调查应用范围较广，容易形成数据库，并且能够有常模参照，这样更有利于学校对某些问题进行全国甚至是更大范围的比较。

问卷调查法较快捷便利，其收集结果易统计分析，但是调查法有着不可避免的缺陷：（1）缺乏弹性。大部分的调查问卷均由问卷设计者预先设计好，包括问题的呈现、答案的排序等，这样使得被调查者回答较为受限，可能会遗漏一些更多细致、深层的信息。对于复杂的问题，如学生思想道德水平、重要影响事件的原因探索等问题可能难以得出准确的信息。（2）回收率及有效率较低。在问卷调查中，问卷的回收率和有效率须达到一定的比例才能够让调查资料具有代表性。如果通过邮寄问卷的方式，回收率往往偏低，对样本造成很大的影响。在实践中，高校发放调查问卷时，如果不加以外部控制，如辅导员组织学生填写、挂网必答等，回收率往往也难以得到有效保证。问卷设计工作具有复杂性：相比较于访谈法、观察法等方法，问卷调查法受调查人员的影响较少，但其受问卷设计者影响较大。调查法成功与否很大程度上取决于设计环节，如问卷的信效度、题目设计、问题表述等多个方面都决定了收集的资料是否有用。

目前，基于学生参与理论，世界范围形成了较为成熟的几类学生成长问卷，我国的探索工作也日益成熟。主要有以下几种：

美国国内较早关注高等教育质量问题，于 1979 年由印第安纳大学开发了大学生就读经验调查问卷（College Student Experience Questionnaire，CSEQ），该问卷包括五个部分的内容：大学活动、大学环境、收获评价、背景、附加问题。主要是从学生活动参加情况、阅读和写作能力、对大学经历的满意程度、大学环境、知识和技能的获得程度几方面来反映大学生的就读体验情况，目前全美已经有 400 多所高校在使用这一研究工具。①21 世纪初，美国研发了全国学生学习投入调查（National Survey of Student Engagement，NSSE），这一研究适用于全部大学，其对象是全国四年制学院和大学的学生，每年一次，该调查反映学生的行为和高校在多大程度上

① Indiana University Bloomington，（2011）The College Student Experiences Questionnaire Assessment Program' Available，http://cseq.indiao.edu/cseq_content.cfm（Accessed:25 March 2015）.

促进学生参与,NSS 不直接评估学生的学习,但调查结果在一定程度上可以反映高校的教育质量。① 2004 年,加州大学伯克利分校实施了研究型大学本科生的就读经验调查(Student Experience in the Research University,SERU),主要关注研究型大学学生在大学的各方面的经历,包括学生学术和辅助课程体验的各方面,包括学生的学习态度、学习习惯、如何利用时间、自我认知以及目标,旨在体验加州大学校园环境和设施,促进校园环境的改善。② 英国针对大学毕业班的学生开展了全国大学生调查(National Student Survey,NSS),NSS 主要是调查学生的课程体验,包括课程教学、测试和反馈、学习支持、课程组织和管理、学习资源、个人发展和总体满意等方面。NSS 给了大学生反馈他们所学课程的机会,同时可以促进这些课程将来的开展。③ 其调查结果主要用于学校改进教育实践,丰富学生学习经验,同时并对未来学生大学选择和课程学习等方面提供帮助。

国内较早关注大学生就读体验相关问题的是北京师范大学的专家教授,他将大学生就读经验作为评价高等教育质量的一个新的视角,引进了美国的 CSEQ 问卷,结合中国的国情,编撰了国内使用的《大学生就读经验问卷》,包含学生背景信息、学生大学期间与学习有关活动、学生对大学校园环境感知、学生对其在大学的自我收获报告四个部分。④ 北大教育学院于 2006 年开始启动,通过大规模高校学生调查、教师调查、辅导员调查,对高等教育入学机会均等、高校教学质量、高校学生的成长经历、校园参与、学业成就、高校人才培养模式与学生发展等主题,对于高校教学质量与学生发展展开研究,构建了高等教育的"投入—教与学过程—成就"的理论分析框架,将理论与中国高校学生发展的现状相结合,对理论

---

① 张志霞:《中外合作大学本科生就读体验研究——宁波诺丁汉大学的个案研究》,浙江师范大学硕士学位论文,2016 年。

② 李金慧:《视觉障碍大学生就读经验研究》,华东师范大学硕士学位论文,2011 年。

③ 李莉:《我国教育学硕士研究生的就读体验研究》,华东师范大学硕士学位论文,2014 年。

④ 周作宇、周廷勇:《大学生就读经验:评价高等教育质量的一个新视角》,《大学(研究与评价)》2017 年第 1 期。

本土化适用性进行探讨。清华大学为揭示中国研究型大学学生的学习与成长规律,引进NSSE调查,根据中国本土情况调整形成了NSSE— China中文版问卷,并自2009年起,连续在全国对本科生开展年度调研,并形成了《清华大学本科教学学情调查报告2009》①,在这一调查报告的研究结果中,强调了我国高校人才培养师生互动的重要性。基于成熟问卷的推行及数据库的建立,目前,参与上述问卷调查的学校可通过申请的方式,了解本校学生发展在常模中的对比结果,逐渐形成本校特色的数据积累。

目前,问卷调查法不仅是高等教育质量评价的主要方法,其在高校思想政治教育工作质量评价中也得到较多运用。基于问卷调查法可获得海量的学生调查数据,结合大数据手段,可形成学生发展的轨迹报告,便于高校及时了解思想政治教育工作实况,实现"立德树人"目标与效果的实时监测与评估。

---

① 王纾:《研究型大学学生学习性投入对学习收获的影响机制研究——基于2009年"中国大学生学情调查"的数据分析》,《清华大学教育研究》2011年第4期。

第五章　高校思想政治教育工作质量评价模型构建

建构高效的高校思想政治教育工作质量评价模式,要充分关照到模型的系统性和整体性,把握评价的规律性,在强调评价模型动态性的同时着眼于长效性的发展。传统视角下的高校思想政治教育工作质量评价模式有特点鲜明的优势,但是在完全实现高校思想政治教育工作质量评价的需求上还存在很大的提升空间。实现高校思想政治教育工作质量评价模式的优化,就要着力建构以评价系统、预测系统和预警系统为主体,以数据采集、数据分析、用户体验为基础的动态模型,使高校思想政治教育工作质量评价的动态监测和实时评价得到充分实现。

一、高校思想政治教育工作质量评价的影响因素

明晰高校思想政治教育工作质量影响因素之间的关系,是深层次挖掘高校思想政治教育工作质量保障体系的有效途径。依据高校思想政治教育工作质量影响因素的解释结构模型,我们可得到这些影响因素的级别分配,得出高校思想政治教育工作质量诸多影响因素的层级结构以及具体层级关系,从而明晰高校思想政治教育工作质量影响因素的关键所在。

（一）基于 ISM 模型的高校思想政治教育工作质量评价影响因素分析的可行性

分析高校思想政治教育工作质量评价的影响因素有多种方式，无论定性分析还是定量分析均可实现研究的基本目标。而基于 ISM 模型的高校思想政治教育工作质量评价影响因素分析是一种定性分析和定量分析相结合的模式，具有较为突出的科学性和可操作性。

1. 解释结构模型（ISM）

解释结构模型（Interpretative Structural Modeling，ISM）是美国 J.华费尔特教授于 1973 年作为分析复杂的社会经济系统有关问题的一种方法而开发的。其特点是把复杂的系统分解为若干子系统（要素），利用人们的实践经验、知识以及电子计算机的帮助，最终将系统构造成一个多级递阶的结构模型。ISM 属于概念模型，它可以把模糊不清的思想、看法转化为直观的具有良好结构关系的模型。因此，其较适用于变量众多、关系复杂且结构不清晰的系统分析。高校思想政治教育工作质量评价体系的建立，需明确评价标准，明确影响评价过程的各项因素及其相互之间的关系。囿于主客观等诸多条件限制，高校思想政治教育工作质量评价体系曾存有主观性过强，范畴模糊，评价过程粗略等诸多不足。这一问题的有效解决依赖于高校思想政治教育工作质量评价影响因素量化标准的实现。影响高校思想政治教育工作质量评价的因素众多，且存在相互作用和相互依赖的关系，从量化评价标准的角度出发，可把高校思想政治教育工作质量评价作为一个包含众多子系统的有机整体，由此建立起解释结构模型。利用解释结构模型法，对各种系统及要素之间的相互关系进行梳理，可以分析和形成清晰的多级递阶的结构模型，从而为高校思想政治教育工作质量评价提供科学支撑。

ISM 作为结构模型，是一种几何模型，可以应用有向连接图来描述系统各要素间的关系，以表示一个作为要素集合体的系统，还可结合矩形阵式来描述并进行进一步的分析处理。有向连接图是由节点和有向边构成的图或树图，其中节点用来表示系统的要素，有向边则表示要素间所存在的关系。根据具体的研究问题可以得出“影响”“取决于”“先于”“需要”

"导致"等关系。结构模型以定性分析为主,通过结构模型,可以分析系统的要素选择是否合理、系统要素及其相互关系的转变对系统的影响等问题。矩阵形式是指通过逻辑演算用数学方法进行处理。通过矩阵形式的演算使定性分析和定量分析相结合,可以进一步研究各要素之间关系,由此可以开拓结构模型的用途,从而使系统的评价、决策等过去只能凭个人的经验、直觉或灵感进行的定性分析,能够依靠结构模型来进行定量分析。

2. ISM 的原理及分析质量评价影响因素的科学性

一般说来,实施 ISM 的工作程序有:(1)组织实施 ISM 的小组。小组成员的人数一般以 10 人左右为宜,要求小组成员对所要解决的问题都能持关心的态度,同时还要保证持有各种不同观点的人员进入小组。如有能及时做出决策的负责人加入小组,则更能进行认真且富有成效的讨论。(2)设定问题。由于小组的成员有可能站在各种不同的立场来看待问题,这样,在掌握情况以及分析的目的等方面也较为分散,如不事先设定问题,那么小组的功能就不能充分发挥。因此,在 ISM 实施准备阶段,对问题的设定必须取得一致的意见,并以文字形式做出规定。(3)选择构成系统的要素。合理选择系统要素,既要凭借小组成员的经验,还要充分发扬民主,要求小组成员把各自想到的有关问题都写在纸上,然后由专人负责汇总整理成文。小组成员据此边讨论、边研究,并提出构成系统要素的方案,经过若干次反复讨论,最终求得一个较为合理的系统要素方案,并据此制定要素明细表备用。(4)根据要素明细表构思模型,并建立邻接矩阵和可达矩阵。(5)对可达矩阵进行分解后建立结构模型。(6)根据结构模型建立解释结构模型。结构模型作为对系统进行描述的一种形式,处在自然科学领域所用的数学模型形式和社会科学领域所用的以文章表现的逻辑分析形式之间,用于思想政治教育工作质量评价影响因素分析的研究。高校思想政治教育工作质量评价标准的构成要考虑多方面的因素,从当前情况来看,高校思想政治教育工作质量评价部分环节存在过度量化倾向。如何保障评价态度客观公正,测评方法合理高效成为提高高校思想政治教育工作评价质量的关键问题。利用 ISM 模型对其影响因素进行系统分析，有助于理清各影响因素间的复杂关系并设立权重比例，明晰高校思想政治教育工作质量评价要素及其结构。

（二）高校思想政治教育工作质量评价影响因素的 ISM 模型建构

根据 ISM 模型建构的基本流程，高校思想政治教育工作质量评价影响因素的模型建构需经历系统要素分析、建立模型、模型分析等过程。

1. 系统要素分析

经过访谈研讨，整理评述各类参考文献，以及系统考察高校思想政治教育工作质量的实际情况，在反复讨论研究的基础上明确高校思想政治教育工作质量的若干影响因素，以及这些因素间的直接影响关系。具体如表 5-1 与图 5-1 所示。

表 5-1　高校思想政治教育质量相关影响因素

编号	影响因素	具体内容
1	评价主体	组织思想政治教育质量评价的机构、个体
2	评价制度	思想政治教育质量评价的政策文件
3	评价目标	思想政治教育质量评价的目的
4	评价标准	思想政治教育质量评价的指标
5	评价方法	思想政治教育质量评价的方式方法
6	评价过程	思想政治教育质量评价的基本过程
7	评价反馈	思想政治教育质量评价的结果反馈
8	评价对象	思想政治教育者、受教育者、教育内容、教育方法、教育途径、教育载体、教育环境、教育制度等

2. 模型建构过程

本研究根据 ISM 模型建构的基本流程，通过建立邻接矩阵、生成可达矩阵、建构 ISM 图等方式，建构高校思想政治教育工作质量评价影响因素的模型。

	2	3	4	5	6	7	8
1	∧	—	—	—	—	∧	—
2		∨	∨	∨	∨	+	∧
3			+	∨	∨	+	∧
4				∨	∨	+	∧
5					∨	+	∧
6						+	∧
7							∧

说明：1—8 表示 8 个影响因素；∨：上位因素对下位因素有影响；
∧：下位因素对上位因素有影响；+：上下位因素相互影响；
—：上下位因素无直接影响。

图 5-1　高校思想政治教育质量影响因素二元关系图

(1)建立邻接矩阵

根据分析得出的高校思想政治教育工作质量若干影响因素及其相互直接影响关系,建立各影响因素的邻接矩阵 A,作为一个 8 阶方阵,如图 5-2 所示。邻接矩阵描述了系统各要素两两之间的直接关系,矩阵中的“1”表示影响因素之间有直接的影响,“0”表示影响因素之间没有直接的影响。即矩阵的元素定义为:

$$A=\left|\begin{matrix}0&0&0&0&0&0&0&0\\1&0&1&1&1&1&1&0\\0&0&0&0&1&1&1&0\\0&0&1&0&1&1&1&0\\0&0&0&0&0&1&1&0\\0&0&0&0&0&0&1&0\\1&1&1&1&1&1&0&0\\0&1&1&1&1&1&1&0\end{matrix}\right|$$

图 5-2　高校思想政治教育工作质量影响因素邻接矩阵

(2)生成可达矩阵

可达矩阵 R 是指用矩阵形式来描述元素之间,经过一定次数的影响关系后可以到达的程度。可达矩阵有一个重要特性,即推移律特性。当 ai 经过长度为 1 的通路直接到达到 ak,而 ak 经过长度为 1 的通路直接到达 aj,那么,ai 经过长度为 2 的通路必可到达 aj。通过推移律进行演算,将相邻矩阵 A 加上单位矩阵 I(矩阵中除主对角线上元素为 1,其余元素均为 0 的矩阵),然后用布尔代数运算法则(0+0=0,0+1=1,1+1=1;0×0=0,0×1=0,1×1=1)进行乘方运算,直到两个相邻幂次方的矩阵相等为止。相等的矩阵中幂次最低的矩阵即为可达矩阵。可达矩阵 R 的元素 rij 为 1 代表要素 ri 到 rj 间存在可到达的路径,事实上,可达矩阵是对影响因素的直接和间接关系的完整呈现。计算得出本系统的可达矩阵 R=(A+I)3,再按可达矩阵中元素为 1 的量多少,由少到多将要素依次重新排序,得出各要素间的层级递阶矩阵,如图 5-3 所示。

$$
R=\left|\begin{array}{c|cccccc|c}
1 & 0 & 0 & 0 & 0 & 0 & 0 & 0 \\
\hline
1 & 1 & 1 & 1 & 1 & 1 & 1 & 0 \\
1 & 1 & 1 & 1 & 1 & 1 & 1 & 0 \\
1 & 1 & 1 & 1 & 1 & 1 & 1 & 0 \\
1 & 1 & 1 & 1 & 1 & 1 & 1 & 0 \\
1 & 1 & 1 & 1 & 1 & 1 & 1 & 0 \\
1 & 1 & 1 & 1 & 1 & 1 & 1 & 0 \\
\hline
1 & 1 & 1 & 1 & 1 & 1 & 1 & 1
\end{array}\right|
$$

图 5-3　高校思想政治教育工作质量影响因素排序后可达矩阵

因素级别分配:根据可达矩阵 R,求出各要素的可达集合 P(Ni)、先行集合 Q(Ni),以及共同集合 P(Ni)∩Q(Ni)。可达集合是指从高校思想政治教育工作质量影响因素 Ni 出发可以到达的所有影响因素的集合,先行集合是指所有到达高校思想政治教育工作质量影响因素 Ni 的要素的集合,可达集和先行集的交集就是共同集合。

表 5-2　高校思想政治教育工作质量影响因素可达集、先行集、共同集

层级序号	可达集	先行集	共同集
一	1	1	1
二	2,3,4,5,6,7	2,3,4,5,6,7	2,3,4,5,6,7
三	8	8	8

同样的方法得出评价对象内部影响因素可得:

$$B=\begin{vmatrix} 0 & 1 & 0 & 1 & 1 & 1 & 0 & 0 \\ 1 & 0 & 0 & 1 & 1 & 1 & 0 & 0 \\ 1 & 1 & 0 & 1 & 1 & 1 & 0 & 0 \\ 1 & 1 & 0 & 0 & 1 & 1 & 0 & 0 \\ 1 & 1 & 1 & 1 & 0 & 1 & 0 & 0 \\ 1 & 1 & 1 & 1 & 1 & 0 & 0 & 0 \\ 1 & 1 & 1 & 1 & 1 & 1 & 0 & 0 \\ 1 & 1 & 1 & 1 & 1 & 1 & 1 & 0 \end{vmatrix}$$

图 5-4　高校思想政治教育工作质量评价对象内部因素邻接矩阵

建构 ISM 图:根据级别分配结果,把这些影响因素之间的关系分为可达与不可达,把系统分为有关联的几个子部分。并根据影响因素之间的关系建立思想政治教育工作质量影响因素的解释结构模型图,直观反映要素间逐级有向的主要影响关系。如图 5-6 所示。

$$
S=\left|\begin{array}{cccccc|cc}
1 & 1 & 1 & 1 & 1 & 1 & 0 & 0 \\
1 & 1 & 1 & 1 & 1 & 1 & 0 & 0 \\
1 & 1 & 1 & 1 & 1 & 1 & 0 & 0 \\
1 & 1 & 1 & 1 & 1 & 1 & 0 & 0 \\
1 & 1 & 1 & 1 & 1 & 1 & 0 & 0 \\
1 & 1 & 1 & 1 & 1 & 1 & 0 & 0 \\
\hline
1 & 1 & 1 & 1 & 1 & 1 & 1 & 1 \\
1 & 1 & 1 & 1 & 1 & 1 & 1 & 1
\end{array}\right|
$$

图 5-5　高校思想政治教育工作质量评价对象内部因素排序后可达矩阵

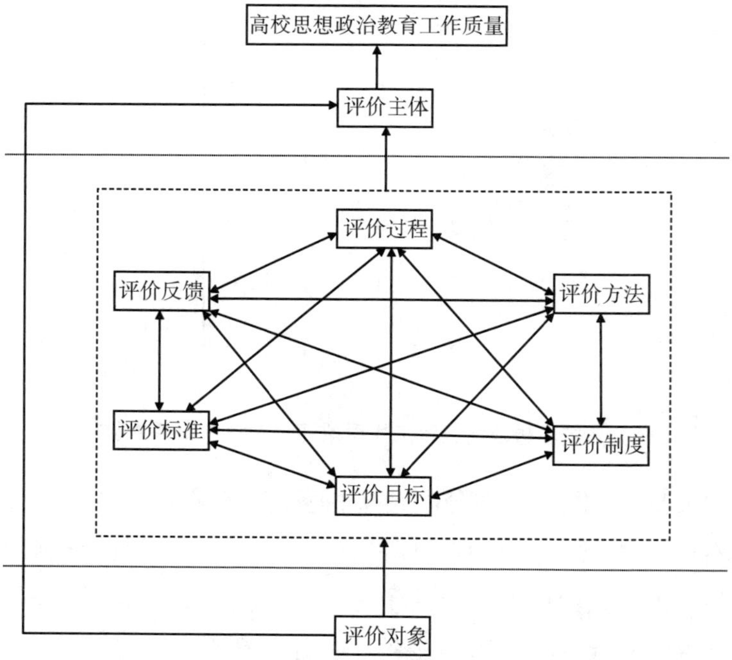

图 5-6　高校思想政治教育工作质量影响因素解释结构模型图

（三）高校思想政治教育工作质量评价影响因素的ISM模型分析

明晰高校思想政治教育工作质量影响因素之间的关系，是深层次挖掘高校思想政治教育工作质量保障体系的有效途径。依据高校思想政治教育工作质量影响因素的解释结构模型，我们可得到这些影响因素的级别分配，得出高校思想政治教育工作质量诸多影响因素的层级结构以及具体层级关系。这一模型清晰地描述了高校思想政治教育工作质量影响因素的关键规律所在。统观高校思想政治教育工作质量影响因素解释结构模型，我们可知，整个模型结构可分为表象层、中间层、根源层三个具体层级，层级间各影响因素的关系链接使得层级间相互关联，这些因素分别发挥自身的影响力，共同作用于高校思想政治教育工作质量。

表象层：表象层是模型的第一个层级，所涵盖的因素主要为高校思想政治教育工作质量最直接、最表层的影响因素，即直接影响因素。此模型中主要包括评价主体作为主观影响因素，这个因素直接影响高校思想政治教育工作质量，同时也“传递”其他因素（如评价目标、评价标准、评价制度、评价方法、评价过程、评价反馈等）的影响对高校思想政治教育工作质量产生作用。此外，这一层级的影响因素并不会对其他层级的影响因素产生作用，它们仅指向高校思想政治教育工作质量，因此，这是高校思想政治教育工作质量影响因素中最直接、最易把握的一个层级。

中间层：顾名思义，中间层是三个层级中的第二层级，主要包含评价目标、评价标准、评价制度、评价方法、评价过程、评价反馈六个因素。这些元素是影响表象层的最主要因素，它们对高校思想政治教育工作质量产生间接影响，因此，我们称中间层的影响因素为间接影响因素。模型显示，评价目标、评价标准、评价制度、评价方法、评价过程、评价反馈六个因素两两相互影响，可见，它们是紧密关联的统一整体。除了影响表象层外，中间层还受到根源层的影响，中间层的影响因素虽然通过表象层对高校思想政治教育工作质量产生间接影响，同时也是传递根源层元素影响力的“夹心层”。具体分析影响高校思想政治教育工作质量的影响因素时，要对这一层级科学定位，把握中间层的六个因素既受影响又产生影响的显著特点,避免其中间通道的“拥堵”或“缺失”。

根源层:第三个层级是根源层,其中的元素是影响高校思想政治教育工作质量最宏观、最深层次的要素。根源层的影响因素通过对其他层级的元素产生影响进而影响高校思想政治教育工作质量,但与表象层相反的是,根源层不会受到其他层级的影响。因此,其中涵盖的元素是高校思想政治教育工作质量的根本影响因素,评价对象是根源层的主体内容。从相互关系来看,评价对象是大学生发展质量的最根本影响因素。

二、高校思想政治教育工作质量评价的基本模型比较

坚持定性分析和定量分析相结合、工作评价和效果评估相结合,需要综合从多个维度分析、梳理和总结当前主流的高校思想政治教育工作质量评价模式。如前所述,通过研究一些传统的教育质量评价模型,我们将其归纳为四种模式,即过程模式、绩效模式、项目模式以及诊断模式。这里所说的模式,并不是一般意义上的实物模型或思维模型,而是针对高校思想政治教育工作质量评价的现状,在科学的原理以及本专业的相关理论基础上,对于现实或实践的一种抽象的概括,可以将其归结为一种行为模型。此外,高校思想政治教育工作质量评价模式与高校思想政治教育工作质量评价体系在作用与内涵上存在差异。高校思想政治教育工作质量评价模型只是为具体的工作提供相应的原理和方法,是具有高度的适用性、概括性以及指导性的,不能在具体的评价工作中直接加以运用。而高校思想政治教育工作质量评价体系则是针对具体的主体或对象,针对具体的评价工作所制定的一系列明确的评价标准和方法,更加具有针对性和直观性。因此,在一定意义上可以说高校思想政治教育工作质量评价模式是连通思想政治教育工作与理论的桥梁。基于这四种基本模型的对比分析,结合教育过程中不同角色、不同定位、差异流程三个核心,明晰过程模式、绩效模式、项目模式以及诊断模式分别在不同视角下的优缺

点，突出管理者、实际教育者以及受教育者之间的目标价值差异。

（一）教育者与受教育者视角下的对比分析

高校思想政治教育工作开展过程中一直存在着三个核心：教育者、受教育者、教育影响。其中教育者和受教育者均可以看作是教育过程中的主体，而教育影响则更多的承担工具和手段的角色。在教育的过程中，教育者和受教育者之间也存在一定的角色转换。单一层面来看，教育者的狭义定义指按照法律法规和行业规范，根据学校条件和职称，从事教育事业的人，以及在一定社会背景下促进个体社会化和社会个体化活动的人。广义层面来看则更多的代表着有生命的个体，由于在日常的生活过程中每一个具有生命的个体都扮演着“教育者”和“受教育者”的双重角色，所以就要突出这些个体在某项活动中所起到的作用。从教育者的特性角度出发其应该在教育过程中扮演主体角色，起着组织、策划、实行的功能并能够在过程中做好修正、指导的工作。受教育者即可以看作在教学过程中“教”的对象，是教育环节中重要的受体，处于学习状态的角色，同时相对于学习内容而言，其又可以看作是主体，需要注意的是受教育者处于知识相对匮乏或者思想不成熟的阶段。因此，在明确了教育者和受教育者二者特征和特性的基础上，可以明晰基本评价模型在角色间差异的特点。

从教育者的视角出发，过程模式的核心在于整体环节的打造，在高校思想政治教育工作中，教育者起着主导的作用，其在过程模式中占有主导地位，在整个教育质量评价的制定和考核环节中发挥着重要作用，评价的主体是基于预先设定好的标准进行的，这要求教育者具有扎实的专业知识。绩效模式突出了对结果的考量，考核标准也由管理部门决定。从教育者的角度出发，整体评价体系已经脱离了其原有的体系，只能通过追求结果以满足管理部门对其的考核需求，从而达到绩效模式下的客观条件，失去了其在教育过程中的主体地位，就会转变成为执行者或转化为评价实践的工具和手段。项目模式将整体的教学工作进行了单元拆分，这些单元的产生细化了工作的内容，但也存在着许多突出的问题。如教育者更多的应是着重于整体教学质量的把控，在整体层面做出设计，细分为多个环节进行考核后就会对其核心教学理念造成冲击。同时由于不同环节间的主观规范存在差异,也将对其教学工作提出挑战,考核标准难以制定。诊断模式是基于问题导向的评价模式。从教育者的视角来看,其在教学过程中首先要发现问题,依据这些问题制定相应的教学计划,这一过程存在明显的滞后性,不利于整体教学环境的打造,难以形成科学的评价体系。

从受教育者的视角出发,由于学生在学习过程中存在着许多的变化,过程模式的固有体系易受到冲击,不具备广适性,会由于教育环节中其他环节的转变而转变。同时,过程模式在教育者和受教育者双重视角下虽然突出教育环节,但也对教育者和受教育者都提出了严格的要求,如受教育者的整体教育环境、学习基础、人员个性等方面。如前所言,绩效模式易缺失个性化教育,转变为固有的模式化教育,使受教育者在学习过程中更多的在意考核的内容,而忽视整体的学习。可见,从受教育者视角来看,绩效模式的弊端更为清晰,即忽视过程,重视结果,突出成绩,削弱效果。项目模式带给受教育者更多的可挑选空间,这样的模式更多地会根据个人喜好进行选择,但也易使受教育者难以认识和理解整体思想政治教育工作所要完成的教学目的,单纯地将每一个环节当作考核主体,盲目地为完成环节考核而学习,从而削弱高校思想政治教育工作的全面性。诊断模式中,教育者和受教育者作为主要参与者,是问题的集中体现和发现者。但由于不同的个体间存在差异,许多问题难以极早的形成或呈现,这为高校思想政治教育工作带来一定挑战。因此,诊断模式对教育者和受教育者而言均存在一定的局限性,教育者要善于发现,受教育者要突出呈现,否则评价工作难以有效开展。

(二)教育项目与教育产品视角下的对比分析

教育项目是包含多项教育内容和产品的综合性教学活动的总称,而教育产品则指由教育部门和教育单位所提供的产品,又被称为教学服务。综合来看,教育项目是包含教育产品的,是由多个教育产品组成的,而教育项目和教育产品在高校思想政治教育工作过程中均可作为工具和手段。因此,从教育项目和产品的视角对评价模式进行分析集中体现了教学过程中四种模式之间的差异。

从教育项目的视角分析,过程模式强调对整个教学过程的评价,其主要以信息输入和处理作为主要的评价手段,两者间均重视对教育过程中各个环节的打造,是整体上的制定,同时每一个教学项目的提出都是围绕系统性的内容进行设计,而过程模式的评价体系恰好能够更好地确保高校思想政治教育工作的整体性和系统性。绩效模式在考核中突出强调结果,在项目初始目标制定后或产品初始效果提出后更加有利于验证实际效果。从教学项目的角度出发,每一个教学项目的制定都是基于管理者的层面,这与绩效模式相契合,同时两者都追求对最终结果的打造,目标一致。项目模式在对不同维度产品进行划分并开展评价的基础上进行整体项目的评价。从教学项目的视角来看,该种评价模式能够对教学项目中每一个单元进行评价,同时能够完成整体项目的评价,更有利于项目的全面定位。诊断模式在应用评价的过程中更注重在实施后的实际效果评价,诊断模式更多地注重对教学项目在执行过程中出现的问题进行评价,缺乏对上层设计的评价,可见其不能作为单一的评价教学项目的方法。

从教育产品视角分析,项目模式与教育产品间存在鲜明的冲突,因为教学产品具有鲜明的竞争性和排他性,直接效应上边际成本不为零,这就导致在进行评价的过程中其强调对个体的评价,这与过程模式所强调的整体性相背。绩效模式在教育产品维度下具有突出优势,因为不论是教育产品的直接消费还是间接消费都在于受教育者综合素质的提高,包含知识、价值观以及生产力等多个方面,均富有目的性,重视结果导向。因此,在教学项目和教学产品两个方面绩效模式均具有代表性。项目模式围绕具体的产品设定评价标准,突出了对产品的评价准则,同时又将之与整体项目进行有机联系,可以更好地起到评价的作用。因此,从教学项目和教学产品之间的联系上,项目模式更能完成有序的对接。教学产品的评价更多侧重于在执行过程中进行评价,是基于教学项目下的个体单元,因此,诊断模式对教学产品更具有针对性,较能突出地围绕该单元做出评价。可见,单一的诊断模式不适用于教学项目的评价,更适用于教学产品的评价。

(三)内部循环与社会交互视角下的对比分析

在高校思想政治教育工作过程中,内部循环更加突出了个体的学习(喜欢/厌恶),是基于一定的个体经验形成的,同时这种经验渗透于后续学习过程,具有一定的循环规律。而社会交互则强调了个体化到社会化的过程,个体通过与社会环境的交互逐渐实现社会人的转化,突出了社会对个人成长过程中的作用。因此,在进行高校思想政治教育工作质量评价模式的分析中,应着重突出对于内部循环机制和交互体系的研究。

从内部循环视角出发,过程评价模式更为重视对于内部机制的打造,由于其基于整体内容的打造,虽然也包含了信息输出阶段,但输出后的评价机制较弱。从这一角度而言,其更适用于内部循环的体系。可见从内部循环的视角来看,过程模式更具有代表性,能够探究在高校思想政治教育工作过程中信息的整体流通阶段,及其在各环节的具体作用,较好地实现了完整性评价。绩效模式强调管理者对于每个环节的考核,内部循环更注重教育过程中受教育者的主观作用,因此,从内部循环的视角来看,绩效模式难以充分发挥其作用。从内部循环视角出发,环节间的差异或直接影响下一环节乃至整个项目的运转和效果,而项目模式通过对各环节间的把控可以较好地避免问题的重复和叠加,做到具体化执行。因此,其在内部循环视角下应用性较强。诊断模式以问题为导向,在内部循环视角下更多的承担着发现问题的角色,很难起到全面的评价作用。

从社会交互视角出发,由于社会交互更多强调社会效应,凸显不同单元间的交互活动,受限于社会交互的多时空效应,过程模式较差的适应性被进一步放大,从而难以实现有效评价。绩效模式注重导向性和结果,而社会交互更多强调主体掌握社会公认的行为规范与方式的过程,两者之间存在本质上的冲突,因此,从社会交互的角度来看,绩效模式适用性较弱。项目模式局限于内部空间的打造,对于社会效应方面的问题难以全面地进行评价和管控。诊断模式较为单一,面对复杂的外部环境,难以设定足够和全面的标准，在缺乏评价依据的背景下，评价的科学性有待提升。

通过对四种基本模型的比较分析不难发现，由于高校思想政治教育工作质量评价模式以及其具体的预期功能不同，其具体的操作与运行的路径和模式也存在差异。总体来讲，教育主管部门把绩效模式与项目模式作为主要的评价模式，而各高校内部把过程模式与诊断模式作为主要的模式。以上四种模式特点鲜明，但是它们单独运用，均难以充分保障高校思想政治教育工作质量评价的系统性、规律性、动态性和长效性。因此，建构一套高校思想政治教育工作质量评价的优化模型成为思想政治教育领域亟待解决的时代课题。

三、高校思想政治教育工作质量评价的优化模型建构

高校思想政治教育工作质量评价标准的科学性，反映在指标体系是否合理的同时，也体现在构建的模型是否有明确的标准。只有标准明确，才能建立起符合要求的可以进行判断和测量的量化评价体系。优化高校思想政治教育工作质量评价体系，需要建构一套科学合理的评价模型。基于前文对基本模型的分析比较，评价模型的优化关键在于破解评价模型的系统性、规律性、动态性、长效性同时具备的问题。因此，我们在综合考量优化模型标准，对比传统的模型，深入分析其特点和适用性之后，提出一种不同于传统高校思想政治教育工作质量评价模型的优化模型。

（一）高校思想政治教育工作质量评价的优化模型标准

根据评价的侧重点，将高校思想政治教育工作质量的评价标准分解成三个子系统，即条件标准、运行标准和效能标准，并逐一分析三个子系统的标准。

条件标准研究。通过将高校思想政治教育工作置于宏观或微观系统

中,离析其条件标准的内涵、适用范围、信息获取和衡量方式等。就国家和社会角度而言,条件标准要求高校思想政治教育工作质量评价的优化模型能够衡量高校思想政治教育工作对学生思想政治意识形态的影响,在社会主义现代化建设及社会主义核心价值观的形成中所发挥的社会作用,即该高校向社会输送的人才量及社会各界对该校的认可程度。同时,高校思想政治教育工作创新教育效果评价的绝对性及相对性决定了高校思想政治教育工作效果的衡量方式无论在学生群体之外还是学生群体内或是学生自身,均在某一相应的水平位置上,从而对其创新教育效果进行具体的、有层次的、技术性的评价。就学生未来所从事的职业或是学生未来的活动领域而言,条件标准要求高校思想政治教育工作质量评价的优化模型能对高校学生进行思想政治教育工作质量效果评价,具体包括学生个体的思想政治考试成绩、党员预备与否、思想品德考查等。这一条件标准间接反映了高校对学生实践活动鼓励政策的认知及社会对创新教育的理想化追求,是高校思想政治教育工作向更高层次更高境界发展的重要保障。

运行标准研究。运行标准是对思想政治教育工作的运行过程和状态进行评价时采用的标准,结合高校思想政治教育工作运行体系的研究,我们将重点探讨评价运行标准的内涵、信息获取和衡量方式等问题。对高校而言,开展思想政治教育工作主要是"要引导和帮助青年学生树立正确的世界观、人生观、价值观,打下科学理论的基础,确立为建设中国特色社会主义而奋斗的政治方向"①。因而,高校思想政治教育工作质量评价优化模型的建构重点不在于单纯地指出工作成果,更重要的是通过评价模型的设计和实施帮助青年学生将外在评价目标体系内化为其自我成长的目标体系。因此,运行标准要求模型须以开放式、以人为本、关注共同成长的特点展现高校思想政治教育工作质量评价的独特生命力,有效回应青年学生的思想观念、政治观点、道德素养的现有状态、未来发展趋势

---

① 李跃雷:《谈马列主义理论课教学及管理改革》,《北华大学学报(社会科学版)》1995 年第 Z1 期。

及推进路径等实质性问题。运行标准要求高校思想政治教育工作质量评价优化模型在信息获取方面，应重点包括学习行为、评价、反馈、调节等四个基本环节，以更好地帮助被评价者完成自我全面认知，使整个评价过程更加完整。在现代测量学中，评价一般通过将特定个体的行为与常模中其他个体的行为比较确定个体在常模群体中的相对位置，评价过程中评价客体的主观性很难介入，因此，相关参与人员需对高校思想政治教育工作过程进行持续性监控，以引导其更好发展。

效能标准研究。高校思想政治教育工作的主体在教学实践中具有一定的成本投入，如资源、时间和机会等，效能标准就是对高校思想政治教育工作的投入与效果进行评价时采用的标准。对效能标准的研究主要包括对其内涵、适用范围、信息获取和衡量方式等方面。“效能”原指事物所蕴藏的有利的效用能量，主要体现在能力、效率、质量、效益四个方面。因此，从这一角度而言，高校思想政治教育工作的效能标准表现为高校思想政治教育工作对学生成长、未来发展产生的影响及达到预期目标的程度。效能标准要求高校思想政治教育工作质量评价优化模型的构建，首先要明晰评价所得结果的使用取向，以往评价结果多用于成绩评定与期末奖惩，在一定程度上缩减了评价的价值。优化模型更注重高校思想政治教育工作对学生自我认知发展的功能发挥，以形成学生自我成长的良性循环。这决定了优化模型的衡量方式应是一种增值评价，即发展性的形成性评价，在关注成绩评定的同时，更注重思想政治教育工作过程对学生的持续性影响，并在测定学生进步情况的基础上，选择针对性教学方法，改进思想政治教育课程资源、教学时间等成本投入，以求效果最佳，效率最高。同时，增值评价的结果，还能够更公平地判断出思想政治教育课程的阶段性成就并给予肯定，从而增加授课教师的自我效能感，提高其积极性。

（二）高校思想政治教育工作质量评价的优化模型建构路径

高校思想政治教育工作质量评价是一个多主体的系统，需在国家、政府部门、高校，以及无相关利益的第三方评价机构等多方面参与下协同进行。由于各组织机构具体职能的差异,其提供的内容,信息采集方式以及研判预判机制也会有所不同,但不可否认的是,各主体在优化高校思想政治教育工作质量评价的具体目标上,具有一致性。这就要求在相对完善的体制机制中,建构一套充分发挥各参与主体作用,兼具科学性和合理性的评价模型。破解高校思想政治教育工作质量评价模型的系统性、规律性、动态性、长效性的协同运行问题是实现这一目标的关键,在对传统模型进行分析的基础上发现,系统性和规律性是必不可少的基础,而决定系统能否有效运行的则是动态性和长效性。因此,我们提出构建高校思想政治教育工作质量监测“1+n”模型群,即“通用模型+专项模型”,包括通用的质量评价模型,以及四个专项的动态监控模型、问题研判模型、效果评价模型、反馈调整模型。随着实践的发展与研究的不断深入,将会设计出更多的专项模型,来支撑、优化思想政治教育工作质量评价模型的实施应用。

“1+n”模型群在系统性和规律性的基础上搭建运行框架,同时兼顾整体运行的动态性和长效性。全面把握高校思想政治教育工作的整体性布局,动态跟踪、实时采集测评指标数据,进而从满足不同层面的需求上建立动态数据库。当然,这一过程得益于计算机技术、统计分析技术的强力支撑与综合实际应用,紧紧围绕“数据”这一核心要素,充分将采集、整理、分析等流程进行可视化操作,对用户进行层次化管理,针对用户群的实际需求分设数据输入、查询、分析、导出等具体操作的差异化端口,从而完成质量评价的动态监测和实时评价。

1.“1+n”模型群数据监测评价流程

在具体的操作流程上,“1+n”模型群的总体设计是将高校思想政治教育工作质量监测评价根据功能板块和操作程序,依次分为评价系统这一主体功能性子系统、预测系统和预警系统两个辅助管理性子系统。其中任何一个子系统的运行均是在数据采集、数据分析的基础之上开展的。用户既是评价对象,又是数据源,即在评价工作中担任重要角色的组织机构部门(思想政治教育工作管理部门)、相关人群(不同类别的思想政治教育者和教育对象)。从动态过程来看,主要是将从部分用户采集到的数据进行必要的整理和科学化处理再反馈至用户端的循环链条，用户则可依照评价的需求提供不同项目和类别的原始数据，进而实现系统的动态更新和实时调整，形成完备的动态循环。

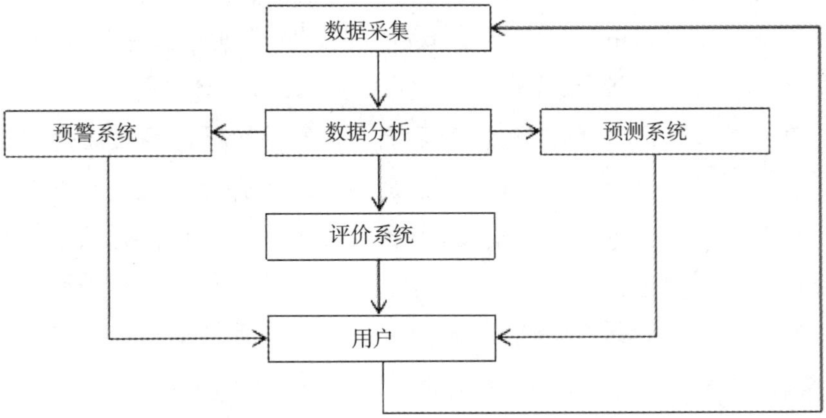

图 5-7　“1+n”模型群监测数据流程图

从图 5-7 中不难发现，数据是系统运行的基础。数据的准确性、及时性决定了评价体系能否运行、能否良性循环。因此，这项前提性工作是重中之重，要细致考量数据的选择范围，在内容上兼顾全面但不繁杂、在指标中确保科学而又标准、在方法上确保适当而又易行，根据高校思想政治教育工作的权威文献、理论框架等制定兼具科学性和合理性的指标体系。数据分析是系统运行的关键。数据的价值需要通过科学全面的分析才能体现，在这一环节中，需借助大数据分析的方法、计算机等智能设备及技术和数理统计的原理支撑，确保高校思想政治工作质量评价体系的科学性及可视化呈现，进而提供客观准确的评价、预测和预警依据。一方面，要根据传统的信息处理手段对原始数据进行必要的清洗、统计、分析等，充分运用数理统计中的数据挖掘、相关分析、回归分析、因子分析、聚类分析等；另一方面，也要结合社会科学的评价方法，在定量分析的基础上结合必要的定性分析，进而为数据分析的结果呈现提供更加综合性、更具合理性的方式，增强高校思想政治工作质量评价报告的丰富性与全面性。评价系统是系统运行的核心。它可以为不同的用户输出具有针对性的可视化评价结果，并充分运用优选功能，高效满足不同阶段、不同群体的评价需求。值得强调的是，评价系统可以实现高校思想政治教育工作质量评价的动态调整，在根据实际情况适当改进评价标准时，可以不断地调整指标，实时根据数据采集指向性调配评价的取向。在这一体系中，预测系统和预警系统的反馈是主要调整依据。同数据分析环节相似，其不能依靠单一的定量评价，需在操作过程中充分结合定性分析。

在系统运行的主体之外，预测系统和预警系统既是高校思想政治教育工作质量评价体系的必要附属，也是本研究的亮点工程。预测系统和预警系统均是以数据分析为前提，前者的目标在于对高校思想政治教育工作的发展趋势进行推演、预测，后者的重点则在于对高校思想政治教育工作的风险进行诊断、预警。这两项子系统均可满足不同层面思想政治教育工作的需求，在数据源足够大的前提下，可对全国高校思想政治教育工作的趋势进行预测分析或者预警研判，也可精细化处理数据，对院系某项重点开展的思想政治教育工作的未来走向和风险点进行预测预警。但同时二者还有一个共性即对数据的准确性有较高的依赖，原始数据的准确度与积累量、数据分析的科学性与操作性等都和预测、预警的准确度正相关。值得提出的是，预警系统可以在动态分析的基础上实时预警，设定必要的高校思想政治教育工作指标警戒线，在相应的指标达到警戒线后，预警系统则进行必要的风险提示。

2. “1+n”模型群结构及功能

质量评价模型。作为高校思想政治教育工作质量评价优化模型的通用建构模型，除了要完成基本的数据管理功能，提高整体模型群的综合数据分析能力也是非常必要的。在提倡思想政治教育工作发展性评价的今天，只有具备较强的数据分析能力，才能真正发挥评价的激励、导向、发展等功能，才能使高校思想政治教育工作质量评价真正实现提高教学质量、促进课程发展的目标。

动态监控模型。早期高校思想政治教育工作质量评价模型主要集中在有效的课程设置和教学质量上。但随着学生思想动态日新月异，思想政治教育工作的内涵不断发生新的变化，高校思想政治教育工作质量评

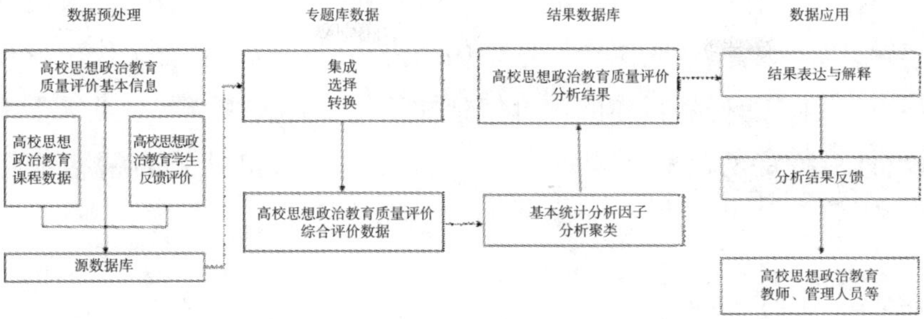

图 5-8　通用模型:高校思想政治教育工作质量评价模型

价逐渐成为一个动态性概念。其评价结果在时间上表现出一定的滞后性,须对其实施连续追踪分析,才能实现评价过程的持续化和常态化。另外高校思想政治教育工作质量评价监控是一个系统性概念,必须按照高校思想政治教育工作的性质和目的,实时制定相关监测标准、开发测量工具、抽取适当样本、系统收集有关信息,进行分析诊断与价值判断,从而提出改进行动,促进高校思想政治教育工作质量持续改进和不断提高。因此,在高校思想政治教育工作质量评价通用模型的基础上,建立动态监控的专项模型十分必要,有助于提高评价结果的科学性与实时匹配度。

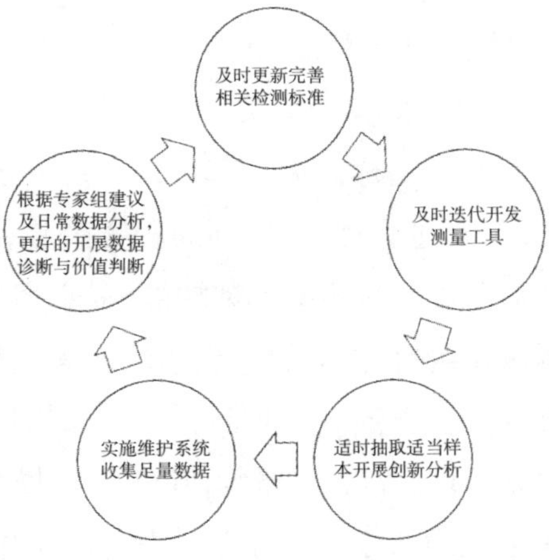

图 5-9　专项模型一:动态监控模型

问题研判模型。本模型通过数据挖掘和定量分析等方法可以观测高校思想政治教育工作中的难点、重点性问题的发展程度,主要分析高校思想政治教育工作中不同阶段教师、学生在课堂及课后互动中反映出的重点问题，以及教育教学、课程设置中如何提高思想政治教育工作影响程度的难点问题。通过将具体的评价信息抽象化、信息化处理，以点入手深入研究，针对特定的问题重点研判，从而以点概面，得到更为精准的评价结果。

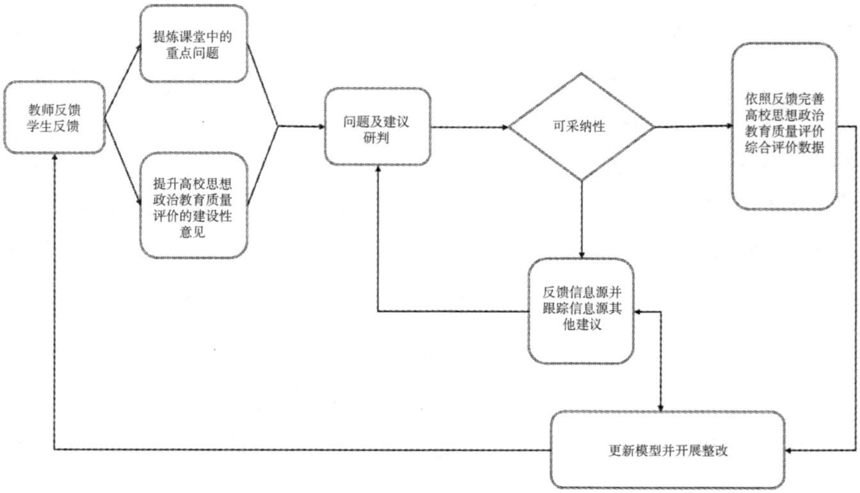

图 5-10　专项模型二：问题研判模型

效果评价模型。本模型以柯氏“四级评价模型”为导向，结合高校思想政治教育工作实际开展情况，从反馈层、学习层、行为层、结果层四个层面逐层进行评价，确定相应指标。第一部分反馈层评价，主要针对授课教师、课程内容、重点环节等进行评价，以不断积累经验，改进工作。第二部分学习层评价，包括对于知识掌握，考核方式等进行评价。第三部分行为层评价，包括初始理解层与高阶行为层评价两个部分，评价学生对于所学知识是否能理解、做到融会贯通，同时能否将其上升到行为及运用到学习和生活实际之中。第四部分结果层评价，在我们的模型中又称之为应用层评价，通过评价学生应用所学知识解决实际问题的能力来保障完成高校思想政治教育工作质量评价的系统性与综合性。

反馈调整模型。高校思想政治教育工作质量评价过程是一个完整的、开放的系统模式，它不是封闭的、孤立的，即外界因素对其结果产生影

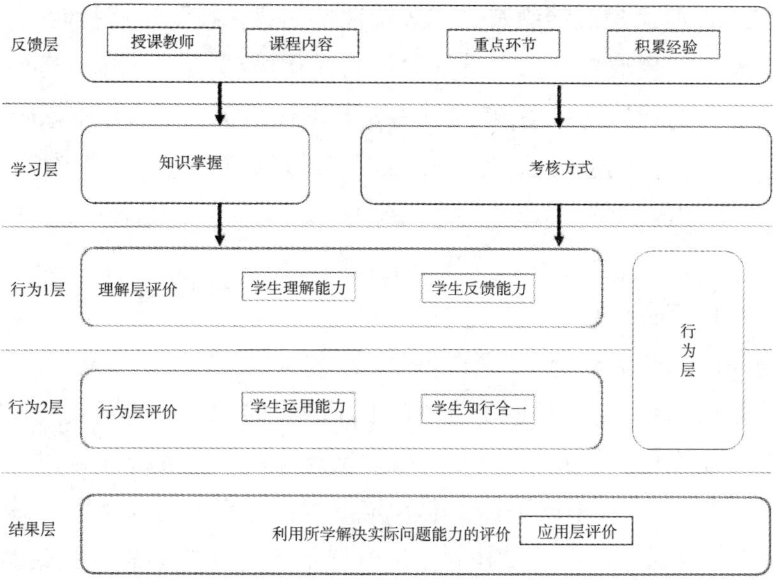

图 5-11　专项模型三：效果评价模型

响后，这个影响可以通过相关的反馈数据进行探析，并及时予以调整。在反馈调整模型下，通过分析外界影响因素并进行变量控制，可使外界影响朝着有利于高校思想政治教育工作过程最优化的方向发展。

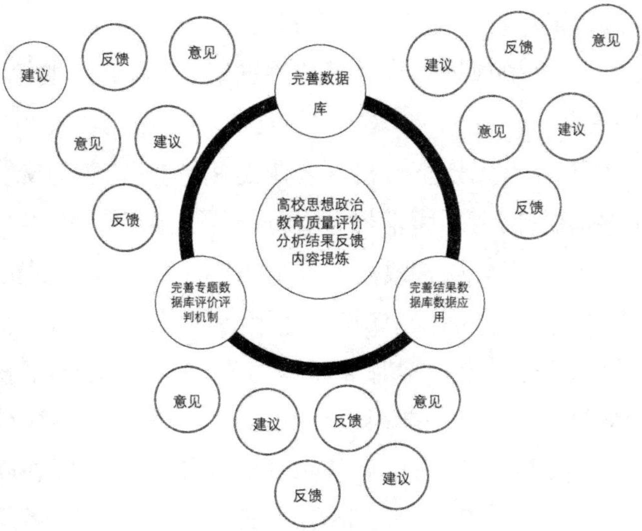

图 5-12　专项模型四：反馈调整模型

（三）高校思想政治教育工作质量评价的优化模型运行机制

高校思想政治教育工作质量评价的优化模型，是一种基于理论分析与工作实践的理想化状态，其运行需要有责任落实机制为根本保障，确保评价工作的有效推进；也需要有机协同机制为基本衔接，确保评价工作的有序进行；同时还须以科学发展机制为目标导向，确保评价工作的切实开展。

1. 责任落实机制

高校思想政治教育工作质量评价优化模型作为一个非静态、多要素组合的复杂系统，包括思想政治教育工作的目的、主体、环境、过程以及内容等多方面评价。因此，我们在进行数据计算以及相关统计时，要坚持责任落实机制，各个环节的数据汇总和定量测算都定责到人，设立校级相关工作人员专人专管。同时，由于优化模型不仅对高校的思想政治教育课程、实践活动等进行评价，也对各个环节的各要素进行评价，如课程设置目标的完成度、学生和用人单位的满意度以及社会需求的适应度等各方面，对高校思想政治教育工作质量进行综合评价，须把每一个质量指标考虑进去，来提升评价结果的科学性。因此，模型的整体运行将由学校党委相关领导总体把关，确保各部门数据科学、无误地整合在一起，实现思想政治教育工作质量评价优化模型顺利运行，科学掌握高校思想政治教育工作质量及水平，有效规划高校思想政治教育工作，更好地保障“立德树人”目标的实现。

从评价范围上看，责任落实机制要求运用该模型对高校思想政治教育工作进行整体评价，主要由学校教务处相关工作人员负责具体数据汇总及测算，内容涉及高校思想政治教育工作目标的设定、过程的实施及具体效果等，工作中要注重数据来源的整体性和全面性。从评价对象上看，责任落实机制要求运用该模型对主客体、主导者与载体分别进行评价，主要由学校党委学生工作部等部门工作人员负责，内容涵盖高校思想政治教育工作的主要参与者，工作中要注重评价结果完整的反映高校思想政治教育工作质量。从评价的内容上看，责任落实机制要求运用该模型对思政课程目标、过程，教育者与教育对象及其管理进行针对性评价，这部分工作由学校各院、部、系等基层一线工作人员共同负责，内容囊括高校思想政治教育工作一线所有构成部分，工作中要注重数据收集时的客观环境，确保数据具有科学性。

责任落实机制不仅有助于调动全校教职工对于高校思想政治教育工作的参与度和关注度，同时分人分责的分配完成思想政治教育工作质量评价，有助于将庞大的工作量做细做小，更好地确保评价指标客观、全面地体现高校思想政治教育工作概况，更加真实、立体地反映高校思想政治教育工作的质量与成效。

2. 有机协同机制

高校思想政治教育工作质量评价优化模型构建的目的之一是为思想政治教育的领导者和决策者提供信息反馈，以帮助他们做出正确的思想政治教育规划设计及发展决策，促进高校思想政治教育工作不断完善，更好发挥“立德树人”作用，提高学生的道德素养和综合能力，促进学生在走出校园，走进社会后能够树立良好的世界观、人生观、价值观，成为栋梁。因此，高校思想政治教育工作质量评价优化模型在运行过程中需要学校、学生、社会、用人单位等多个部门共同配合、相互支持，建立有机协同机制，更好实现信息共通、资源共享、利益共担，协同发展。

从评价对象上看，有机协同机制不仅要求高校思想政治教育工作的主导者——教师和学生工作一线教职工参与评价，同时还将对高校思想政治教育工作的主体——学生分阶段进行数据跟踪和评价。此外，有机协同机制要求运用该模型对学生毕业去向单位进行数据汇总和分析评价，通过对社会需求的适应度和用人单位满意度等数据结果的分析，完成综合评价，从侧面反映高校思想政治教育工作质量与成效。从评价属性上看，有机协同机制在运用模型对高校思想政治教育课程过程、实践活动过程等进行评价的同时，还对其完成效果进行评价。相较之前的评价模式，它更能全面地反映高校思想政治教育工作的总体质量。优化模型在数据收集后，聘请数据分级相关专家、学者或者专业结构利用软件分析数据，有助于提升评价数据的科学性。

3. 科学发展机制

高校思想政治教育工作质量评价优化模型是高校思想政治教育工作质量评价主体完成评价任务的重要基础和依据。它的设计是否科学、客观、可行,直接关系到质量评价工作进展及未来发展规划的实施。因此,高校思想政治教育工作质量评价优化模型的构建须经过精心的设计、考量,建立行之有效的科学发展机制。有学者指出,高校在构建思想政治教育工作质量评价模型或评价体系时应遵循“科学性、可测性、完备性、可行性原则”①。根据马克思主义关于矛盾的普遍性原理,我们认为高校思想政治教育工作质量评价优化模型的构建和运行,应遵循以下发展机制。

一是确保数据科学性。在选择评价的主要内容,确定评价指标和评价要点时,应遵循高校思想政治教育工作的客观规律。首先,评价的内容、评价指标和评价要点须与高校思想政治教育工作相关,体现高校思想政治教育工作构成要素。这需要评价参与人员深入分析高校思想政治教育工作,确定主次要因素,从而全面又有层次地反映高校思想政治教育工作。其次,选取的评价指标之间,即一级指标、二级指标及评价要点之间必须协调一致。一级指标是根据评价的内容分解出来的,它从不同的侧面反映高校思想政治教育工作,因此,它们之间应具有相容性,而非矛盾与冲突的关系。同时,一级指标之间、二级指标之间、评价要点之间必须是相互独立的。每个一级指标、每个二级指标、每个要点都应该有自己独特的意义,每个评价指标都要有明确的内涵和清晰的外延,确保评价指标不重复,不交叉。二是确保数据可测性。高校思想政治教育工作质量评价优化模型确定的评价要点应是可以用来指导建立评价标准的。优化模型要经过数据测量计算、量化统计运行后,在分析高校思想政治教育工作相关信息的基础上,按照一定的评价公式才能对高校思想政治教育工作质量做出科学评价。因此,相关数据资料,即评价要点应是具体可测的,各参与人员在收集数据过程中要确保数据来源的真实可靠并发现其内在规律。三是确保工作完备性。高校思想政治教育工作质量评价优化模型

① 侯光文:《教育评价概论》,河北教育出版社 1996 年版,第 125—126 页。

的结果要全面地反映高校思想政治教育工作的整体情况,不能偏废,不能遗漏。只有这样,才能准确的透射高校思想政治教育工作实际状况,否则将偏离方向,对实际工作产生不利影响。因此,在构建高校思想政治教育工作质量评价优化模型时应努力做到一级评价指标完备,二级评价指标简明,评价要点突出,评价方案可行。四是确保工作可行性。高校思想政治教育工作质量评价优化模型还应具有可行性。这要求在确定一级指标、二级指标和评价要点时,既不能数量过多,人为地把问题复杂化,也不能出于简便,大幅度减少其数量,造成评价内容与实况的脱节。因此,应基于实践需求进行设计与筛选,组建全面、有效的评价内容,从而建立可行性较强的高校思想政治教育工作质量评价优化模型。

第六章　高校思想政治教育工作质量评价过程管理

质量评价是高校思想政治教育的重要环节，也是加强和改进高校思想政治教育工作的有效方法与手段。高校思想政治教育质量评价涉及多个领域、部门和环节，客观上需要多方协同配合和多重政策的配套实施。因此，思想政治教育质量评价过程管理就成为制约高校思想政治教育质量评价的一个重要因素。

一、高校思想政治教育工作质量评价过程管理的内涵与原则

思想政治教育是人类社会实践活动的重要形式，它是由诸多要素和内容构成的有机统一体，思想政治教育工作质量评价过程管理就是其中的一个重要构成方面，在思想政治教育实践活动中具有重要地位。要使高校思想政治教育实践活动有序运行并取得高质量，科学有效的思想政治教育工作质量评价过程管理是必不可少的。只有运用现代管理学原理，遵循思想政治教育工作质量评价的基本规律，在科学总结历史经验教训的基础上，建立健全具有活力的科学质量评价过程管理制度，形成系统科学的管理内容、充满活力的管理组织体系、畅通的质量评价管理过程，才能调动一切思想政治教育资源，形成思想政治教育的整体“合力”，充分发挥思想政治教育功能，有效提升新时代高校思想政治教育工作质量。

（一）高校思想政治教育工作质量评价过程管理的内涵

人类社会产生以后，管理活动无处不在、无时不有。社会的所有事情都离不开管理。管理实践历史悠久，但管理学作为一门独立的学科却较年轻，管理就是“确切地知道你要别人去干什么，并使他用最好的方法去干”①。当前，国内学者比较一致的观点是，“管理是管理者通过一定的方式协调各种关系，有效使用和调整人力、物力、财力等管理资源，实现组织目标的过程”②。

高校思想政治教育工作质量评价过程管理，不只是思想政治教育工作过程的一个重要组成部分，它自身更是一个相对独立的过程。从过程角度看，高校思想政治教育工作质量评价过程管理，就是要根据这一过程管理各要素的特点及其相互作用，探讨其矛盾的特殊性和运动规律，从而为思想政治教育工作质量评价管理实践提供更为有效的指导。因此，探讨高校思想政治教育工作质量评价过程管理的内涵，是思想政治教育工作质量评价过程管理研究的基本前提。

理清高校思想政治教育工作质量评价过程管理的内涵，首先要搞清楚思想政治教育工作质量评价过程的内涵。高校思想政治教育工作质量评价过程，主要是从宏观上来评价思想政治教育工作质量高低的一种活动。一般而言，思想政治教育工作质量评价过程主要包括准备、实施和总结反馈三个环节。

因此，从思想政治教育工作质量评价过程和管理内涵的角度来看，我们认为，高校思想政治教育工作质量评价过程管理的内涵可以概括为，思想政治教育管理者为实现高校思想政治教育工作的战略目标，对思想政治教育工作质量评价过程的各种因素和环节进行协调创新的过程。

（二）高校思想政治教育工作质量评价过程管理的基本原则

如前所言，高校思想政治教育工作质量评价过程管理，是思想政治教

① ［美］泰罗：《科学管理原理》，胡龙昶译，中国社会科学出版社1984年版，第157页。

② 郑永廷主编：《思想政治教育学原理》，高等教育出版社2016年版，第343页。

育管理者为实现思想政治教育工作战略目标,对思想政治教育工作质量评价过程的各种因素和环节进行协调创新的过程。这一过程,必须遵循以下基本原则。

一是系统性原则。人类社会组织大都是由人、物和信息构成的系统。所有管理都是对系统的管理,没有系统,管理也就失去了存在的意义。所谓系统就是指由若干相互联系、相互作用的部分组成,在一定情境中具有特定功能的有机整体。换言之,系统是过程的复合体。人类社会中,所有事物基本上都是以系统的形式存在,所有事物都可以被看成一个系统。系统内各要素之间以及系统与外部环境之间都是相互依存、相互制约的。系统不是静止的,而是一个运动着的有机体,系统内部之间,系统与外部环境之间处于不断变化发展之中。高校思想政治教育工作质量评价是一项长期的系统工程,思想政治教育工作质量评价过程的长效运行是思想政治教育工作质量评价过程管理的重要目标。思想政治教育工作质量评价过程管理包括决策、组织、领导、控制和总结反馈等环节。高校思想政治教育工作质量评价过程管理是对思想政治教育工作质量评价过程中各个要素以及思想政治教育质量评价过程与外部环境之间进行有效协调的活动。因此,系统性原则在高校思想政治教育质量评价过程管理中起着统率作用。

二是以人为本的原则。人类社会一切科学技术的进步,物质财富的创造和社会生产力的发展,社会经济系统的运行,都离不开人。管理是为人服务的,现代管理的核心是促使人不断走向完善。只有管理者坚持以人为本的理念,才能使被管理者的人性得到充分的发展。在管理过程中,要尊重人,尊重人的种族、信仰、文化、爱好、兴趣等,才能真正调动被管理者的积极性和能动性,促进人的全面发展。高校思想政治教育工作质量评价是通过树立评价目标、制定科学的评价指标体系和标准、运用科学的评价方法等评估高校思想政治教育工作,满足党和国家事业发展需要和青年学生的发展需求状况的价值判断过程。高校思想政治教育工作质量评价过程管理是为了实现思想政治教育工作质量评价过程中各要素之间的协调运转,在不断提高思想政治教育工作质量的过程中,最大程度地满足广大青年一代全面发展的需求。青年学生全面发展及对美好生活的期待和需求是高校思想政治教育工作质量评价过程管理的终极目标。因此,高校思想政治教育工作质量评价过程管理,要求管理者必须秉持尊重人、依靠人、发展人、为了人的原则思维,在实践中不断满足学生全面发展及对美好生活的期待和需求。

三是责任到位的原则。管理追求的是效率和质量的过程。在这一过程中,要注意挖掘人的潜能,就必须要在合理分工的基础上明确规定相关部门和个人必须在完成工作任务中承担相应的责任。分工是生产力发展的必然结果。在合理分工的基础上确定每个人的职位,明确每个职位的责任,这就是职责。所以,职责是系统赋予要素的责任,是维护系统正常秩序的一种约束力。高校思想政治教育工作质量评价过程管理涉及管理的不同层次主体的决策、组织、领导和创新反馈等不同的权限、利益和能力的分配,这就需要高校思想政治教育工作质量评价过程管理能根据不同层次管理主体的权限、能力进行适当的职责分配,根据职责分配进行公正的奖惩,对作出成绩的管理者,予以肯定和奖励,对完不成自己职责的管理者进行适当的惩罚,从而使高校思想政治教育工作质量评价过程管理协调运转,不断提高思想政治教育工作质量评价过程管理的水平,为提高新时代思想政治教育工作质量做出应有的贡献。

四是适度的原则。良好的管理要求管理者在处理组织内部各种矛盾、协调各种关系时要把握好度的问题。坚持适度原则的原因在于组织管理面对的各种不确定性以及由此决定的管理活动的艺术性要求。适度原则的把握在很大程度上取决于管理者的综合素质。适度的管理可以减少管理层级,加快信息传递速度,提高组织高层决策的及时性,可以避免上级对下级工作的过多干预,从而有利于发挥下级在工作中的积极性和主动性。放任和过度管理,都不利于管理的正常运转。因此,管理活动既不能放任自流,也不能过度干预,必须在两个极端之间找到最恰当的点,进行适度管理,实现最优组合。高校思想政治教育工作质量评价是一个复杂的过程,它涉及不同要素和多个环节,它围绕着“思想政治教育质量

‘为什么而评’‘谁来评’‘评什么’‘如何评’等一系列问题而展开”①。这些问题虽然蕴含着丰富而深刻的规律性,但人的思想政治素质形成和发展的规律到目前为止,还没有被学界完全掌握,还存在很多不确定性因素,因而思想政治教育工作质量评价过程也面临很多不确定性因素。这些客观存在的不确定性因素,要求高校思想政治教育工作质量评价过程管理者需要艺术地运用科学的管理理论和方法,在错综复杂、矛盾对立的思想政治教育工作质量评价过程管理中作出适当的选择、落实适宜的举措。

二、高校思想政治教育工作质量评价过程管理遵循的特殊规律

辩证唯物主义认为,规律是事物之间内在的、固有的、本质的、必然的联系,它决定着事物发展的必然趋向。质量提升是高校思想政治教育工作质量评价过程管理的内在要求。提升思想政治教育工作质量是一项全方位的系统工程,遵循科学规律是基本前提。实践证明,只有遵循事物内在发展的规律,并自觉加以运用,才能保证较好的质量。新时代高校思想政治教育工作质量评价过程管理,除了要遵循管理活动的基本原则之外,还要遵循思想政治教育工作质量评价这一活动的特殊规律。

高校思想政治教育工作质量评价“除了要遵循思想政治工作规律、遵循教书育人的规律、遵循人的成长规律这些基本规律之外,还应重点把握人思想品德形成和发展规律,以及思想政治教育质量评价实施过程的规律”②。高校思想政治教育工作质量评价过程管理作为思想政治教育质量评价过程的重要组成部分,自然也应该遵循上述思想政治教育领域

① 冯刚:《思想政治教育工作质量评价的时代特征》,《思想教育研究》2018 年第 5 期。

② 冯刚:《思想政治教育工作质量评价的时代特征》,《思想教育研究》2018 年第 5 期。

的特殊规律。限于篇幅,我们在此重点阐述人的思想品德形成与发展规律及思想政治教育工作质量评价实施过程的规律。

(一)遵循人的思想品德形成与发展规律

广大青年学生是高校思想政治教育的重要对象,他们的思想品德状况是思想政治教育质量评价的重要内容。遵循人的思想品德形成和发展规律是进行思想政治教育工作质量评价过程管理的基本前提。遵循人的思想品德形成和发展规律可以为制定思想政治教育工作质量评价的指标体系、内容规范和方法选择运用提供科学的参考依据,因而人的思想品德形成和发展规律也是思想政治教育工作质量评价过程管理的重要遵循。

然而,目前学术界关于人的思想品德形成和发展规律的研究较少,研究成果有待积累。正如张耀灿所言:"思想政治教育学科从一开始就认为自己的研究对象是研究人们思想政治品德形成发展规律和对人们进行思想政治教育的规律。但在教材、科研中,基本还只是研究思想政治教育规律,仅仅在思想政治教育过程一章中用一节写人的思想品德结构和思想品德形成发展规律,分量太轻。"①学界在缺乏对人的思想品德形成与发展规律研究的前提下,所开展的思想政治教育实践活动的实效性不容乐观。"因为只有遵循人们的思想品德形成发展规律去开展教育才能取得实效,只有提高了每一个个体的思想政治品德素质,思想政治教育才算得到落实、才能达到目的。"②高校思想政治教育工作质量评价过程管理作为思想政治教育实践的重要组成部分,自然也离不开对人的思想品德形成与发展规律的探讨。

人的思想品德形成与发展规律的特殊性,给高校思想政治教育工作质量评价过程管理带来较大难题,这主要体现在以下几个方面。

第一,影响人的思想政治素质形成与发展因素的复杂性。人的思想

① 张耀灿:《对"思想政治教育原理"的重新审视》,《学校党建与思想教育》2011 年第 10 期。

② 张耀灿:《对"思想政治教育原理"的重新审视》,《学校党建与思想教育》2011 年第 10 期。

品德形成与发展不仅受教育者的思想政治教育活动的影响,而且受外部环境影响。一般说来,影响思想品德素质形成与发展的外部因素主要有:"社会的经济制度及其经济生活条件、政治制度及其社会的政治状况、社会文化及其文化活动;社区环境;受教育者出生和成长的家庭;受教育者接受教育的学校;受教育者从事工作的社会组织;各种非正式的交往环境,包括邻居、朋友、熟人等各种各样的非正式群体;现代大众传播媒介,包括报纸、杂志、书籍、广播、电视、电影、录音录像制品、网络等。"①上述因素,对人的思想品德形成与发展产生重要的影响,甚至会抵消部分思想政治教育工作的影响,换言之,人的思想品德素质形成与发展因素的复杂性,导致我们难以判断思想政治教育工作质量中,哪些是思想政治教育活动所产生的,哪些是外部环境所产生的,从而给思想政治教育工作质量评价过程管理带来较大的困难。

第二,人的思想政治素质形成与发展内在机制的特殊性。人的思想政治素质是主观因素和客观因素交互作用的产物。具体而言,人的思想政治素质是在客观外界条件的影响与主观内部因素相互作用的积极活动中,主体接受外界的各种刺激影响,通过主体自身的作用,逐渐形成和发展的。这一过程包括两个转化:"一是社会所要求的价值观念、政治观点、道德规范内化为受教育者的思想政治意识;二是受教育者的思想政治意识外化为相应的行为和行为习惯。"②人的思想政治素质的内化过程相对来说较为容易把握,但人的思想政治素质的外化过程,则较为复杂,且具有一定的滞后性。在我们短时间内难以观察受教育者相应思想政治素质的外化表现的背景下,我们如何去评价思想政治教育质量的高低呢?这种滞后性就为思想政治教育工作质量评价带来了较大的困难,也为高校思想政治教育质量评价过程管理带来了困难。

因此,高校思想政治教育质量评价过程管理必须要加强对人的思想

① 张耀灿、郑永廷、吴潜涛、骆郁廷等著:《现代思想政治教育学》,人民出版社2006年版,第332—333页。

② 张耀灿、郑永廷、吴潜涛、骆郁廷等著:《现代思想政治教育学》,人民出版社2006年版,第334页。

品德结构以及思想品德形成发展规律的研究。如果不全面了解、系统把握广大青年学生的思想品德结构，便可能导致高校思想政治教育工作质量评价在很多时候、很多方面出现不全面、不系统、不科学等问题，如评价指标体系建构缺乏可靠依据、有力支撑等。

（二）遵循高校思想政治教育工作质量评价实施过程规律

高校思想政治教育工作质量评价过程管理是一个涉及多部门的系统工程。在对思想政治教育工作质量评价过程管理实施的过程中，要自觉遵循思想政治教育工作质量评价过程中评价质量统一规律、社会评价与自我评价衔接规律、整体评价和局部评价结合规律、静态评价与动态评价相结合的规律。

第一，评价质量统一规律。由于人的思想品德素质形成与发展的特点，高校思想政治教育工作质量评价无法做到像自然科学那样完全量化。因此，只能坚持定性评价与定量评价相统一。所谓定性评价就是指通过对评价对象的整体及其性质进行分析、综合、鉴别和确认，以把握思想政治教育实践质量。这种评价侧重于质的方面；所谓定量评价就是指，运用数据的形式，通过对评价对象表现出来的一些量的关系的整理和分析，从数量上相对精确地反映评价对象的局部或整体面貌，以把握思想政治教育工作质量。它所关注的是评价对象的量的方面。在高校思想政治教育工作质量评价过程管理中，如果不能正确处理质、量两者之间的关系，往往导致思想政治教育主管部门无法充分了解思想政治教育工作实施的具体情况，无法有效进行横向与纵向比较，更难以进行有效的管理。实践证明，只有把定性与定量评价有机结合起来，才能使评价更加精确、具体、全面，从而更有说服力，为高校思想政治教育工作质量评价过程管理提供有效的信息。

第二，社会评价与自我评价衔接规律。“思想政治教育，归根结底是为了满足社会和人的发展需要。”①思想政治教育工作质量主要也体现在

---

① 郑永廷主编：《思想政治教育学原理》，高等教育出版社 2016 年版，第 5 页。

满足社会发展需求和个体发展需求两个方面。因此,高校思想政治教育工作质量评价过程管理,要以满足社会和高校师生发展的需求程度为依据,进行有效管理。“注重把社会评价和自我评价有机衔接起来。既通过国家各级教育主管部门、社会机构、社会群体对大学生思想政治教育状况进行客观评价,又通过高校各职能部门、院(系)开展自我评价。将两种评价方式有机衔接,既有效克服了社会评价忽视具体过程和缺乏长远效果的弊端,又能克服自我评价偏重主观性的不良倾向,从而提升评价的科学性和准确性。”①从而为高校思想政治教育工作质量评价过程管理,提供高质量的管理信息,提高管理质量。

第三,整体评价和局部评价结合规律。高校思想政治教育工作质量评价过程管理,既需要掌握思想政治教育工作质量评价过程的整体信息,也要掌握思想政治教育工作质量评价过程中的某一局部信息。“注重坚持整体评价和局部评价相结合,既可以掌握思想政治教育工作的总体状况,又可以对某一方面的情况了如指掌,加深对思想政治教育工作各个环节的认识,进而充分发挥思想政治教育的整体功能。既重视对某些阶段性、局部性工作的评价,更重视对整个高校思想政治教育工作系统、工作开展情况的总体分析,在局部分析与整体分析有机结合的基础上作出全面、准确的评价。”②在全面、系统掌握高校思想政治教育工作质量评价过程的基础上,提高管理的有效性。

第四,静态评价与动态评价相结合的规律。高校思想政治教育工作质量评价过程管理是一个动态的过程,思想政治教育工作质量不仅受到思想政治教育系统的影响,也受到思想政治教育领导部门决策和社会各种环境的影响。因此,“开展思想政治教育评价必须在动态中进行,即把评价对象及思想政治教育的实践活动放在整个思想政治教育工作的发展

① 冯刚:《思想政治教育工作质量评价的时代特征》,《思想教育研究》2018 年第 5 期。

② 冯刚:《思想政治教育工作质量评价的时代特征》,《思想教育研究》2018 年第 5 期。

过程中去评价”①。当然,思想政治教育工作质量评价在一定时期、一定范围内又是相对稳定的,且思想政治教育工作质量也是客观的,因此,不可忽视静态评价。“静态评价是对评价对象已达到的水平或已具备的条件进行判断,考察的是一种特定时空范围的现实状态。”②通过静态评价,可以明确评价对象是否达到了某种标准和目标,对评价对象的现状和实际工作质量做出客观的评价,从而为思想政治教育工作质量评价过程管理,奠定坚实的基础。静态评价是前提和基础,没有对现实情况的评价,就难以把握它的发展动态过程。但事物的静态是有条件的、相对的,运动是事物的根本属性,只有动态评价才能抓住事物的本质,得出正确的评价结果。因此,在高校思想政治教育工作质量评价过程管理中,只有把动态评价和静态评价有机结合起来,才能避免评价的随意性和人为性,实事求是地反映思想政治教育工作质量,为高校思想政治教育工作质量评价过程管理提供客观的信息依据。

三、高校思想政治教育工作质量评价过程管理的基本结构

高校思想政治教育工作质量评价过程管理是一个由决策、组织、领导、控制和总结反馈等环节所构成的实践活动。它们之间不是彼此孤立的,前一个环节影响和决定着后一个环节,后一个环节又可以为前一个环节提供信息和依据。因此可以说,它们是一个统一的系统,需要注意前后照应、相互衔接。

(一)高校思想政治教育工作质量评价过程管理的决策

有效的决策是思想政治教育工作质量评价过程管理的基础和起点,

① 王茂胜著:《思想政治教育评价论》,中国社会科学出版社 2006 年版,第 178 页。

② 王茂胜著:《思想政治教育评价论》,中国社会科学出版社 2006 年版,第 178 页。

也是思想政治教育工作质量评价过程管理得以顺利进行和卓有成效的前提条件。“决策是管理工作的本质。管理的各项职能——计划、组织、领导、控制和创新——都离不开决策。”①正确的决策就能抓住关键问题，明确高校思想政治教育工作质量评价过程管理的中心和重点，避免管理的盲目性。

1. 高校思想政治教育工作质量评价过程管理决策的内涵

管理的核心问题是决策。决策既是一种结果，又是一个过程，即决策过程。高校思想政治教育工作质量评价过程管理是一个动态的、开放的过程。思想政治教育工作质量评价过程管理的决策，关系到思想政治教育工作质量评价过程的方向，影响思想政治教育工作质量评价过程的质量，制约着思想政治教育工作质量评价过程管理的全过程。思想政治教育工作质量评价过程管理的决策担负着计划、部署、指挥的重任，一般是由各级思想政治教育领导部门、管理机构或者单位党委、行政首长负责。高校思想政治教育工作质量评价过程管理是一个多层次的工作系统，依据不同的层次划分管理者的不同管理权限与管理责任，思想政治教育工作质量评价过程管理决策可以分为三种不同的决策类型：战略性决策、管理性决策和工作性决策。思想政治教育工作质量评价过程管理的战略性决策是对设计思想政治教育工作质量评价过程的根本目标或长期目标、主要任务、战略规划的重大事项进行的决策活动，具有全局性、长期性和战略性的特点，一般由思想政治教育领导部门和高层管理机构、管理者承担。管理性决策是对某一地区、部门或大的单位投入到思想政治教育工作质量评价过程中的人力、资金、物质等资源进行合理配置、布局和调整的活动，具有局部性、中期性和技术性，一般由地区或部门的领导层和中层工作机构、管理者负责。工作性决策一般由基层工作单位和工作人员进行，是涉及思想政治教育工作质量评价过程的一般管理和处理日常质量评价工作、开展质量评价活动的具体决策活动，主要是形成短期性、日

① 周三多、陈传明等编著：《管理学——原理与方法》，复旦大学出版社2018年版，第141页。

常性和操作性的思想政治教育工作质量评价过程管理的工作计划和活动方案。

2. 高校思想政治教育工作质量评价过程管理决策的基本环节

思想政治教育工作质量评价过程管理决策是高校思想政治教育工作质量评价过程管理的准备阶段。准备充分,科学合理,就能抓住关键,提高高校思想政治教育工作质量评价过程管理的科学性和有效性,为后期的组织、领导、控制和反馈奠定基础。为了提高决策的水平,避免错误决策,思想政治教育管理者必须要按照决策的流程和科学化、合理化的要求进行决策。

(1)明确决策的目标

高校思想政治教育工作质量评价过程管理决策,首先要明确思想政治教育质量评价过程管理决策的目标。这是实施思想政治教育工作评价过程管理所期望达到的结果,也就是要解决“为什么管理”的问题,它决定着管理活动的全过程。决策的起点是确定目标。高校思想政治教育工作质量评价过程管理的目的是为了协调思想政治教育质量评价过程的各种要素,各部门充分发挥自己的有效性,最终为提高高校思想政治教育工作质量服务。

(2)诊断问题,收集信息

思想政治教育管理者通常要密切关注和收集与其责任范围有关的高校思想政治教育工作评价过程中的各类信息,包括思想政治教育工作质量评价过程的外部信息和内部信息。思想政治教育工作质量评价过程的实际状况和理想状况的偏差提醒高校思想政治教育管理者发现潜在的问题。发现问题并不是一件容易的事情,问题的发现既需要考虑思想政治教育工作质量评价过程中的复杂因素,又需要考虑管理者个人的管理经验等综合因素。因此,管理者必须特别要注意尽可能精确地评估问题。问题评估的精确性依靠思想政治教育工作质量评价过程信息的精确程度,所以在目标确定之后,必须要展开实地的调查研究,广泛收集信息,并加以整理和分析,为下一步拟定方案打好基础,做好准备。

(3)拟定和评估备选方案

制定评价方案是高校思想政治教育工作质量评价过程管理准备阶段最重要的一项工作,评价方案设计的合理与否,直接关系到思想政治教育质量评价过程以及管理的成败。为此,须尤为关注以下几方面:其一,阐述高校思想政治教育工作质量评估对象。根据思想政治教育工作质量评价目的来确定一定的评价行为是对高校思想政治教育工作质量的整体评价,还是对特定群体思想政治教育工作的质量评价,等等。只有确定好思想政治教育工作质量评价范围,才能更好地进行思想政治教育工作质量评价过程管理。其二,明确高校思想政治教育工作质量评价的意义。高校思想政治教育工作质量评价过程是一项系统工程,需要大量的人力、财力、物力的支持,更需要花费大量的时间和精力。因此,制定思想政治教育工作质量评价方案时,必须明晰思想政治教育工作质量评价的意义。与此同时,为了确保思想政治教育工作质量评价过程的顺利开展,还必须对评价过程中可能出现的问题进行分析,并提出明确的预期解决方案。其三,设计高校思想政治教育工作质量评价标准及其指标体系。在思想政治教育工作质量评价过程中,坚持什么样的理论来设定思想政治教育工作质量评价体系是关键,不同的理念,衍生出不同的思想政治教育工作质量评价标准和体系。针对思想政治教育质量提升,郑永廷提出:“价值认同论是思想政治教育质量提高的基础,整合论是关键,特色论是重点,博弈论是过程。”①思想政治教育工作质量评价指标体系的建构是思想政治教育工作质量评价过程的核心内容。

多种评价方案提出后,要以决策标准为依据,对所提出的可能方案进行仔细地分析和评价,并根据决策的时间等限制性条件对每个方案进行详细系统地筛选、权衡利弊,然后选择一个最佳方案,作为最终的决策方案。为了保证决策方案形成的科学性,在高校思想政治教育工作质量评

① 郑永廷:《大学生思想政治教育质量提升的理论研究》,《思想教育研究》2013 年第 6 期。

价过程管理的决策中，必须要贯彻民主集中制原则。一般问题决策，可由主管领导在职能部门提出的方案中进行比较，作出选择。重大问题的决策，则应将决策的依据、过程和可供选方案的利弊向有关会议汇报，由集体作出最后决策。对于一些涉及范围广、战略性的重大决策，还应组织和聘请相关专家参与调研和方案制定，或者对已经提出的方案进行分析评价，帮助思想政治教育领导管理部门进行有效决策。目前我国不少院校都设有思想政治教育领导小组性质的机构，在思想政治教育质量评价过程管理的决策中，要充分发挥这些机构的作用。因为这些机构的主要组成人员和各自所在的工作部门担负着一定的思想政治教育职责，在参与决策的过程中，可以更加清楚地认识和理解方案，明确自己部门在整个决策执行中的地位、作用和任务，增强对所作决策的认同感，有利于决策的执行和实施。

（二）高校思想政治教育工作质量评价过程管理的执行

决策的执行过程在高校思想政治教育工作质量评价过程管理中具有相当重要的作用。只有执行得力，思想政治教育工作质量评价过程管理的决策才能得到落实，思想政治教育工作质量评价过程管理才能顺利进行。决策方案在正式执行之前，需要做好各种必需的准备工作，如进行必要的宣传和动员，调整好决策执行的必要人力、资金和物质，协调好有关部门积极给予支持和配合，等等。对于一些重大决策的执行，还应制定出执行部门和人员的监督评估措施，确定责任部门和责任人。对执行决策的关键岗位、关键人员和决策执行的关键阶段、关键环节，要加强指导、监督和评估，根据需要对决策执行的情况及时进行调控，保证工作系统内部执行决策方案的及时性、协调性和有效性。因此，我们认为，高校思想政治教育工作质量评价过程管理的执行阶段，主要包括以下几个环节：组织、实施、领导等。

1. 高校思想政治教育工作质量评价过程管理的组织

合理的组织设计必然会提高管理人员成功的机会。哈罗德·孔茨说过："为了使人们能为实现目标而有效地工作，就必须设计和维持一种职务结构,这就是组织管理职能的目的。”①组织设计的实质是对管理人员的管理劳动进行的分工。组织设计的根本目的是为了保证组织目标的实现,是使目标活动的内容落实到具体的岗位和部门。组织设计受到环境、技术、战略、等因素的影响。但任何组织在进行机构和结构的设计时,都必须遵守一些基本原则。其一,因事设职与因人设职相结合的原则。组织设计是使目标活动的每项内容都落实到具体的岗位和部门,即“事事有人做”。因此,在组织设计中,要求首先考虑工作的特点和需要,要求因事设职,组织设计过程中必须考虑人的因素。做到根据职位、岗位需求与人的能力相统一,做到人尽其才。其二,权责对等的原则。组织中每个部门都必须完成规定的工作。为了保证“事事有人做”“事事能做好”,不仅要明确各个部门的任务和指责,而且在组织设计中,还要规定好相应的取得和利用人力、财力、物力以及信息等工作条件的权力。没有明确的权力,或权力的应用范围小于工作的要求,都可能导致责任无法履行,任务难以完成。当然,对等的职责也意味着赋予的权力不能超出部门的工作范围。权力大于工作要求,虽然有时能够保障本部门工作的完成,但还有可能出现不负责任的权力滥用,影响其他部门工作,最终危及整个指系统的良性运行。其三,命令统一的原则。组织是一个系统,各个部门之间、上下级之间,都需要协调运行。这就需要一个统一的领导和指示,不能出现令从多出,无所适从的现象。在组织系统中,除了组织系统的最高行政指令外,组织中的所有其他成员在工作中都会收到来自上级行政部门或负责人的命令,根据上级的指令开展工作。但是一个下属如果同时接受两个上级的指导,而且这些上级的指示未必总是保持一致,就会造成下级工作的混乱。如果多个上级指示相互矛盾,下属便会感到无所适从,结果可能会导致相关部门工作难以有效完成,从而影响整个工作的完成。

高校思想政治教育工作质量评价过程管理的组织主要是根据思想政治教育工作质量评价过程管理的决策,进行思想动员、专家遴选培训等环

---

① 转引自周三多、陈传明等编著:《管理学——原理与方法》,复旦大学出版社 2018 年版,第 193 页。

节,合理地分工,明确权责,为思想政治教育工作质量评价过程良性运行打好基础。

第一,思想动员。在开展高校思想政治教育工作质量评价过程之前,要组织所有参与思想政治教育工作质量评价的人员的思想动员。这是思想政治教育工作质量评价过程管理不可或缺的一环。对思想政治教育工作质量评价者的思想动员,就是要使评价者进一步端正指导思想,全面了解思想政治教育工作质量评价的意义,积极主动地投入到思想政治教育工作质量评价过程中。此外,还要对思想政治教育工作质量的评价对象等相关人员进行充分地思想动员,让他们正确认识思想政治教育工作质量评价的必要性,使他们以正确的态度、健康的心态,积极参与到思想政治教育工作质量评价过程中来,主动配合思想政治教育工作质量评价主体,共同完成思想政治教育工作质量评价任务。思想动员的主要内容就是要讲清楚思想政治教育工作质量评价的目的意义以及有关政策;强调实事求是、一切从实际出发的原则;强调自觉遵守思想政治教育工作质量评价过程细则和相关纪律要求,增强责任感;等等。

第二,专家遴选与培训。高校思想政治教育工作质量评价主体是处于思想政治教育工作质量评价关系中相对思想政治教育工作质量评价客体而存在的现实的人,简言之,就是有目的、有意识地从事思想政治教育工作质量评价活动的现实的人,既包括个体,也包括一定的社会群体。专家遴选需要根据思想政治教育工作质量评价过程的需要以及专家的知识结构来决定。思想政治教育工作质量评价是一个复杂的工程,涉及众多学科知识,心理学、社会学、政治学、教育学、行为学等,因此,在专家遴选过程中,就要考虑到不同学科背景的专家学者,组成一个思想政治教育工作质量评价专家库,围绕思想政治教育工作质量评价过程方案来进行选择。遴选出专家之后,要对他们进行思想政治教育工作质量评价培训,主要是对评价者进行思想政治教育工作质量评价理论与方法的专业培训,包括系统了解思想政治教育工作质量评价方案,尤其是要掌握按照思想政治教育工作质量评价方案收集质量评价过程中的信息、处理评价信息的基本方法与技术。由于思想政治教育学科成立比较晚,思想政治教育工作质量评价涉及面又较为广泛,目前我国思想政治教育工作质量评价的理论研究还处于起步阶段,因而,高校思想政治教育工作质量评价的难度较大,思想政治教育工作质量评价专业人员也屈指可数。在这种情况下,要开展高校思想政治教育工作质量评价过程管理,组织评价者进行专业的理论培训就显得尤为必要。

2. 高校思想政治教育工作质量评价过程管理的具体实施

在遴选培训专家的基础上,即可按照高校思想政治教育工作质量评价过程管理方案,具体展开实施的过程。思想政治教育工作质量评价过程管理的具体实施,是高校思想政治教育工作质量评价过程管理的关键环节,其主要内容为高校思想政治教育工作质量评价过程管理者依据高校思想政治教育工作质量评价过程管理方案,运用多种方法采集评价信息以建立高校思想政治教育工作质量评价过程中的事实判断、处理高校思想政治教育工作质量评价过程信息以形成价值判断,为协调高校思想政治教育工作质量评价过程中的人员搭配、资源分配等管理提供依据。

(1)采集高校思想政治教育工作质量评价过程中的信息以建立事实判断

高校思想政治教育工作质量评价过程管理的有效性,取决于管理者是否掌握思想政治教育工作质量评价过程中的有效信息。因此,收集思想政治教育工作质量评价过程的有效信息,是有效管理的前提。从信息源看,主要来自质量评价主体和质量评价客体。由于质量评价主体的信息主要体现在评价主体所制定的质量评价标准及其指标体系中,因而,这里说的信息采集主要是采集质量评价客体,即思想政治教育工作质量的体现者、承担者的相关信息。采集信息的方法则主要依据信息的存在状态、性质以及评价的要求来具体确定,经常使用的信息采集的方法有以下几种:

观察。观察法是高校思想政治教育工作质量评价专家在进入被评价的相关单位之后,有目的、有计划地对质量评价对象进行系统、深入地观察以收集思想政治教育工作质量评价管理过程信息的一种方法。观察法是思想政治教育工作质量评价过程中获取信息的重要方法,是收集思想政治教育工作质量评价过程中个体思想动态、行为表现以及群体状态信息的重要途径，特别是评价人的思想政治素质高低中，观察法具有重要作用，它是获取第一手资料的重要途径。

访谈。访谈法是指高校思想政治教育工作质量评价过程管理者通过有目的、有计划地与承载所需评价信息的人进行交谈来收集评价信息的一种方法。访谈法的最大特点是访谈双方交流，是在双方互动、信息双向交流过程中获得评价信息，因而往往能够获得广泛、深层、丰富的评价信息。与观察法的信息单向获得不同，访谈法是处于信息双向交流的状态，对于交谈的问题可以解释、说明，还可以讨论、强调、重复等，评价者可以按照评价目的和要求，根据访谈的氛围、对象情绪表现以及心理变化等情况，有意识地引导、提示、追问，从而最大限度地获取所需信息。思想政治教育工作质量评价中运用访谈法采集信息具有许多优越性，主要表现为灵活性强，信息反馈及时，能够根据不同的情况随时做适当处理，以保证访谈获取尽可能多的信息。当然，访谈法也有它的局限性，主要表现为三个方面：一是由于在访谈过程中双方相互影响较突出，如果把握不好容易出现负面效应，特别是访谈者自身素质的影响更为显著，其能力、知识、价值观等都会直接影响访谈效果，因此对访谈者有较高的要求；二是访谈获取的信息进行整理和分析时难度相对较大，尤其是不便于统计使用；三是有些问题，特别是比较敏感的问题被访人员不愿直接回答，这时不宜运用访谈法的形式，否则会出现障碍或得不到真实的信息。

问卷调查。问卷调查法是社会学研究中用于搜集资料的最常用的方法之一，也是思想政治教育工作质量评价中收集信息时，可以借用的又一重要方法。“问卷调查法是向研究对象系统询问社会背景、态度和行为，以发现社会现象和过程的原因或影响因素。”①在高校思想政治教育工作质量评价过程中，问卷调查法就是思想政治教育工作质量评价者通过书面形式向被调查者提出经过精心设计的问题，从被调查者的回答来获取质量评价信息的方法。因为它是通过书面形式进行调查的，因而具有自

① 郑航生主编：《社会学概论新修》，中国人民大学出版社2013年版，第88页。

身的诸多鲜明的特点和其他方法不能替代的作用。问卷调查法的基本步骤,包括确定调查总体、选择抽样方案、设计调查问卷、实施调查、汇总和录入数据、分析数据等。运用问卷调查法收集思想政治教育工作质量评价信息有诸多优点,主要表现在它能突破时空限制,在广阔的范围内对众多调查对象同时进行调查;匿名性强,这有利于调查那些不宜当面询问的敏感问题、尖锐问题、隐私问题;可以避免访谈偏见,排除人际交往中的各种干扰;便于定量处理和分析;节省时间、人力、物力。当然问卷调查法也有局限性,主要是问卷调查法只能获得书面的评价信息,不能了解到生动、具体的评价信息。问卷调查法中封闭式问题统一设计的答案对回答要求也过于呆板,难以适应瞬息万变的实际情况,也难以细致表达问卷对象的具体想法和意见。它受回收率和有效率的困扰较大,有时因为没能领会问题的含义,有时是受时间以及其他因素的干扰所致,在适用范围上,鉴于理解水平的原因,并不是适合所有评价对象。

文献档案。文献档案法是通过查阅评价对象的相关文献、档案资料,以获取质量评价信息的方法。这是思想政治教育工作质量评价中最普遍常用的方法。思想政治教育工作质量评价者到被评价者的单位主动向相关部门或职能部门调取。与思想政治教育工作质量评价相关的文献档案包括:一是思想政治教育活动开展情况档案,如思想政治教育活动计划和总结、工作日记、会议记录、专题报告、大事记等。二是思想政治教育工作制度建设档案,如思想政治教育文件通知、思想政治教育的相关规定、奖惩条例等。三是思想政治教育工作质量档案,如思想政治教育的各类获奖证书、社会反响材料、媒体报道材料、各种表彰和事迹宣传材料等。此外,还包括思想政治教育的各类相关统计报表、活动图片、数据光盘等。文献档案法的优点是评价者可以不直接接触评价对象,而对其历史、现状有一个基本的了解,同时还可以节省时间和经费。不足是某些"档案"有可能存在造假,从而使得信息出现失真,影响思想政治教育质量评价效果。

(2)处理高校思想政治教育工作质量评价信息以形成价值判断

通过上述方法,我们获取高校思想政治教育工作质量评价过程的大量信息，这些信息较为零乱、分散，各类数据的分布特点、规律以及数据之间的关系都需要进一步的整理和分类。因此，需要我们对数据和信息进行分类整理，把原始信息加工整理成为质量评价管理所需要的信息。所以，处理质量评价信息形成价值判断包括两个方面的内容：一是对质量评价信息进行整理、统计、分析；二是运用评价标准对该信息进行价值判断从而得出评价结论，为过程管理提供依据。思想政治教育工作质量评价信息分为文字信息和数据信息两类，不同信息的整理分析，方法不同。文字信息的意义在于它是提高思想政治教育工作质量评价信息和使用价值的必要步骤、是研究思想政治教育工作质量评价信息的重要基础，也是保存思想政治教育工作质量评价信息的客观要求。文字信息的整理应遵循真实性、准确性、完整性、统一性、简明性和新颖性的原则。文字信息的整理包括两方面工作：一是审查。仔细研究和推敲考察文字信息是否真实有效，主要解决文字信息的真实性和有效性问题。首先是进行真实性审查，通过研究和考察判断所获取的文献资料、观察和访问记录等文字信息本身的真假，包括外观审查和内含审查。其次是进行可靠性审查，通过细究和考察判断文字资料的内容是否真实地反映了评价对象思想政治素质的客观情况。一般是根据以往的实践经验和逻辑推理以及资料来源来检验和判断。最后是进行有效性审查，审查文字信息是否符合评价目的和标准的要求。二是分类。根据文字信息的性质、内容或特点，将信息进行区别分类。它是在信息审查的基础上进行的。信息分类是否正确，取决于分类标准是否科学。分类方法不同，同一个材料可以得出不同的结论。因此，科学的分类，才能得出正确的结论。评价信息中的数字信息的整理也包括两个方面的工作：首先，核验。即检查、验证各种数字信息是否完整和正确。具体过程是先进行完整性检验，即检查应该搜集信息的单位和每个单位应该填好的表格是否齐全，检查每张表格的答数是否完整等。在此基础上进行正确性检验，就是看信息的内容是否符合实际和计算是否正确。这主要是通过经验判断、逻辑检验和计算审查。其次，分组。这主要包括根据数字信息的特征如质量、数量、空间、时间等选择分组标志和确定分组界限，这是对信息进一步统计分析的前提。

在对评价信息进行整理的基础上,还需要对评价信息进行统计分析。也就是运用统计学原理对所获取的评价信息进行定量研究、判断和推断,以提示事物内部数量关系及其变化规律。统计分析主要分为两种:集中趋势分析。经常使用的包括:①平均数:一组观测值的平均数等于所有观察值的和除以观测值的个数;②中位数:依据一定的顺序排列的一组观测值中间的数据;③众数:一组观测值中出现次数最多的那个数据。离中趋势分析。经常使用的包括:①全距:一组数据中最大值与最小值之间的差。②标准差:各观测值与其算术平均数的离差的平方和的算术平均数的平方根。③四分位差:是相对于中位数的平均离散程度的离中量数。④异众比率:是相对于众数的平均离散程度的离中量数。根据需要,还可以计算离散系数、标准分数以及多变量间的相关分析与回归分析等。这些方法在统计学的书籍中有专门的论述,在此不再赘述。

评价信息经过整理分析后,评价人员再据此对照评价标准体系逐项作出定性和定量评价,最后按照具体的评价目的和要求,做出综合评价。基本方法如下:

直接简单求和。当评价标准指标体系各指标已计算权数赋值时,综合评价结果即为各指标得分简单求和。视具体的评价目的和要求,综合评价结论可以是分数,也可以依据此分数进行定性描述,或者两者结合。一般而言,综合评价时评价人员总是由多人组成,可以采取以下三种方式:一是在"简单求和"的基础上对所有评委的结果直接计算算术平均数;二是去掉最高分和最低分计算算术平均数;三是按评委组成情况(如专家、群众、评价对象)配置权重后计算加权算术平均数。为了能对评价对象的每一要素或每一具体方面做出评价,上述三种方式一般在对末级指标结果进行整合时施行。

等级分数加权求和。当评价指标体系各级指标配置权重,末级指标标度为模糊等级并赋分,综合评价结果为等级分数加权求和。视具体的评价目的和要求,综合评价结论可以是分数,也可以将分数转换成相应等级进行定性描述,或者两者结合。

模糊等级计数。当评价标准指标体系末级指标以观测点形式(定性描述为主、部分指标计量）、标度以模糊等级形式时，综合评价结果为模糊等级计数，对照评价方案设计的标准得出最终评价结论。根据评价目的和要求，最终评价结论等级可展开转换成定性描述。

模糊综合评判。高校思想政治教育工作质量评价往往是综合性的、涉及的评价内容项目多、参与评价的人员多，因此，无论是评价信息的前期处理，还是最后得出评价结论，一般还要借助于模糊数学的方法，也就是模糊综合评判法。美国著名控制论专家孔德所创立的模糊集合理论认为，任何事物在形态和类属上都既具有界限的分明性又具有界限的不分明性，既是确定的又是不确定的，任何事物都是精确性与模糊性的统一。思想政治教育工作质量评价中的许多现象尤其如此。模糊集合理论认为，企图主观地用精确的东西（如数据）去描述复杂的事物，常常是徒劳的。而且，往往会因为偏离事物本身而导致真正的模糊。那么，如何使思想政治教育工作这么复杂的事物得到较为科学的评价呢？引入隶属度的概念，应用模糊数学方法，对这些信息进行综合处理就是一种较好的方法。

当然，思想政治教育工作质量评价的方法还有很多，这要根据具体的质量评价目的而定。在高校思想政治教育工作质量评价实践中，根据质量评价的具体目的和要求，有时可以根据具体情况规定评价对象的核心指标达合格以上或总评为优秀的比率。具体表达质量评价结果时，有时用等级，有时用分数，有时用评语，通常是把几种方式结合起来用。由于思想政治教育工作质量评价的特殊性，对于思想政治教育工作质量评价出现重大责任事故，或思想品德方面出现重大政治原则问题，有时还要根据需要予以实行一票否决，即无限扩大相关评价指标的权重。对于这种情况，就不宜按上述方法进行计算。否则，将有悖于思想政治教育工作质量评价的初衷，偏离评价的目的。

（三）高校思想政治教育工作质量评价过程管理的领导

思想政治教育工作质量评价过程管理的领导，也是高校思想政治教育工作质量评价管理过程中不可忽视的一个环节。我们认为，所谓领导，就是指挥、带领、引导和鼓励下属为实现目标而努力的过程。因此,所谓思想政治教育质量评价过程管理的领导就是指在思想政治教育质量评价过程管理中,指挥、带领、引导和鼓励各级思想政治教育质量评价者为实现思想政治教育质量评价目标而努力的过程。领导方式的基本类型可以分为:专权型领导、民主型领导和放任型领导。领导方式的这三种基本类型各具特色,也各应用于不同的环节与情景。高校思想政治教育工作质量评价过程管理的领导者要根据不同的管理层次,所担负的工作性质以及下属的特点,在不同的时空处理不同的问题时,针对具体实践要求选择合适的领导方式。

从一定程度上来说,领导者的工作效率和效果取决于他们的领导艺术,对于高校思想政治教育工作质量评价过程管理而言尤为如此。领导艺术是一门博大精深的学问,内涵极为丰富。概括而言,其内涵主要包括以下几个方面。

其一,做好本职工作。领导者在工作中有条不紊即是一种艺术。一般而言,领导者的本职工作包括决策、用人、指挥、协调和激励。具体到高校思想政治教育工作质量评价过程管理来说,高校思想政治教育工作质量评价过程管理的领导者应着力实现思想政治教育工作质量评价的科学决策,思想政治教育工作质量评价队伍的合理调配,思想政治教育工作质量评价过程各环节的协调整合及思想政治教育工作质量评价过程各要素的激发激励。

其二,善于倾听意见。离开人与人之间的有效沟通,即难以形成高效的领导。领导者在行使指挥和协调职能时,须把自己的想法、感受和决策等信息及时清晰地传递给下级,才能推动其更好地理解、把握决策、命令的背景、内涵与价值,奠定上令下行的坚实基础。同时,领导者应善于倾听意见,关心、回应下级关切,促进上下级关系的良性互动。高校思想政治教育工作是以高校师生为主要工作对象的一项工作,高校思想政治教育工作质量评价又是关涉多种要素的能动性凸显的评价活动,因此,对高校思想政治教育工作质量评价过程管理的领导者而言,上下级间的双向互动尤为重要。唯有如此,才能推动高校思想政治教育工作质量评价更为科学、有效地开展。

其三，争取信任与合作。领导者具有一定的领导权，但其工作的有效开展不能仅依靠权力行事，还须取得他人的信任，在此基础上形成合作型关系。此时，领导者与他人间的关系是一种真诚合作的同事关系。下属部门及组成人员的信任与合作是领导者高效开展工作的重要保障。为塑造这种以信任为基础的良性合作关系，领导者应平易近人、信任他人、关心他人并一视同仁。就高校思想政治教育工作质量评价过程管理而言，高校思想政治教育工作质量评价过程管理的领导者应立足于“立德树人”根本任务，协调好思想政治教育工作质量评价各部门及人员的互动关系，为思想政治教育工作质量评价的顺利展开创设良好氛围。

其四，合理调配时间。任何事情均在一定的时间维度内生成与发展，时间即生命从来不是一句空谈。一般而言，领导者处于特定工作链条中的关键位置，其时间调配艺术对工作的顺利、有效开展具有重要意义。因此，合理、充分地利用时间的能力是领导者素养构成的重要组成部分。如前所言，高校思想政治教育工作质量评价是一项关涉诸多要素的系统工程，高效利用时间是持续推进这一系统工程的保障。因此，高校思想政治教育工作质量评价过程管理的领导者应具有合理调配、充分利用时间的素养能力，推动高校思想政治教育工作质量评价沿着更加有序、高效的轨道行进。

（四）高校思想政治教育工作质量评价过程管理的总结反馈

总结反馈环节的任务是对高校思想政治教育工作质量评价管理的决策和具体执行情况作出评价，总结成绩，找出差距，发现问题，为思想政治教育工作质量评价过程管理的协调、领导以及以后的决策提供客观依据。总结反馈环节在高校思想政治教育工作质量评价管理过程中具有承上启下的作用，既关系到前一个决策方案执行效果的评价、经验教训总结，又关系到下一轮决策所要针对的问题与目标的确定，其信息对下一个决策的形成、执行与总结反馈有重要意义。因此，完善高校思想政治教育工作质量评价过程管理的总结反馈环节，健全高校思想政治教育工作质量评价过程管理信息反馈系统,有利于不断改进高校思想政治教育工作质量评价督导机制,对不断提高思想政治教育工作质量评价过程管理水平,使其从经验型管理逐步过渡到科学型管理具有非常重要的意义。

1. 对高校思想政治教育工作质量评价的再评价

思想政治教育工作质量评价过程管理的总结反馈,是高校思想政治教育工作质量评价过程管理的一个重要环节,它直接关系到高校思想政治教育工作质量评价过程管理决策方案是否得以落实。对思想政治教育工作质量评价过程管理的这种评价的再评价一般包括以下内容:(1)对高校思想政治教育工作质量评价体系的指标体系的评价。在思想政治教育工作质量评价实践的基础上,对思想政治教育工作质量评价的指标体系进行二次评价。如指标体系中的各项指标是否符合完备性等要求,各指标的权重配置是否反映了高校思想政治教育工作的客观实际与政策导向等要求。(2)对高校思想政治教育工作质量评价过程的再评价。即对高校思想政治教育工作质量评价过程进行二次评价。此次被评价对象主要集中于高校思想政治教育工作质量评价过程的各构成因子,如搜集的评价信息的全面性、准确性和真实性,以及信息分类整理的准确性与合理性和运用评价方法与计算程序的正确性等。(3)对高校思想政治教育工作质量评价结果的再评价。即以宏观思维和底线思维对已获得的高校思想政治教育工作质量评价结果进行二次评价。高校思想政治教育工作质量评价不可逾越的底线是高校思想政治教育工作质量评价结论与高校思想政治教育工作客观实践相符。对其评价结果的再评价即是从整体上对高校思想政治教育工作质量评价结论是否反映高校思想政治教育工作客观现实及在何种程度上反映这一客观现实进行判断,并据此反观高校思想政治教育工作质量评价环节,完善高校思想政治教育工作质量评价过程。

2. 反馈高校思想政治教育工作质量评价结论

为充分发挥高校思想政治教育工作质量评价的作用,质量评价活动结束后,还应采取一定的形式将思想政治教育工作质量评价结论及时反馈给高校思想政治教育工作有关职能部门和相关人员。(1)向高校思想政治教育工作的相关职能部门汇报评价结果，为其进行思想政治教育工作质量评价过程管理的决策提供依据，提高决策的科学性。(2)在一定范围内向同行公布各院校思想政治教育工作质量评价结果，推动不同院校及部门间的横向比较，促进行业间的相互学习与借鉴。(3)向评价对象或被评价部门反馈思想政治教育工作质量评价结果，必要时要对有些结论作出解释，并向其提出今后改进的建议，引导、激励评价对象不断改进、完善自己的工作，或主动加强自我修养，提高自身思想政治素质与能力素质，推动高校思想政治教育工作的不断完善。

3. 撰写高校思想政治教育工作质量评价报告

撰写高校思想政治教育工作质量评价报告，是指以书面的形式报告高校思想政治教育工作质量评价的过程及其结果。评价报告形式具有多样性，依据不同的分类标准可划分为不同类型。如按照评价主体的区别，可分为自我评价报告和他人评价报告；按照评价对象和内容，可分为综合评价报告和单项评价报告或专题评价报告；等等。高校思想政治教育工作质量评价过程管理报告的主要内容一般包括评价的时间、评价结构和人员、评价的实施步骤与基本方法、评价的结果与最后的评价结论等。需要指出的是，重视思想政治教育工作质量评价过程管理的总结与评价过程管理报告的撰写，是促进高校思想政治教育工作质量评价过程管理科学化、制度化的重要条件。

概言之，高校思想政治教育工作质量评价过程管理是一项系统工程，涉及不同的部门，需综合运用系统理论，才可能协调好，管理好。新时代高校思想政治教育工作质量评价已置身于新的历史方位中，如何在新的时代背景下做好此项工作，已成为新时代高校思想政治教育工作领域的前沿课题，迫切需要我们做出合理、科学的回应。

第七章　高校思想政治教育工作质量评价的主客体

思想政治教育工作质量评价是依据一定的评价标准,用定性与定量相结合的科学方法,对思想政治教育工作的过程及其结果进行价值判断的活动。而思想政治教育工作质量评价主体与思想政治教育工作质量评价客体是构成思想政治教育工作质量评价活动的两个基本要素,两者之间的关系是思想政治教育工作质量评价活动中最基本的关系。研究思想政治教育工作质量评价主体与思想政治教育工作质量评价客体及其相互关系,对于正确协调两者之间的关系,充分发挥思想政治教育工作质量评价主体的主导作用和思想政治教育工作质量评价客体的能动作用,具有重要意义。

一、思想政治教育工作质量评价的主客体概念界定

研究思想政治教育工作质量评价的主体与客体,首先要明晰思想政治教育工作质量评价主体与客体的不同内涵、外延及二者的相互关系、互动方式,以在此基础上进一步分析构成高校思想政治教育工作质量评价的主体、客体及其相互关系,为发挥评价主客体在评价实践中的重要作用奠定基础。

(一)思想政治教育工作质量评价主体

思想政治教育工作质量评价主体主要解决的是“谁来评价”的问题。马克思主义认识论认为,所谓主体,就是自觉地、能动地从事评价活动的

人，这一点是为学界所共同认可的。从现有研究现状来看，学界对思想政治教育工作质量评价主体的争议，不在于是否应该把人作为评价主体，而在于如何确定能为社会所广泛接受的、可信度较高的评价主体。目前，学界对这一问题的讨论集中表现在对思想政治教育评价主体、思想政治工作评价主体、高校思想政治教育评价主体等概念的界定上。比如，王茂胜认为："思想政治教育评价主体，是处于思想政治教育评价关系中相对思想政治教育评价客体而存在的现实的人（包括各种人的集和）。简单地说，就是指有目的、有意识地从事思想政治教育评价活动的现实的人。"①董平等人认为思想政治教育评价的主体主要包括教育者、管理者、服务者、传播者、接受者，②不过对于这些概念的具体含义，并未作进一步的分析。罗剑明等人分析了思想政治工作评价的主体，他们认为思想政治工作评价主体应分为三种类型：一是社会大众，二是思想政治工作对象，三是思想政治工作者。程伟等人认为，思想政治工作的评价主体主要包括个人（指专家、学者、权威人物和其他人群中的任何个体）、群体（指由专业工作者所组成的评价群体或者由专家、学者等权威人物所组成的评价群体）、组织（指具有评价功能的能进行人的有序活动的整体）。③ 骆郁廷分析了高校思想政治教育评价主体，他认为高校思想政治教育评价主体应该包括管理主体（主要指教育主管部门的有关领导、专家、课程理论工作者以及专业化、专门化的课程评估中心人员等）、教育主体（指课程教学的实施者—教师）、学习主体（指受教育者—学生）、用人主体（主要指学生用人单位）。④ 也有人认为，由于高校思想政治教育评估是校内与校外、课内与课外、自评与他评的结合，所以应用分层的方法确定思想政治教育评估的主体，"首先，教育主管部门评估高校思想政治教育工作。

---

① 王茂胜著：《思想政治教育评价论》，中国社会科学出版社 2006 年版，第 84 页。

② 董平、丛晓波：《思想政治教育价值生产评价模式的建构理路》，《思想教育研究》2016 年第 7 期。

③ 程伟、于仰涛：《思想政治工作评价研究方法论》，《理论月刊》2006 年第 9 期。

④ 骆郁廷、丁雪琴：《论高校思想政治理论课程评价的主体》，《思想理论教育》2007 年第 7 期。

接着,高校的相关管理部门评估教师的思想政治教育工作,而教师和管理人员评估学生的思想政治教育素质的客观状况"①。可以看出,上述对思想政治教育工作质量评价主体的界定虽都有其合理之处,但从理论上讲,这些界定并没有全面地、准确地揭示思想政治教育工作质量评价主体的本质,因而必定存在这样或那样的不足之处。这些不足表现为:一是这些概念表述都只抓住了概念的某一个方面,或是从某单一视角对其进行解读,而不是以联系的、全面的、系统的观点去研究。二是这些概念表述普遍存在抽象化过度或具体化过度的问题,而没有用理论与实际相结合的方法既在理论上科学阐释概念的内涵,又在实际上具体表述概念的外延。

一般认为,思想政治教育工作质量评价主体是思想政治教育工作质量评价的承担者、发动者、组织者和实施者。思想政治教育工作质量评价主体总是同思想政治教育工作质量评价客体相联系的,没有无客体的主体,也没有无主体的客体,双方互以对方规定自身的存在和属性,互以对方作为自身存在的前提和条件。以我国高校思想政治教育评价为例,目前我国高校思想政治教育评价主要由两个部分构成:一是教育部及各地教育主管部门对地方和高校、高校对下属院系进行的工作评价;二是高校对学生进行的思想政治品德或综合素质评价。如果是教育部或各地教育主管部门对高校的思想政治教育工作进行评价,那么教育部或各地教育主管部门是评价主体,而高校为评价客体。如果是高校对院系或学生进行思想政治教育评价,那么高校则为评价主体,院系或学生则为评价客体。因此,在思想政治教育工作质量评价活动中,谁承担、发动、组织和实施思想政治教育工作质量评价,谁就是思想政治教育工作质量评价主体。不能简单地认为管理思想政治教育工作的组织或个人是思想政治教育工作质量评价主体,也不能简单地说承担一定思想政治教育任务的组织或个人是思想政治教育工作质量评价客体,而应根据他们在思想政治教育工作质量评价活动中的实际作用来判定其是否为思想政治教育工作质量

---

① 倪胜巧:《高校学生思想政治教育工作绩效评估机制研究》,《教育与职业》2013年第20期。

评价主体，也就是说，只有真正履行了承担、发动、组织和实施思想政治教育工作质量评价职能的个体或组织，才可以称之为思想政治教育工作质量评价主体。因此，我们认为，思想政治教育工作质量评价主体是指依据一定社会发展的要求，对由一定思想政治教育者组织的思想政治教育实践活动的效果施加有目的、有计划、有组织的评价影响的个体或群体。从广义的角度说，思想政治教育工作质量评价主体既包括专职评价者，也包括兼职评价者，还包括那些在特定时间和空间对特定思想政治教育实践活动开展某类思想政治教育工作质量评价的人。

思想政治教育工作质量评价主体具有不同的类型。一般来说，思想政治教育工作质量评价主体可分为两类：一类是思想政治教育工作质量评价个体，主要是指承担、发动、组织、实施思想政治教育工作质量评价活动的个人，即个体评价者，如思想政治教育工作者、管理思想政治教育工作的领导者等；另一类是思想政治教育工作质量评价群体，主要是承担、发动、组织、实施思想政治教育工作质量评价活动的群体组织，即群体评价者，如各种组织、团体、机构等。思想政治教育工作质量评价的群体一般专指正式群体，即经过一定的组织程序正式批准成立，具有严密的组织机构和明确的思想政治教育职能的组织、团体和机构。如教育部思想政治工作司、全国高等学校思想政治教育研究会、各地的教育管理部门等。思想政治教育工作质量评价主体的主要职责在于对特定的思想政治教育活动作出评价，总结其成绩经验，对比不足，找出差距，发现问题，为下一步思想政治教育活动质量的提升提供客观依据。

尽管思想政治教育工作质量评价本身就是思想政治教育工作的一个部分和环节，但在多数情况下，尤其是那些大规模的、全方位的思想政治教育工作质量评价并不是由实际从事思想政治教育活动的人所进行的评价或自我评价，而是上级管理部门或领导部门所要求并实施的工作。管理部门对思想政治教育工作的管理，应该是管理和领导工作来适应实际的思想政治教育工作，为他们提供指导与服务，而不应以管理评价为本位，让实际的思想政治教育工作来适应管理评价工作的需要。否则，就会对实际的思想政治教育工作产生干扰，迫使承担一定思想政治教育任务的组织或个人为应付上级检查和评价而随意造假,这就违背了思想政治教育工作质量评价工作的初衷。因此,思想政治教育工作质量评价主体不能过于膨胀,绝不能凌驾于实际的思想政治教育工作之上,思想政治教育工作质量评价主体也不应过于频繁地开展大规模的评价工作。即使在开展这种工作的时候,也应尽可能地减少对实际工作的打扰和冲击。也就是说,思想政治教育工作质量评价主体的工作必须以思想政治教育工作质量评价客体为中心,服从服务于思想政治教育工作质量评价客体的思想政治教育工作发展。

思想政治教育工作质量评价主体具有主体性。这种主体性是指思想政治教育工作质量评价主体在开展思想政治教育工作质量评价活动的过程中所具有的主体能动性,即思想政治教育工作质量评价主体在与思想政治教育工作质量评价客体的互动中所表现出来的主动性、主导性、创新性。所谓主动性,是指思想政治教育工作质量评价主体能依据社会要求积极地、主动地对思想政治教育工作质量评价客体施加评价影响;所谓主导性,是指思想政治教育工作质量评价主体在思想政治教育工作质量评价活动的过程中始终起支配和主导作用;所谓创新性,是指思想政治教育工作质量评价主体在思想政治教育工作质量评价活动中必须根据评价客体与评价活动的实际状况不断摸索合适的评价内容与评价方法,具有创新精神和创新活力。但是,思想政治教育工作质量评价主体的这种主体性并不会随着思想政治教育工作质量评价主体身份的确立而自动发挥作用,思想政治教育工作质量评价主体只有充分了解和把握思想政治教育的本质特点和运动规律,具备正确的思想政治教育价值观和相应的能够进行评价活动的能力,才能体现其主体性。

思想政治教育工作质量评价主体有时也会呈现出客体性,即思想政治教育工作质量评价主体在特定条件下还具有对象性、客体性特征。这主要是因为:第一,思想政治教育工作质量评价主体的评价活动受评价对象和特定环境的制约。第二,思想政治教育工作质量评价主体在一定条件下是思想政治教育工作质量评价客体审视和认识的“客体”。思想政治教育工作质量评价主体不是单向认识和评价的活动，而是评价主体与评价客体双向互动的过程。评价客体在接受评价主体的认识评价时也会对评价主体的评价结果进行自我认识与评价。

（二）思想政治教育工作质量评价客体

思想政治教育工作质量评价客体主要是相对于思想政治教育质量主体而言的，是思想政治教育工作质量评价的对象，是评价影响的接受者和评价效果最主要的体现者。没有思想政治教育工作质量评价客体，思想政治教育工作质量评价主体就失去了作用的对象，就会成为无客体的主体，也就根本不能作为真正意义上的思想政治教育主体而存在。

由于思想政治教育工作质量评价主要是针对思想政治教育质量效果的评价，因此，凡是能直接或间接影响思想政治教育质量效果的要素在一般情况下都应被涵盖在思想政治教育工作质量评价客体这一概念范畴内，在这个意义上，思想政治教育质量客体是一个集合性的概念，其具体内涵要视不同的思想政治教育工作质量评价活动而定。在已有的研究成果中，虽然较少有人专门探讨思想政治教育工作质量评价客体，但很多人对思想政治教育工作质量评价的范围作了一定研究。由于思想政治教育工作质量评价范围与思想政治教育工作质量评价客体存在密切联系，所以通过对思想政治教育工作质量评价范围的简要梳理有助于我们更为准确地把握思想政治教育工作质量评价客体的外延。有学者认为，思想政治教育工作质量评价的评价范围应包括：对受教育者的评估、对教育者的评估、对领导部门的评估以及思想政治教育过程中的途径、形式、方法的评估和对整个过程的辩证把握。① 有学者指出，思想政治教育工作质量评价的评价范围主要是对思想政治教育组织的评估、对思想政治教育队伍的评估、对思想政治教育活动的评估和对思想政治教育效果的评估。②

---

① 陆庆壬：《思想政治教育学原理》，复旦大学出版社1986年版，第245—248页。

② 罗洪铁：《思想政治教育专题研究》，西南师范大学出版社1997年版，第272—274页。

也有学者认为,思想政治教育工作质量评价的评价范围就是对思想政治教育工作部门的评估、对思想政治教育工作队伍的评估、对思想政治教育效果的评估以及对人的思想政治道德素质的评估。[①] 还有学者认为,思想政治教育工作质量评价范围应主要看"某一教育过程的目标是否达到,教育内容是否合适,教育者所运用的方法是否恰当、教育者和受教育者的互动是否正常,受教育者的思想品德表现是否有进步,教育活动对工作和生产是否具有促进作用等"[②]。通过比较分析发现,在这些含义梳理中,学者们普遍认同把思想政治教育者、思想政治教育对象、思想政治教育组织、思想政治教育过程、思想政治教育效果纳入思想政治教育工作质量评价的范围。因此,我们认为,尽管在不同的思想政治教育工作质量评价活动中对思想政治教育工作质量评价客体的界定是不同的,但就一般意义而言,思想政治教育工作质量评价客体的外延主要是包含思想政治教育者、思想政治教育对象、思想政治教育组织、思想政治教育过程、思想政治教育效果。

思想政治教育工作质量评价客体不仅具体指向被评价对象思想政治教育过程的构成要素,而且理应涵盖被评价对象进行思想政治教育活动的整个过程。思想政治教育工作质量评价主体应以一种动态的、发展的、全面的评价思维对该过程作细致分析,对影响该过程的部分与要素作逐一分析。但事实上,在现实的思想政治教育工作质量评价活动中,由于受诸多因素的制约,思想政治教育工作质量评价主体往往只能对自己可把握与可观察的部分与要素展开评价。这样一来,就无形中挤压了思想政治教育工作质量评价客体的实际内涵。一般而言,在现实的思想政治教育工作质量评价活动中,思想政治教育工作质量评价的客体主要包括:思想政治教育者、思想政治教育对象、思想政治教育内容、思想政治教育载体、思想政治教育环境、思想政治教育组织等。进一步而言,可以把其归

① 邱伟光、张耀灿:《思想政治教育学原理》,高等教育出版社 1999 年版,第 235—239 页。

② 王勤:《思想政治教育学新论》,浙江大学出版社 2004 年版,第 257 页。

纳为“教育者[①]、受教育者[②]、教育介体[③]和教育环体[④]”。需指出的是，在对思想政治教育工作质量评价客体的理解认识中，一定要避免两种错误倾向。一是要避免用孤立的、静止的、片面的形而上学观点去把握思想政治教育工作质量评价客体，在这种形而上学的观点下，思想政治教育工作质量评价客体仅是以一种抽象的、孤立的、静态的、片面的形式而存在，不能客观真实地反映评价客体的实际情况。二是要避免“只见树木、不见森林”的做法，在现实的评价活动中，为便于评价活动的开展，思想政治教育工作质量评价主体往往选择对思想政治教育工作质量评价客体的要素作分别的评价，这种评价当然是必要的。但思想政治教育工作质量评价客体是一个集合性概念，在对其部分要素作评价时，既要用联系的观点把握各要素之间的内在联系，也要在注意把握各要素的基础之上，对思想政治教育工作质量评价客体形成整体性、系统性认识。

在思想政治教育工作质量评价客体的构成要素中，各构成要素的评价难度存在一定的差异。比如，对思想政治教育者、思想政治教育对象、思想政治教育内容等的评价难度要高于对思想政治教育组织、思想政治教育载体、思想政治教育环境等的评价。因为质量评价本身是定性评价与定量评价的结合，对思想政治教育组织、思想政治教育载体、思想政治教育环境等要素的评价本质上属于对“物”的评价，而对思想政治教育者、思想政治教育对象的评价属于对“人”的评价，对思想政治教育内容

---

① “教育者，即教育主体，是指按照一定的社会要求，有目的、有计划、有组织地对受教育者而施加影响的个人或群体。”参见张耀灿、陈万柏主编：《思想政治教育学原理》，高等教育出版社2001年版，第89页。

② “受教育者，即教育客体，是指在思想政治教育过程中，教育者进行教育和教育环体施加影响的对象。”参见张耀灿、陈万柏主编：《思想政治教育学原理》，高等教育出版社2001年版，第89页。

③ “教育介体，即教育内容和教育方法，是指教育者用来影响受教育者的一定社会所要求的思想品德规范以及把这些思想品德规范传授给受教育者的各种活动方式和手段。”参见张耀灿、陈万柏主编：《思想政治教育学原理》，高等教育出版社2001年版，第89页。

④ “教育环体，即教育环境，是指对人的思想品德形成与发展过程和思想政治教育过程产生影响的一切自然条件和社会条件的总和。”参见张耀灿、陈万柏主编：《思想政治教育学原理》，高等教育出版社2001年版，第89页。

的评价属于对"思想观念"的评价。从"物"到"人"再到"思想观念",评价的难度逐渐呈递增趋向。

此外,由于思想政治教育工作质量评价的内容一般主要包括事实和效果两部分,所以思想政治教育工作质量评价客体也可大致划分为事实客体与效果客体。对于事实客体的评价相对容易,比如思想政治教育资源的配置、工作的具体开展、环境的营造等,这些都具备良好的观测基础。而对于效果客体的评价就比较困难了。原因在于:一是思想政治教育工作质量评价客体本身一直处于动态变化过程之中,不易把握分析。二是思想政治教育活动与效果的因果关系难以确定。对特定的思想政治教育对象而言,他总会受到家庭、学校和社会的教育,其效果往往是综合体现的,同时思想政治教育因其内隐、长期等特点,对思想政治教育对象产生的影响往往不易估量。三是现实中的思想政治教育工作质量评价客体存在巨大差别,其思想政治教育活动的效果自然也是千差万别,需要思想政治教育工作质量评价主体在开展评价活动时具体问题具体分析。

思想政治教育工作质量评价客体具有广泛性。主要在于思想政治教育工作质量评价是对思想政治教育过程及其效果的总体评价,也就是说,它是对教育过程各要素、各环节和教育效果各方面的评价,是一种全程、全域评价,而不是对某单个要素的评价。思想政治教育工作质量评价客体具有客体性。一是就思想政治教育工作质量评价活动本身而言,思想政治教育工作质量评价客体相对于思想政治教育工作质量评价主体,自然呈现出客体性。二是思想政治教育工作的很多方面具有一定的数量特征,尤其是思想政治教育工作质量评价客体中的事实客体。有的虽不能较为准确地测定,但大体也可以数量化而不失其合理性。三是就思想政治教育效果而言,虽然要对其进行准确衡量绝非易事,但不能衡量是一回事,客观存在又是一回事,不可因为其难以衡量就否认其存在的客观性。

(三)思想政治教育工作质量评价主客体的关系

做好思想政治教育工作质量评价工作需要全面把握评价主体与评价客体的相互关系。马克思主义认识论认为,主体与客体之间既有认识关系，也有实践关系和价值关系，从而导致不同的评价主体对同一评价客体的认识不同。绝不能以形而上学的主客体思维方式把思想政治教育工作质量评价主体与思想政治教育工作质量评价客体视为相互对立的两部分，而应在坚持马克思主义认识论的前提下把思想政治教育工作质量评价主体与思想政治教育工作质量评价客体视为在思想政治教育工作质量评价实践活动基础上互为存在依据的统一体。

对主客体关系问题的探讨最早是起源于近代西方哲学的认识论研究转向，意在运用主客体思维为认识论基本问题的解决开辟道路，这种划分就高扬人的主体性而言，有其特定的进步意义，但是将主客体思维绝对化所带来的消极后果就是主客体的二元对立，主客体之间的关系除了对立再无其他。马克思主义哲学认识论将主客体在实践的基础上统一起来，实现了哲学史上的革命性变革。在哲学视域中的客体主要是从人与物的关系上划分的，是指人类活动的对象。即人是主体，自然是客体，人是自然的主体，自然是人的客体，人是自然的改造者，自然是人的实践活动的改造对象。思想政治教育工作质量评价客体与哲学意义上的客体有所不同，思想政治教育工作质量评价作为思想政治教育实践的一个方面，也是一种对象性活动，并通过这种活动赋予对方以自身的规定性，或者说按照主体自身的标准要求评价对方。但是，思想政治教育工作质量评价的作用对象既有物，也有人。思想政治教育工作质量评价的客体不能从人与物的关系上来划分，而应着重从人与人关系上来划分。准确地说，要从人与人在思想政治教育工作质量评价活动中评价与被评价、评估与被评估、判断与被判断的相互关系上来划分。

（四）思想政治教育工作质量评价主客体的互动

思想政治教育工作质量评价主体的评价活动一定要适合思想政治教育工作质量评价客体的思想政治教育活动状况，这是思想政治教育工作质量评价过程的基本规律，也是思想政治教育工作质量评价主客体互动的基本规律。它包括两个方面的内容：一方面，思想政治教育工作质量评价客体的思想政治教育活动状况决定思想政治教育工作质量评价主体在评价活动中所选择的评价内容与评价方法。另一方面,思想政治教育工作质量评价主体的评价活动对评价客体的思想政治教育活动具有反作用。当思想政治教育工作质量评价主体的评价活动同思想政治教育工作质量评价客体的思想政治教育活动状况相适合时,评价结果就能对思想政治教育工作质量评价客体的思想政治教育活动起到促进作用;当思想政治教育工作质量评价主体的评价活动同思想政治教育工作质量评价客体的思想政治教育活动不相适应甚至是不符合思想政治教育工作质量评价客体的思想政治教育活动实际时,评价结果不但会不利于思想政治教育工作质量评价客体的思想政治教育活动,甚至还可能会起一定的阻碍作用。按照这一规律,思想政治教育工作质量评价主体与思想政治教育工作质量评价客体的互动是思想政治教育工作质量评价主体的主体性与思想政治教育工作质量评价客体的客观性之间的矛盾被克服的必然结果。

一方面,思想政治教育工作质量评价主体在思想政治教育工作质量评价过程中发挥着主导作用。因为思想政治教育工作质量评价主体是一定社会对思想政治教育质量要求的表达者,是思想政治教育工作质量评价过程的组织者。没有评价主体的评价活动,评价客体自身的工作质量就得不到呈现和反映。另一方面,思想政治教育工作质量评价客体在接受评价主体的评价时虽是作为独立的存在物而存在,但它并不是消极的、无作为的,而是能动地在自我反思评价的基础上向评价主体展示其已取得的思想政治教育质量。在思想政治教育工作质量评价过程中,思想政治教育工作质量评价主体的主导作用和评价客体的主体作用是辩证统一的。在具体的思想政治教育工作质量评价活动中,思想政治教育工作质量评价主体与思想政治教育质量客体的双向互动作用集中表现为双方相互促进、相辅相成的关系上。没有思想政治教育工作质量评价主体的评价引导作用,就谈不上进行思想政治教育工作质量评价,思想政治教育工作质量评价客体自身的发展就缺乏外在的积极强化。而评价效果的最终实现,又离不开思想政治教育工作质量评价客体的自我反思与自我评价。就思想政治教育工作质量评价主体而言,它通过思想政治教育工作质量评价，能了解和掌握最新的实际情况，然后根据这种实际情况不断制定更加完善的评价内容与方法。就思想政治教育工作质量评价客体而言，它通过思想政治教育工作质量评价，能跳出“身在此山中”的局限，对自身思想政治教育活动的长处与不足有一较为全面的、准确的认识，进而在之后的思想政治教育实践中改进创新。实践表明，思想政治教育工作质量评价主体的主导作用发挥得越充分，思想政治教育工作质量评价客体的主动性就越能得到充分发挥；而思想政治教育工作质量评价客体越能发挥主动性，就越体现评价主体的主导作用。这就要求我们，在开展思想政治教育工作质量评价的实践过程中，要注意将这两种作用统一起来，使其相互补充、相互强化，使思想政治教育工作质量评价取得理想的效果。

二、高校思想政治教育工作质量评价的主体

高校思想政治教育工作质量评价过程，涉及各级党委政府和高校党委的管理者、思想政治教育队伍和广大青年学生群体。由于评价过程是一种相互作用的过程，因而，在此过程中，这些参与者既是主体，也是客体。就主体而言，他们分别承担着管理主体、教育主体和学习主体的角色。在此过程中，各自履行着不同的功用，共同促进评价工作的有效开展。

（一）高校思想政治教育工作质量评价的管理主体

思想政治教育工作质量评价的管理主体是整个工作的组织者、领导者和实施者，担负着把方向、聚资源和查问题的基本职能，呈现出组成的多元性、评价的政治性和实施的科学性等特征。

1. 管理主体构成

管理主体担负着对思想政治教育工作进行质量评价的领导、组织、检查、指导等工作，通过以评促改，保证国家有关教育的方针、政策、法规的贯彻执行和教育目标的实现，进而指导实践。管理主体主要包括党委和国务

院的宣传或教育主管部门、地方党委和政府及其教育主管部门、高校党委。

（1）党委和国务院的宣传或教育主管部门

思想政治教育是意识形态建设的重要途径，是党的基本指导思想、基本方略、重大方针政策宣传贯彻的重要途径，也是培育德智体美劳全面发展的社会主义接班人的基本途径。对高校思想政治教育工作质量的评价事关重大。党委和国务院的宣传或教育主管部门是做好这一工作的主要组织者、领导者和推动者，在这一过程中，担负着组织、协调、管控等重要任务。

（2）地方党委和政府

各级地方党委和政府是贯彻党的思想政治教育工作政策，落实习近平总书记关于思想政治教育工作的重要论述，引导思想政治教育工作与社会主义现代化建设、高校“双一流”建设、巩固和发展社会主义制度相结合的关键因素，因而是思想政治教育评价工作的重要管理主体。正如习近平总书记所指出：“各级党委要把高校思想政治工作摆在重要位置，加强领导和指导，形成党委统一领导、各部门各方面齐抓共管的工作格局。”①因而，地方党委和政府在高校思想政治教育工作质量评价当中起着重要作用。

（3）高校党委管理机构

习近平总书记指出：“高校党委对学校工作实行全面领导，承担管党治党、办学治校主体责任，把方向、管大局、作决策、保落实。”②高校党委是推动党的教育方针、党的思想政治教育政策落地生根的重要保障因素，也是开展思想政治教育队伍建设、学生管理、教育设施建设等的领导者和实施者。高校党委书记是思想政治教育工作第一人。因而，高校党委是思想政治教育工作质量评价工作的重要主体。

---

① 《习近平在全国高校思想政治工作会议上强调　把思想政治工作贯穿教育教学全过程　开创我国高等教育事业发展新局面》，《人民日报》2016 年 12 月 9 日。

② 《习近平在全国高校思想政治工作会议上强调　把思想政治工作贯穿教育教学全过程　开创我国高等教育事业发展新局面》，《人民日报》2016 年 12 月 9 日。

2. 管理主体职能

管理主体作为思想政治教育工作质量评价的组织者、领导者和实施者，肩负着把方向、聚资源、查问题的基本职能。这些职能的行使是这一工作得以顺利开展和完成的保障。

（1）把方向

把握思想政治教育工作质量评估的大方向是管理主体的首要职能。一方面通过思想政治教育工作质量的评估，积极确保思想政治教育始终坚持马克思主义基本原理、坚持习近平新时代中国特色社会主义思想、坚持培育和践行社会主义核心价值观，为广大师生奠定科学的思想基础和正确的价值规范。另一方面是通过质量评估，引导广大青年学生“从我们党探索中国特色社会主义历史发展和伟大实践中，认识和把握人类社会发展的历史必然性，认识和把握中国特色社会主义的历史必然性，不断树立为共产主义远大理想和中国特色社会主义共同理想而奋斗的信念和信心”①，激励广大青年学生“自觉把个人的理想追求融入国家和民族的事业中，勇做走在时代前列的奋进者、开拓者”。

（2）聚资源

人力、物力资源是开展质量评价工作的基础，因而为这一工作筹措和调动必要的人力、物力资源是管理主体的重要职能。首先是积极调动各级教育部门工作人员、高校思想政治工作人员和广大青年学生积极参与到整个评价工作当中，共同探讨思想政治教育工作面对的主要问题，主动开展自我评价。其次是组织相关领域的专家，对思想政治教育工作中管理、授课、学习、教材编制等情况进行评比、考核、筛查，确保评价的专业性、系统性和合理性。最后是考查高校思想政治教育工作中的分配和使用，着重考核专项经费以及相关教育经费、科研经费、活动经费等资金的使用情况。

（3）查问题

思想政治教育工作质量评价的主要目的是以评促改。通过科学的评

---

① 《习近平在全国高校思想政治工作会议上强调　把思想政治工作贯穿教育教学全过程　开创我国高等教育事业发展新局面》，《人民日报》2016 年 12 月 9 日。

价发现工作中的成绩和不足,坚持问题导向,依据新时代高校思想政治教育工作的基本方针政策进行整改,是管理主体职责中的关键部分。一方面着重探究思想政治教育过程中,学生上课抬头率不高、网络不良思想渗透、青年学生思想多元化等问题。探讨这些问题的成因和对策。另一方面着重探讨思想政治工作者尤其是广大教师在授课方法、授课内容、授课技巧以及师德师风方面存在的不足,深刻剖析这些问题的原因,寻找有效对策。同时还要通过评比,分析影响教育效果的校园环境、社会环境和家庭环境存在的问题,寻求增加思想政治教育质量的整体合力。

3. 管理主体特点

管理主体既涵盖不同级别,也涉及多个部门,在工作中始终把握着基本的政治性和合理性原则,在特点上呈现出组成的多元性、评价的政治性和实施的科学性。

(1)组成的多元性

思想政治教育是一项系统性工程,其工作质量的评价也是一项系统工程,因而需要多个部门及其工作人员的配合。管理主体涵盖了教育部相关部门、地方党委和教育行政部门以及高校党委等部门,在质量评价过程中,职责各有侧重,职能互相衔接。就职责侧重点而言,教育部负责思想政治教育工作的相关部门,侧重从宏观上把握整个评价制度建设、评价指标体系构建、评价长效机制建设、人力物力资源的整体分配等,并对地方党委和政府以及高校党委贯彻落实党的教育方针,思想政治教育工作各项政策,思想政治教育的领导组织、保障条件、队伍建设等方面的情况进行评估。地方党委和政府侧重所辖区域内下属部门和各个高校组织机构完善情况,思想政治教育的经费、制度、保障条件建设和使用情况,教师队伍建设、教育基地建设和科研工作开展情况。就职能的衔接而言,教育部相关部门评比省级党委和政府以及直属高校的工作完成情况,地方党委和政府评比所属市、县和地方高校的工作完成情况,各个层次的高校党委则负责本校师生思想政治教育工作完成情况和思想政治教育效果。

(2)评价的政治性

政治性是思想政治教育工作质量评价的最明显的特征,也是整体性的。评价工作的方向性和导向性决定了管理主体在整个工作中始终把政治性放在核心位置。这体现在以下几个方面,第一,评比过程中,着重考核各级党委和政府贯彻落实党的教育方针和贯彻落实习近平总书记关于全国高校思想政治教育精神情况,考核党委书记作为思想政治教育第一人责任落实情况,考核党委和政府在思想政治教育过程中队伍建设、资源分配、环境营造情况等。这些考核始终坚持清晰的政治性、方向性和党性。第二,高校党委作为管理主体,在评价过程中,对教材编订、教师授课、学生思想状况等的导向也始终以党在新时代的指导思想、基本方略、方针政策为指导和准绳。

(3)实施的科学性

管理主体作为思想政治教育工作质量评价的组织者、推动者和领导者,决定在整个工作进展是否顺利、结果是否有效,加之思想政治教育本身的复杂性、系统性和长效性,决定了管理主体必须对整个工作统筹考虑、合理布局、缜密计划。一是构建指标体系的科学性。制定评价指标体系是整个评价工作的关键,指标体系的构建需要确定合理的测评方法,选定科学的测评工具,拟定合适的一级指标、二级指标、三级指标,充分体现了科学性。二是资源配置的科学性。评比工作需要投入大量的人力、物力资源,管理主体在统筹和协调整个工作过程中,坚持人尽其才、物尽其用,使每一份资源都得到最佳配置,充分彰显资源分配的科学性。

(二)高校思想政治教育工作质量评价的教育主体

教育主体是在思想政治教育工作中,直接担负着青年学生党团活动、课堂教学、心理健康等工作的思想政治教育队伍。教育主体有校党政干部和共青团干部、思想政治理论教师、辅导员班主任和心理咨询师等,承担着价值观念、思想道德和专业知识等方面教育状况的评价职能,并呈现出直接性和自评性的特点。

1. 教育主体构成

习近平总书记指出,“长期以来,高校思想政治工作队伍兢兢业业、甘于奉献、奋发有为,为高等教育事业发展作出了重要贡献。要拓展选拔视野，抓好教育培训，强化实践锻炼，健全激励机制，整体推进高校党政干部和共青团干部、思想政治理论课教师和哲学社会科学课教师、辅导员班主任和心理咨询教师等队伍建设，保证这支队伍后继有人、源源不断”①。思想政治教育工作质量评价是思想政治教育的基本内容和重要促成因素，因而，思想政治工作队伍也同时构成了质量评价的教育主体。

（1）校党政干部和共青团干部

代表广大青年学生、赢得广大青年学生、依靠广大青年学生，是我们党不断从胜利走向胜利的重要保证，攸关党和国家前途命运。青年强则国家强。广大青年学生也是实现中华民族伟大复兴中国梦的主要力量。校党政干部和共青团干部是将“党旗所指就是团旗所向”“党领导青年”这些根本政治原则清醒、自觉、坚定地贯彻到团的全部工作和建设中的领导者，也是促使广大青年学生坚决维护习近平总书记在党中央、全党的核心地位，坚决维护党中央权威和集中统一领导，在思想上、政治上、行动上同以习近平同志为核心的党中央保持高度一致，使共青团始终成为党的忠实助手和忠诚后备军的关键组织者、引导者和服务者，因而在思想政治教育工作质量评估过程中，起着重要的作用。

（2）思想政治理论课教师

思想政治理论课教师是思想政治教育工作质量评价的关键因素。思政课教师不仅是一系列党的教育方针政策的具体执行者，也是将思想政治教育内容通过不同方式传授给青年学生的实施者。思想政治教育工作质量评价中对教育方法、教育过程、教育效果的评比都与思政课教师密切相关。

（3）哲学社会科学课教师

习近平总书记指出：“面对社会思想观念和价值取向日趋活跃、主流和非主流同时并存、社会思潮纷纭激荡的新形势，如何巩固马克思主义在意识形态领域的指导地位，培育和践行社会主义核心价值观，巩固全党全

---

① 《习近平在全国高校思想政治工作会议上强调　把思想政治工作贯穿教育教学全过程　开创我国高等教育事业发展新局面》，《人民日报》2016年12月9日。

国各族人民团结奋斗的共同思想基础，迫切需要哲学社会科学更好发挥作用。"①整体思想环境的多元化也对青年学生的价值观念产生重要影响，广大哲学社会科学教师坚持以马克思主义为指导，坚持为人民服务、为社会主义服务方向，可以对广大青年学生产生重要影响。凸显其在思想政治教育工作质量评价中的作用，可以增强思想政治教育的整体合力。

（4）辅导员班主任

辅导员班主任是青年学生在学习和生活中的师长和朋友，是教育者和服务者，与学术接触最为紧密和频发，也对学生的思想状况、学习状况、身体状况最为了解，在思想政治教育工作的评价过程中尤为重要。

（5）心理咨询教师

随着社会环境的复杂多变，以及学习、就业、感情、家庭等问题的压力逐渐增多，部分青年学生的心理问题也日渐突出。这些心理健康问题在不同程度上与价值观念有关，在心理问题疏导过程中，可以引导他们树立正确、合理的价值观念。

2. 教育主体职能

习近平总书记指出："教师是人类灵魂的工程师，承担着神圣使命。传道者自己首先要明道、信道。高校教师要坚持教育者先受教育，努力成为先进思想文化的传播者、党执政的坚定支持者，更好担起学生健康成长指导者和引路人的责任。"②教育主体在思想政治教育工作质量评价过程中，承担着对价值观念教育、思想道德教育和专业知识教育的评价。通过这些工作，积极引导青年坚定理想信念、练就过硬本领、勇于创新创造、矢志艰苦奋斗、锤炼高尚品格；引导青年勤学、修德、明辨、笃实，扣好人生第一粒扣子；引导青年爱国、励志、求真、力行，当好追梦者、圆梦人，努力把广大青年培养锻造成为担当民族复兴大任的时代新人。

---

① 习近平：《在全国哲学社会科学工作座谈会上的讲话》，《人民日报》2016 年 5 月 19 日。

② 《习近平谈治国理政》第二卷，外文出版社 2017 年版，第 379 页。

(1)价值观念教育的评价

让广大青年学生树立正确的价值观念,掌握马克思主义基本原理、方法、立场和观点,并以之指导自己的生活和工作,是思想政治教育工作质量评估的核心内容。因而,在评估工作中,不同教育主体对广大青年学生价值理想状况进行评估是其主要职责。首先,要通过考试、提问、竞答等途径,评估广大青年学生对马克思主义基本原理、毛泽东思想、中国特色社会主义理论体系等教材的学习情况。其次,要评估广大青年学生在参与党团组织活动当中的表现,通过评估掌握广大青年学生对党团组织的看法,对马克思主义基本原理尤其是马克思主义中国化最新成果理解和掌握的情况,以及将社会主义核心价值观内化于心、外化于行的情况,等等,对出现的问题,及时纠正。最后,要通过包括同辈团体、自媒体使用、校内网络等途径,关注青年学生的日常言行,及时对那些观念错误的言行进行澄清、批评和教育。

(2)思想道德教育的评价

习近平总书记指出,"思想政治工作从根本上说是做人的工作,必须围绕学生、关照学生、服务学生,不断提高学生思想水平、政治觉悟、道德品质、文化素养,让学生成为德才兼备、全面发展的人才"①。良好的道德品质是广大青年学生成长成才的前提,也是托付起时代梦想的基础。通过以评促改,增强广大青年学生的道德素养,成为教育主体的重要任务。一是评估学生对家庭美德、社会公德、职业道德等的理解、认识和内化情况,基本途径是通过理论考试测试对良好道德内容的认识、理解和倾向,通过课堂讨论掌握对道德失范问题的认识情况,及时纠正不良倾向。二是评估学生对爱国主义、集体主义的认识和内化情况。三是评估青年学生在应对困难挫折中所产生的心理问题,分析这些问题的危害和对策。

(3)知识教育的评价

习近平总书记指出:"只有培养出一流人才的高校,才能够成为世界

① 《习近平在全国高校思想政治工作会议上强调　把思想政治工作贯穿教育教学全过程　开创我国高等教育事业发展新局面》,《人民日报》2016 年 12 月 9 日。

一流大学。办好我国高校，办出世界一流大学，必须牢牢抓住全面提高人才培养能力这个核心点，并以此来带动高校其他工作。”①思想政治教育的目的既在于“立德”，也在于“树人”。培养德才兼备的人才是思想政治教育工作质量评估的基本目的。这就需要在评估过程中，通过考试、实践、竞赛等途径测评学生的专业知识的掌握情况，激励青年学生自觉把个人的理想追求融入国家和民族的事业中。

3. 教育主体特点

教育主体长期处在教育工作第一线，对广大青年学生的思想状况、心理素质、知识学习等有着深入的了解，这些决定了其在思想政治教育工作质量评价过程中的直接性和自评性。

（1）直接性

思想政治教育工作质量评价过程中，教育效果既是评价的核心内容，也是重要目的。其一，课堂教学过程中，与学生互动的直接性。课堂教学是将马克思主义基本原理及其中国化最新成果和党的一系列新的方针政策讲授给学生的主渠道、主阵地。因而，授课教师不仅把握着如何将规定的内容讲授给学生，还决定着以什么形式、什么方法、什么程度地讲授给学生，与此同时，还因为和学习主体的直接接触，能非常详细和有效地掌握学生的学习状态、思想状况、学习方法、接受知识中的偏好，并能洞察出学生学习中存在的突出问题和整体的不利于思想政治教育的思想动向。这些决定了教师作为教育主体在思想政治教育工作质量评价过程中的直接性。这种直接性不仅是掌握青年学生学习效果的直接性，还是作为教育主体把握教育过程的直接性。其二，是在党团组织和班级活动中，把握青年学生思想状况的直接性。学生对党团组织的态度、对党的一系列方针政策的认识、对基本政治问题的理解和看法，在日常党团活动和班级活动中得以展现。这就使得政工干部和辅导员对把握和评价学生思想状况具有了直接性。其三，是在心理咨询活动中，把握心理活动的直接性。心

① 《习近平在全国高校思想政治工作会议上强调　把思想政治工作贯穿教育教学全过程　开创我国高等教育事业发展新局面》，《人民日报》2016 年 12 月 9 日。

理咨询老师在和学生的深切交流中,以直接或间接的形式能够把握学生的心理问题,继而对之进行合理的评价。

(2)自评性

思想政治教育工作队伍是做好思想政治工作的重要力量,也是推动整个评价工作的重要因素。作为教育主体,他们的自我评价是整体评价工作的重要部分。自我评价是教育主体对照思想政治教育效果进行自我测评。自我评价不仅可以探测出教育主体在思想政治教育工作中工作方法、工作态度、工作思路方面的不足,还可以评价自身在贯彻党的教育政策方面到位不到位、深刻不深刻、积极不积极等。授课教师可以通过学生的听课积极性、课堂讨论出现的问题、卷面测试的分数等方面评比授课效果是否理想。政工干部和辅导员通过学生参与党团活动和班组活动的积极性、参与社会实践的积极性和课后学生干部反映的日常生活问题,总结出自身哪些工作没有做到位。心理咨询老师可以通过学生的普遍性心理问题把握造成这些问题的共因,并通过跟踪调查反思自身工作的成绩与不足。

(三)高校思想政治教育工作质量评价的学习主体

学习主体是指在思想政治教育工作质量评价过程中,作为授课、管理、环境的直接接受者、经历者和体验者,其看法、态度和感受在质量评价过程中始终起到重要作用的广大青年学生。作为主体,广大青年学生在评价过程中呈现出主体性、多样性和叛逆性。

1. 学习主体构成

广大青年学生是思想政治教育工作质量评价客体的同时也是主体。整个评价工作的核心目的是通过以评促改,增强思想政治教育工作的整体质量,进而提升广大青年学生的思想道德素质和专业知识能力,使其成为德智体美劳全面发展的社会主义事业建设者和接班人。这决定了广大青年学生不仅是思想政治教育工作质量评价的客体,也是整个工作中的重要主体。

2. 学习主体作用

广大青年学生在思想政治教育工作中具有特殊性，既是整个思想政治教育 的对象，也是思想政治教育的主动参与者，这就决定了学习主体在思想政治教育工作质量评价中，对授课内容、管理方法和教育环境的好坏、优劣的看法和态度，对整个评价工作起着重要影响。

（1）授课系统的评价

通过课堂授课，将马克思主义基本原理及其中国化最新成果详细、系统、全面的讲解给青年学生是高校思想政治教育的基本途径。学生作为学习主体，在思想政治教育工作质量评价中，对教师课堂授课的内容及其方式方法有着基本的发言权。首先是授课内容的评价。学习主体对教师在讲解思想政治教育教材过程中，是否将马克思主义基本原理及其中国化最新成果的脉络、内容、意义等要点讲解透彻清晰，是否将新时代党的一系列方针政策讲解透彻进行评价，查找教师授课内容上的偏失。其次，授课方法的评价。学习主体对教师在授课过程中运用提问法、讨论法、情境转移法等教学方法的情况以及教师运用互联网、自媒体、多媒体等教学手段的情况进行评价，督促教师在授课过程中寓教于乐。最后，是对师德师风的评价。师德师风是授课教师通过潜移默化、为人师表做好思想政治教育工作的基本前提，学习主体应对授课教师的在遵守党纪国法、校纪校规、社会公德等方面的情况进行评价，促进良好师德师风形成。

（2）管理方法的评价

学习主体是各级党委政府和高校党委作为管理主体的最终的工作对象，对他们在管理目标、管理过程、管理效果上的优劣有着直接的感受，因而，是对管理效果进行评价的重要参与者。一是对青年学生学习条件的管理情况的评价。主要是评价管理主体对学生尤其是特殊群体的资助、对学生在学费、食宿、图书馆等基本条件方面的补助和建设情况是否满足学习主体的需要、是否符合学习主体的特定要求。二是评价管理主体在思想政治教育队伍建设、师德师风建设、哲学社会科学教材建设等方面是否适合新时代复杂环境下的思想政治教育需要。三是评价广大青年学生在择业创业等方面的就业机会、保障条件、支持条件等方面所取得的成就和面临的不足。

(3)教育环境的评价

营造良好的思想政治教育环境、提升思想政治教育的整体合力是增强思想政治教育质量的重要条件。学习主体对教育环境有着直接的体验和深切的感受,因而在评价过程中对教育环境的评价有着重要意义。第一,校园环境的评价。学风浓厚、积极创新、讲道德讲文明、师生关系融洽等良好的校园环境,不仅是学生安心学习的重要基础,也是学生身心健康成长的重要促进因素。学习主体要评价管理主体在校风校纪、校园文化、师德师风等方面建设的情况,查漏补缺扬长弃短。第二,家庭环境的评价。父母是学生最好的老师。家庭环境不仅对学生的身心健康有着重要影响,还是其如何对待和接受马克思主义基本原理、方法和观点以及社会主义核心价值观等方面的重要影响者,因而家庭环境的建设对思想政治教育同样重要。学习主体应对管理主体在家庭美德建设、家庭生活帮助、家长和教师之间沟通等方面所做工作进行评价,弥补管理主体在这一工作的不足。第三,社会环境评价。随着多种社会思潮的泛起以及互联网和自媒体的广泛使用,社会环境对思想政治教育的影响逐渐加大,这就需要对管理主体在营造社会环境方面的状况进行评价。不仅要评价管理主体在网络环境政治、社会道德建设、社会思潮引导等方面的工作效果,还要评价其在爱国主义教育基地和红色旅游基地建设以及爱国主义节日活动筹备等方面的情况。通过这些评价,查找管理主体工作的不足,以推动其及时调整工作内容和方法,有效促进思想政治教育工作质量的提升。

3. 学习主体特点

广大青年学生作为学习主体,既有着主体性的特点,也呈现了价值、年龄、性格等方面多样性的特点,这些又决定了其叛逆性的特点。

(1)主体性

思想政治教育的核心目的在于培养德智体美劳健全的社会主义接班人,使青年学生肩负起实现中华民族伟大复兴的中国梦的历史使命。

思想政治教育工作质量的评价要义在于以问题为导向、以评促改、完善体制机制,促进这一目的的实现。因而,广大青年学生是管理主体和教育主体开展自身工作的最终指向。但是这一过程中,广大青年学生不是被动的,而是主动的、积极的,因为,每一个学习主体都在社会环境、家庭环境和同辈团体的影响下,具有了初步的价值和道德倾向。这在很大程度上影响着学习主体是否接受以及在何种程度上接受被传授的知识、被灌输的观念等,因此,评价工作的顺利开展,依赖于学习主体这一主体性的突出、依赖于青年学生的积极性、主动性和选择性被激发、被凸显、被尊重。

(2)多样性

由于不同的青年学生受家庭环境影响较大,家庭环境又受社会阶层、区域文化、民族风俗等方面的影响,学习主体在价值观念、思维方式、审美情趣等方面存在差异,而性别、年龄、性格等方面的因素又加剧这一差异。因此,在思想政治教育工作质量评价中,对其作为主体作用的发挥应该甄别这些差异,加以引导或扬弃,在多样性中总结出普遍性的问题,并对学习主体的特殊性加以适当关注。

(3)叛逆性

学习主体处于一个价值观念、审美情趣、知识储备都逐步形成和定性的过程中,这种不成熟的状态决定了其作为学习主体在思想政治教育工作质量评价过程中的易变性。这主要体现在,首先,对授课内容评价的易变性。尽管在课堂上能对教师讲授的内容予以理解和掌握,但随着接触信息的多元化、不良社会思潮的影响,学习主体对马克思主义基本原理及其中国化最新成果的基本立场、观点和方法认识上会出现偏差。其次,学习主体作为心智上不甚成熟的主体,在评价工作中,对将马克思主义基本观点、理论和方法内化为自身价值规范和行为模式这一过程存在叛逆心理,甚至将之视为一种束缚或者毫无意义,从而对评价产生不利影响。

三、高校思想政治教育工作质量评价的客体

高校思想政治教育工作质量评价的客体是相对于思想政治教育主体而言的，是思想政治教育工作质量评价的对象，是评价影响的接受者和评价效果最主要的体现者。由于高校思想政治教育工作质量评价主要是针对思想政治教育质量效果的评价，因此，凡是能直接或间接影响思想政治教育质量效果的要素在一般情况下都应被涵盖在高校思想政治教育工作质量评价客体这一概念范畴内，在这个意义上，高校思想政治教育质量客体是一个集合性的概念，其具体内涵要视不同的思想政治教育工作质量评价活动而定。根据高校思想政治教育工作质量评价客体在思想政治教育过程中的地位和作用不同，将其分为思想政治教育工作质量评价的管理客体、施教客体和受教客体。在高校思想政治教育工作质量评价过程中，对党委政府、高校党委的管理领导工作的评价，属于对思想政治教育工作质量评价管理客体的评价；对教师、辅导员的教学工作的评价，属于对思想政治教育工作质量评价施教客体的评价；对学生思想政治课学习的效果的评价，属于对思想政治教育工作质量评价受教客体的评价。

（一）高校思想政治教育工作质量评价的管理客体

思想政治教育工作质量评价的管理客体主要是在思想政治教育工作质量评价过程中作为评价对象的行政管理机构和行政管理者。各级管理机构和管理者既是思想政治教育工作的策划者、推动者、实施者和评价者，也是主要的评价、督查对象，因而既是主体也是客体。整体上呈现出能动性、不平衡性和不充分性等特征。

1. 管理客体的构成

思想政治教育工作质量评价的管理客体是指在进行思想政治教育工作质量评价时，作为被评价对象的行政管理机构和行政管理者。作为高校思想政治工作的管理客体，主要包括部、省、校、院（系）等四个层面。

部级层面，主要是教育部，相关管理职能主要由思想政治工作司、社会科学司负责等有关司局负责。省级层面，包括31个省（区、市）党委教育工作部门和新疆生产教育兵团教育局。校级层面，包括教育部直属高校、部省合建高校、其他部委属高校、地方省属高校、职业院校以及民办高校等。院（系）层面，是指高校各学院（系）、各职能部门。

2. 管理客体的地位

管理客体肩负的相关管理职能在思想政治教育工作中产生着重要影响，这就决定了管理客体在评价过程中的核心和重要地位。同时管理客体承上启下的现实形态也导致其在评价过程中处于既是主体又是客体的双重地位。

（1）在评价中处于核心地位

在高校思想政治教育工作质量评价过程中，对于管理客体的评价是最核心、最主要的。从本质上而言，高校思想政治教育是一种由统治阶级自上而下开展的意识形态教育，各级管理机构是主要策划者、推动者、实施者、评价者，同时也是最主要的评价、督查、改革对象。因为管理的质量高低、管理的科学化、规范化水平的高低，在很大程度上决定了全国高校思想政治教育工作的整体质量和水平，其在顶层设计和体制机制层面上是影响高校思想政治教育工作质量的最重要的因素。目前，比较通行和公认的质量评价指标体系和测评体系，如教育部、中宣部《全国大学生思想政治教育工作测评体系（试行）》（教思政〔2012〕2号），都是将省（区、市）、高校等管理机构作为主要测评对象，对其管理水平、管理质量、管理效果进行测评。所以，无论是从思想政治教育的开展过程，还是从思想政治教育工作质量评价开展的过程来看，管理机构都处于核心地位。

（2）在评价中处于双重地位

这里的双重地位就是指管理机构在进行高校思想政治教育工作质量评价过程中既是客体也是主体。因为在评价过程中，管理机构对于上级机构而言是被评价的对象即评价客体，对于下级机构以及施教者、受教者而言是评价主体。在这样的评价体系中，如果缺乏完善有效的管理客体评价和激励机制，就易出现管理机构“上热、中温、下凉”的现象。因此，思想政治教育工作质量评价应以供给侧改革构建导向机制，以需求侧调适构筑动力机制，以管理层变革完善目标机制，遵循评价自身规律，认真分析各要素和关节之间的相互作用和联系，构建起科学的质量评价工作体系。

3. 管理客体的特点

管理客体既涉及不同层级，又包含多个部门，作为评价实践的对象和主体，呈现出能动性、不平衡性和不充分性等特征。

（1）能动性

管理客体的能动性主要体现在两个方面：一方面，由于管理客体在评价中处于核心地位，是思想政治教育活动的推动者，其本身也在制定评价指标体系、完善激励机制和保障措施等方面发挥重要作用，在开展下级管理机构的质量评价过程中，具有很强的自觉性、主动性；另一方面，由于管理客体在评价中的双重地位，其被上级管理机构评价的过程也是自我评价、自我认识、自我调整的过程，在这一过程中表现出较强的自我调整能力、自我纠错能力。

（2）不平衡性

目前，高校思想政治教育工作质量评价主要还是自上而下的评价，上级管理机构通过书面调研、实地督查等评价下级管理机构以及施教者、受教者，而下级管理机构以及施教者、受教者尚未形成切实高效的途径、载体、方式来评价上级管理机构，这就造成了评价的不平衡、不对等。当然，从现实操作层面，这种不平衡是不能被完全克服的。正所谓“知屋漏者在宇下，知政失者在草野”。为了更多的体现民主和民意，得到更多真实的意见建议，应在拓展和丰富下级管理机构以及施教者、受教者对上级管理机构的评价方面下功夫。

（3）不充分性

所谓不充分性是指管理客体的评价指标体系还不完善，尚未形成一个完整的、系统的、科学的、规范的体系。整体上而言，现在还没有针对教育部等相关部委的思想政治教育工作质量评价指标体系，也缺少针对院系层面的思想政治教育工作质量评价指标体系。这就相当于缺少了对于

“最先一公里”和“最后一公里”的评价。如在教育部层面,除了思想政治工作司、社会科学司等主责司局外,高校思想政治教育工作还涉及教材局、高等教育司、政策法规司、体卫艺司、民族司、教师司、研究生司等相关司局。虽然在教育部出台的《全国高校思想政治工作会议精神实施方案》中,已经将全国高校思想政治工作会议精神和《中共中央国务院关于加强和改进新形势下高校思想政治工作的意见》主要内容分解为 9 大类 108 项任务,并明确了各相关司局的任务书、路线图和时间表,建立了司局间定期函商机制。但是,工作方案和任务分工不能等同于质量评价指标体系,在教育部内部如何开展思想政治教育工作质量评价仍是一个难题。同样,虽然教育部开展的“三全育人”综合改革试点中,已将部分高校院系纳入了试点,并明确了试点的建设标准,但对于各院系尚缺乏相应的完整的评价指标体系。从内容上来看,对于少数民族学生思想政治教育、民办高校思想政治教育等薄弱环节,还缺乏相应的系统、科学、规范的质量测评指标体系,并且现有的测评指标体系距离习近平总书记在全国教育大会上强调的“要把立德树人融入思想道德教育、文化知识教育、社会实践教育各环节,贯穿基础教育、职业教育、高等教育各领域,学科体系、教学体系、教材体系、管理体系要围绕这个目标来设计,教师要围绕这个目标来教,学生要围绕这个目标来学”的要求,仍有一段不小的距离。这就要求在高校思想政治教育工作质量评价中,应摒弃一些不再管用的观念和做法,敢于打破思维定势,直面矛盾问题,推动高校思想政治教育工作体制机制、内容形式、方法手段的创新,切实将习近平总书记系列重要讲话精神转化为工作思路和政策举措,不断增强工作的吸引力、感染力、说服力。

(二)高校思想政治教育工作质量评价的施教客体

高校思想政治教育工作质量评价的施教客体作为思想政治教育工作的重要实施者,在思想政治教育工作中起着教育引导、答疑解惑、德行培育的重要作用,呈现出原则性、专业性、表率性等特征。

1. 施教客体的构成

施教客体有广义和狭义之分。从广义上看,高校思想政治教育工作贯穿于教育教学全过程、人才培养各环节,高校全体教职员工都肩负着思想政治教育的职能,都属于思想政治教育工作质量评价的施教客体。2017 年 12 月,教育部出台了《高校思想政治工作质量提升工程实施纲要》,强调以"课程、科研、实践、文化、心理、网络、管理、服务、资助、组织"等"十大育人"为核心,开展"三全育人"综合改革试点,努力构建内容完善、标准健全、运行科学、保障有力、成效显著的高校思想政治工作体系,推动全体教职员工把工作的重音和目标落在育人成效上,真正打通育人"最后一公里"。此外,从思想政治教育的实施过程来看,学生一定程度、一定场合下也扮演了自我教育、自我管理的教育者的角色。所以,最广义的高校思想政治教育工作质量评价的施教客体既包括了高校全体教职员工,也包括了广大学生。从狭义上看,高校思想政治工作队伍是思想政治教育工作质量评价的施教客体,具体包括高校党政干部和共青团干部、思想政治理论课教师和哲学社会科学课教师、辅导员班主任和心理咨询教师等人员。在目前的思想政治教育工作质量评价体系中,更多地是指狭义的思想政治工作队伍。但是,随着党中央对高校思想政治工作的重视程度越来越高,立德树人工作成为衡量高校各项工作的第一标准。这就要求我们坚持问题导向、坚持改革创新、坚持与时俱进,在进行思想政治教育工作质量评价中,将广义的思想政治教育施教者纳入其中,将狭义的思想政治教育施教者作为重点考核对象,既做到全面又突出重点,着重要求思想政治教育施教客体坚持教书和育人相统一、坚持言传和身教相统一、坚持潜心问道和关注社会相统一、坚持学术自由和学术规范相统一。

2. 施教客体的作用

在思想政治教育的过程中,施教客体发挥着重要的教育引导、答疑解惑和德行培育作用,因而是高校思想政治教育工作质量评价必须予以关注的重要客体。

(1)教育引导作用

思想政治教育施教者在整个教育过程中具有理论传授和引导的作

用。正确的理论指导是人们开展各项实践活动的前提和基础，思想政治教育施教者承担着传播先进思想和科学理论的重要职责，坚持育人导向，突出价值引领。在教育教学过程中，着重开展马克思主义中国化最新成果宣传教育，加强党的基本理论、基本路线、基本纲领和基本经验教育以及党史宣传教育，并利用重要节庆日、重大事件开展爱国主义教育、民族团结进步教育和时代精神教育。在思想政治教育的过程中，施教者有责任向受教者灌输先进思想和科学理论，引导受教者在思想认识和行为取向上朝着正确的方向发展。

（2）答疑解惑作用

“师者，所以传道授业解惑也。”思想政治教育的施教者承担着对受教客体开展思想政治教育和答疑解惑的责任，应指导学生运用马克思主义的观点、立场和方法解决现实生活中的问题，教导学生运用正确的价值观念来看待社会问题，解释社会现象。

（3）德行培育作用

思想政治教育施教者承担着向施教对象传播主流意识形态，使教育对象了解、接受社会主流意识形态的内容与要求，使受教者不仅能认同主流意识形态，并能自觉将其转化为行为，进而提高其思想政治素质。思想政治教育施教者的目标在于通过教育实践，使受教者的思想行为不断趋向社会主流意识形态要求的方向前进。

3. 施教客体的特点

施教客体作为高校思想政治教育工作质量评价的重要对象，其自身具备的原则性、专业性和表率性等特征是质量评价考量的重要指标。

（1）原则性

在思想政治教育工作质量评价过程中，施教客体自身应坚持党的教育方针、基本政策和思想，具有坚定的理想信念和价值追求，不断加强对党的教育思想的学习和传播。思想政治教育是一项具有极强的意识形态性的工作。思想政治教育工作质量评价必须坚持正确的政治方向，以巩固马克思主义在高校意识形态领域的主导地位。在经济全球化、信息网络化的时代，多元化的价值观念冲击受教者的价值观和判断力，特别是改革开放以来,经济迅速增长的同时,多元文化观念的交锋愈加激烈,时代的变迁促使施教者处于更加复杂多变的环境。习近平总书记曾指出:“我国高等教育发展方向要同我国发展的现实目标和未来方向紧密联系在一起,为人民服务,为中国共产党治国理政服务,为巩固和发展中国特色社会主义制度服务,为改革开放和社会主义现代化建设服务。”①因此,思想政治教育工作质量评价施教者应紧紧围绕培育时代新人的要求,坚持以习近平新时代中国特色社会主义思想为指导,以立德树人为根本,以理想信念教育为核心,以社会主义核心价值观为引领,重点对受教者进行思想政治教育,引导大学生接受主流价值观念,引导学生运用马克思主义的基本原理,在是非善恶面前做出正确判断,保证思想政治教育的各个环节正确发展。

(2)专业性

一是思想政治理论课教师具有熟练掌握运用马克思主义原理、中国特色社会主义理论专业知识的能力。二是辅导员深入了解把握思想政治教育的学术前沿和学术思想。三是心理咨询教师具有利用专业知识对学生进行引导的能力。施教客体的专业性来源于对于本学科知识,以及党的理论成果的熟练掌握。党的思想理论具有与时俱进的优秀品质,新的时代和国内外形势的不断变化,决定了党的思想理论也要跟上时代的发展不断注入新的活力。这也决定了思想政治教育的施教者应紧跟时代发展的要求,把握社会发展规律,不断更新自身的理论体系和知识结构;应根据学生成长成才的特点,结合马克思主义理论研究和建设工程重点教材、高校思想政治理论课统编教材等,深入浅出地进行教育。

(3)表率性

主要是指在思想政治教育过程中施教者以身作则,以良好的道德水平对学生进行言传身教,成为学生学习的典范。孔子曰其身正,不令而行,其身不正,虽令不从。教育过程不仅是言传的过程,更注重身教。学

① 《习近平在全国高校思想政治工作会议上强调　把思想政治工作贯穿教育教学全过程　开创我国高等教育事业发展新局面》,《人民日报》2016 年 12 月 9 日。

高为师，身正为范。作为思想政治教育的施教者，不仅要有渊博的知识体系能为学生答疑解惑，更要用高尚的道德情操感染学生。施教者以思想政治表现和育人功能发挥作为首要指标，不忘立德树人初心，牢记人才培养使命，将更多精力投入到教书育人工作上。坚定自身对马克思主义的信仰，拥护中国共产党的领导，时刻注意自身的言行举止，在思想和行动上起到表率作用。

（三）高校思想政治教育工作质量评价的受教客体

高校思想政治教育工作质量评价的受教客体作为思想政治教育对象，其思想政治素质、道德素质、文化素质和身心健康素质是质量评价关注的重要方面。不同的时代背景和教育环境也决定了以“95 后”大学生为主的受教客体呈现出视野开阔、环境优良和性格更为可塑等特征。

1. 受教客体的构成

高校思想政治教育工作质量评价的受教客体是指在高校思想政治教育的过程中，施教客体进行教育和教育环境施加影响的对象。具体而言就是思想政治教育对象，特别以“95 后”大学生群体为代表，这一群体呈现出鲜明的特征。

2. 受教客体的素质

2014 年 5 月 4 日，习近平总书记在同北京大学师生代表座谈时对广大青年提出了具有执着的信念、优良的品德、丰富的知识、过硬的本领等四点要求。2016 年 12 月 7 日，习近平总书记在全国高校思想政治工作会议上的重要讲话中指出，思想政治工作从根本上说是做人的工作，必须围绕学生、关照学生、服务学生，不断提高学生思想水平、政治觉悟、道德品质、文化素养，让学生成为德才兼备、全面发展的人才。2017 年 5 月 3 日，习近平总书记在考察中国政法大学时指出，青年要坚定理想信念、树立崇高志向；要自觉励志勤学、刻苦磨炼；要训练思维方法、提升思维能力；要磨砺意志品质、锤炼高尚品格。2018 年 5 月 2 日，习近平总书记在北京大学师生座谈会上的重要讲话中鼓励广大青年要爱国、励志、求真、力行。同年 9 月 10 日，习近平总书记在全国教育大会上的重要讲话中又强调,要在坚定理想信念上下功夫、在厚植爱国主义情怀上下功夫、在加强品德修养上下功夫、在增长知识见识上下功夫、在培养奋斗精神上下功夫、在增强综合素质上下功夫等六大要求。习近平总书记的这些重要论述,明确提出了青年学生德才兼备、全面发展的系列要求,从青年学生的理想信念、爱国情怀、品德修养、知识学习、意志品质、综合素质等方面进行了深刻论述、系统阐释,为我们评价思想政治教育受教客体的素质提供了根本遵循。因此,思想政治教育工作质量评价是一个长效性的评价,评价内容应符合新时代党和国家对高校人才培养的要求,以及大学生成长成才的需要。虽然随着实践的发展和学科建设的深入推进,评价的内容可能不断增加,但评价的最终目的均在于对思想政治教育系统内部各要素的调控,以实现系统整体的最优化。因此,对受教客体的评价主要从思想政治素质、道德素质、文化素质和身心健康素质四个方面进行。

(1)思想政治素质

思想政治素质是思想政治教育工作质量评价的受教客体首要的素质,是中国特色社会主义事业接班人应具有的重要素质。主要包括两个方面:首先,受教客体应具有正确的政治立场,即坚持中国共产党的立场和坚持以人民为中心的立场。中国共产党是中国工人阶级的先锋队,同时是中国人民和中华民族的先锋队,是中国特色社会主义事业的领导核心,代表中国先进生产力的发展要求,代表中国先进文化的前进方向,代表中国最广大人民的根本利益,党的立场和人民的立场是完全一致的。因此,受教客体首先应具有正确的政治立场。其次,受教客体应具有一定的马克思主义理论素养,养成历史思维、辩证思维、系统思维、创新思维等思维习惯。也就是通过接受系统的思想政治教育,学会用马克思主义的立场、观点、方法,分析和解决现实生活中遇到的一些综合性、深层次的理论和认识问题,能够正确认识世界和中国发展大势,正确认识中国特色和国际比较,把握历史和时代的发展方向,提高甄别是非曲直、善恶美丑的能力,自觉抵制错误思想和社会思潮的侵蚀,树立中国特色社会主义共同理想和共产主义远大理想。

(2)道德素质

良好的道德品质是受教客体应具备的基本素质之一。正确的道德观有助于受教客体把正确的世界观、人生观和价值观转化为具体的思想行动。因此,受教者应接受良好的道德素质教育,使其在理想信念、人生目标和道德标准等方面形成正确的感知和认同。道德素质最主要的测评标准,就是要培育和践行社会主义核心价值观。社会主义核心价值在公民层面倡导“爱国、敬业、诚信、友善”。这四点要求可以作为受教客体的道德素质的主要测评点。其中,就衡量高校思想政治教育实效性而言,爱国是道德素质中最主要的测评点。习近平总书记在多个场合、多次重要讲话中都重点强调,爱国是人世间最深层、最持久的情感,是一个人立德之源、立功之本,号召青年要把自己的理想和同祖国的前途,把自己的人生同民族的命运紧密联系在一起,扎根人民、奉献国家。

(3)文化素质

文化素质是大学生成长成才的基础。文化素质主要体现在知识水平、个人素养及能力等方面,进而表现为特定的心态、价值观念和行为举止。随着我国教育水平的不断提升,受教客体的文化知识水平、艺术修养、科学知识的掌握程度等较以往都有了显著提升。对受教客体的文化素质的测评可以分为四个维度:第一个维度是文史素养。主要是传承和弘扬中华优秀传统文化、革命文化、社会主义先进文化教育,全面了解党史、国史、改革开放史、社会主义发展史。第二个维度是法律素养。主要是掌握基本的宪法和法律知识,树立正确的法治观念,养成尊法、学法、守法、用法的良好习惯。第三个维度是科学素养。主要是要掌握基本的科学知识,培养科学精神和科研素养。第四个维度是美学素养。主要是要掌握基本的美学知识,能够自主开展基本的艺术认知、鉴赏与实践活动,具有发现、感知、欣赏和评价美的审美能力,拥有健康的审美情趣。

(4)身心健康素质

现代社会环境下,经济高速发展所带来的复杂性和多变性,使得多元价值观的碰撞与冲击,在不同程度上对受教客体产生强烈的身心震荡。特别是物质条件的相对优越,家庭成员的精心呵护,使得部分青年学生面对挫折困境时自我调节能力较低,环境适应力和沟通能力较差,出现一些心理失衡和心理疾病时不能及时调节和排解,甚至造成一些负面影响。身心健康素质是受教客体应具备的基本素质,也可以从两个层面来测评:首先是身体健康。身体是革命的本钱,是学生成长成才的基本条件。要树立健康第一的理念,为学生体育活动提供场地、时间、师资、营养保障,减轻学生课业负担,提高学生体育锻炼质量,让学生在体育锻炼中享受乐趣、增强体质、健全人格、锤炼意志。其次是心理健康。它要求受教客体应适当的学习和掌握疏解心理压力和预防心理疾病的知识和方法,学会自我调节,优化心理素质,能够正确认识时代责任和历史使命,正确认识远大抱负和脚踏实地,拥有理性平和、积极向上的健康心态,具有自强不息、百折不挠的奋斗精神,保持乐观向上的人生态度,实现心理健康素质与思想道德素质、科学文化素质协调发展。

3. 受教客体的特点

受教客体的特点是指思想政治教育工作质量评价的教育对象区别于思想政治教育工作质量评价其他客体的独特之处。高校思想政治教育工作质量评价受教客体的时代环境和教育环境决定了其具有如下特点。

(1)视野的开阔性

高校思想政治教育工作质量评价的受教客体不是一个静止的概念,而是一个动态的发展客体,是随着主体和时间的变化而变化,具有时代性的特征。大学生群体,特别是“95后”大学生群体是新时代思想政治教育工作质量评价的受教客体的主要对象。他们不仅拥有青春期大学生的共性特点,同时还受到时代背景影响,有着自身独特的思想、行为方式和年龄特点。例如,思维多元化,视野开阔,在网络媒体普及的时代,其接受的信息量和信息渠道都决定了他们视野的开阔性和见解的独到性。

(2)环境的优良性

当前,高校思想政治教育工作质量评价的受教客体以“95后”大学生群体为主。这一代大学生,成长在“两个一百年”奋斗目标的历史交汇期,成长在中华民族从“富起来”到“强起来”的新时代,其人生发展的黄金期与实现中华民族伟大复兴的关键期高度耦合,时代注定了他们要成为实现中华民族伟大复兴中国梦的建设者、见证者和受益者。高校思想政治教育的根本任务，就是要培养德智体美劳全面发展的社会主义建设者和接班人，培养能够担当民族复兴大任的时代新人。新的时代背景和伟大的历史使命，决定了受教客体特定的成长环境，其主要包含现代社会的物质环境和精神环境，其中物质环境决定和制约了精神环境；精神环境反映和反作用于物质环境。现代社会物质环境的发展为受教客体的成长成才提供了坚实的物质基础。随着我国经济的发展，精神文明建设也不断提升。精神文化水平的不断提升，良好的社会风尚为受教客体起到了示范作用，为其接受和认同正确舆论，不断提升个人道德水平，营造出风清气正的良好社会氛围。

（3）性格的可塑性

高校思想政治教育工作质量评价的受教客体处于价值观形成的重要时期，具有极强的可塑造性。在这一关键时期，其表现出极强的主观能动性，即在接受思想政治教育的过程中，受教客体不是消极被动的，而是有目的、有选择的。习近平总书记多次强调，青年是社会上最富活力、最具创造性的群体，是锐意进取、开拓创新的时代先锋；青年学生富有想象力和创造力，是创新创业的有生力量。他们善于接受和吸纳新鲜事物，特别是网络新媒体的出现，对他们的思想产生冲击和影响。通过系统的思想政治教育活动，有助于受教客体不断提升自身能力与素养。

四、高校思想政治教育工作质量评价的主客体互动

从系统论的观念来看，思想政治教育工作质量评价是一个动态的、复杂的系统，在高校思想政治教育工作质量评价这个大系统里，评价主体和评价客体是子系统，而子系统内部又有诸多因素相互作用，相互制约，影响着思想政治教育活动的质量。高校思想政治教育工作质量评价的主客体不是一成不变的，根据他们在思想政治教育工作质量评价中所履行的职能情况来判断他们在这一活动中所处的地位。根据评价形式、评价内

容的侧重点不同，评价主体和客体也会随之产生相应地改变。基于高校思想政治教育工作质量评价主、客体的特征，评价方式、评价过程的特点，可以将主客体的互动具体分为管理过程中的主客体互动、教学过程中的主客体互动、学习过程中的主客体互动。

（一）管理过程中的主客体互动

从管理过程来看，高校思想政治教育工作质量评价的主客体互动主要是指党委和国务院的宣传或教育主管部门、地方党委和政府、高校党委管理机构在行使评价职能时与评价客体系统内部诸要素的互动。评价主体对评价客体行使监督、指导、评价的职能，评价客体接受评价主体的监督、指导，但评价客体不是完全处于被动接受的地位，而是与评价主体在制度建设、环境营造、组织协调、条件构筑过程中有双向的互动。

1. 制度建设过程中的主客体互动

制度具有广义与狭义之分，狭义的制度是指相关人员共同遵守的办事规程或行动准则。广义的制度是指在一定历史条件下形成的政治、经济、文化等方面的体系如社会主义制度。① 本书特指前者。“没有规矩不成方圆”，制度建设的重要性不言而喻。2017 年 2 月中共中央、国务院印发《关于加强和改进新形势下高校思想政治工作的意见》并指出：“要健全高校思想政治工作评价体系，研究制定内容全面、指标合理、方法科学的评价体系，推动高校思想政治工作制度化。”②评价制度的建设，有利于推进思想政治教育工作的制度化。

（1）制度建构过程中的主客体互动

评价主体在制度建设中起着主导作用，规定着制度建设的方向，以及其中所蕴含的价值判断。但评价客体对评价制度的认同，是评价制度得以顺利贯彻执行的前提。这就需要主体在制度建设中，与客体不断互动，达成共识，确保制度的科学性、适用性。思想是行动的先导，评价主体要

① 《辞海（缩印本）》，上海辞书出版社 1999 年版，第 1756 页。

② 《中共中央、国务院印发〈关于加强和改进新形势下高校思想政治工作的意见〉》，《人民日报》2017 年 2 月 28 日。

营造良好的舆论氛围，使各方相关人员认识到评价制度建立的紧迫性、重要性，吸引评价客体积极关注评价制度的建设。评价主体需要在制度建设过程中充分与评价客体交流沟通，如可以通过学术交流研讨会、走访座谈、实地考察、信息统计等方式，及时把一线思想政治教育实践经验，归结为评价制度创新的基本要素。

（2）制度执行过程中的主客体互动

制度制定并未完成制度建设过程，还必须抓好制度执行工作。在建好制度的基础上，加强对制度的宣传，使评价客体增强制度意识，增强崇尚制度的理念。同时也要加强执行制度的过程管理，加强对制度落实情况的跟踪抽查检查，掌握评价客体的思想政治教育的实际情况，并形成相关的反馈报告，为进一步深化评价制度，提高评价制度的科学性、实效性提高参考。如 2014 年 5—7 月，中宣部、教育部对部分省（区、市）和高校开展大学生思想政治教育工作测评情况进行抽查，通过跟踪抽查，两部基本掌握了各地各高校《测评体系》贯彻落实的主要成效及存在问题，并形成《全国大学生思想政治教育工作测评报告》，为高校思想政治教育工作质量评价研究的进一步深化与构建新的评价体系，提供了重要参考。

2. 环境营造过程中的主客体互动

马克思指出："人创造环境，同样，环境也创造人。"①一方面，环境给人以影响，制约人的活动；另一方面，人的实践活动也可以改变环境，并在改变环境的同时改造自身。马克思主义关于人与环境的理论，是指导思想政治教育处理人与环境关系的基本理论，也为评价主客体在环境营造方面提供了指导意义。高校思想政治教育工作质量评价环境即是以对高校思想政治教育工作的评价为中心，形成的制约和影响该评价过程的所有外部条件的总和。② 从环境营造过程来看评价的主客体互动，可以从评价的政治环境、评价的政策环境、评价的实施环境等方面来考量。

从评价的政治环境来看，党的十八大以来我国的政治环境不断优化，

---

① 《马克思恩格斯选集》第 1 卷，人民出版社 2012 年版，第 172—173 页。

② 曾永平：《高校思想政治教育工作质量评价的人文关怀之维》，《思想教育研究》2018 年第 5 期。

民主法治建设迈出重大步伐,公民的权利和自由得到充分保障,这些都为思想政治教育工作质量评价的主客体互动营造了良好的外部环境。在评价客体行使表达意见的权利和评价主体行使评价权力的博弈过程中,评价制度可以无限接近最优,从而促进评价的科学性和有效性。马克思主义是我们党和国家的指导思想,马克思主义哲学可以为思想政治教育工作质量评价提供科学的理论指导;思想政治教育工作是我们党的优良传统和政治优势并受到高度重视,中国共产党主要领导人关于思政工作的论述为思想政治教育工作质量评价提供了强大的理论支撑。

从评价的政策环境来看,评价主体高度重视高校思想政治教育工作质量评价,出台了一系列政策法规,如 2017 年 2 月中共中央、国务院印发《关于加强和改进新形势下高校思想政治工作的意见》。2017 年 12 月,教育部印发了《高校思想政治工作质量提升工程实施纲要》,从目标原则、基本任务、主要内容、实施保障四个方面论述了如何提升高校思想政治教育工作质量,对构建高校思想政治教育工作质量评价机制作了相应的规定。这些相关文件政策,不但有利于推动高校思想政治教育工作制度化、规范化,而且为构建高校思想政治教育工作质量评价体系提供了重要的理论来源。评价客体也纷纷结合自身实际,把思想政治教育工作质量评价方案落实到具体工作当中,积极营造评价氛围,有效开展思想政治教育工作质量评价。

从评价的实施环境来看,在具体评价环境中,评价主体与评价客体良性互动,评价客体给予评价主体应有的尊重、理解和支持,并提供力所能及的合规合法的服务。评价主体抱着理性平和的心态,力求使评价符合高校思想政治教育工作实际,在评价过程中总结好的经验和做法,找出不足,为高校思想政治教育的发展提供客观依据。

3. 组织协调过程中的主客体互动

高校思想政治教育工作质量评价是一个动态的、复杂系统,这就需要对各系统、系统内部各因素进行组织协调,调动各方面的资源和力量形成合力,落实"全员全过程全方位"措施。其中,评价主体系统占据主导地位,通过履行计划、组织、指挥、控制等管理职能,协调各组成要素,对评价客体进行有效指导、监督,形成协同育人的工作格局。在组织协调过程中,评价主体和评价客体的双向互动,有利于协调各方,发挥系统合力,推进思想政治教育的创新发展。

具体来说,国家相关职能部门通过对党和国家思想政治教育相关政策的制定与解读、思想政治教育计划的推行等对全国高校思想政治教育进行指导与服务。各地各高校按照上级工作部署,开展相关工作,协调系统内部各因素,把握该校该地区思想政治教育工作质量的整体情况,总结经验,查找不足,制定落实整改措施。在组织协调过程中,评价主体对评价客体的指导并不是单项输出的过程,而是高度互动的过程。评价客体作为一线教学活动、日常思想政治教育活动的组织者和管理者,掌握了大量相关信息,积累了丰富的实践经验,为高校思想政治教育工作的创新发展提供了条件和可能。教育主管部门加大各项工作的基层调研和意见征求力度,认真听取好的建议和想法,积极挖掘好的经验和做法,作为制定政策的依据和参考。组织协调过程中的主客体互动还表现在:教育主管部门积极构建与各地各高校的联动机制,推动各省(市)教育部门和高校党委、学工部门的配合;依托教育部高校辅导员培训研修基地和有关高校,举办全国高校辅导员示范培训班及教育主管部门对各地各高校思想政治教育资源的整合等方面。

4. 条件构筑中的主客体互动

条件构筑中的主客体互动,是指评价主体系统为保障评价客体系统的思想政治教育质量所构筑的一系列条件及二者在其中的互动。具体来说,教育主管部门为保障高校思想政治教育工作质量所做出的决策和举措,以及这些举措和决策对高校思想政治教育工作各因素(主要是指高校思政教育工作者、学生、教育环境等因素)的影响以及收到的效果和反馈。评价主体对评价客体的条件构筑,主要体现在颁布一系列政策文件,对各地各高校的思政工作进行宏观指导,同时评价客体作为地区和高校的管理主体,根据政策文件,结合本地本校实际,做出相关举措,提升思想政治教育工作质量。条件构筑过程中的主客体互动表现在以下方面:

评价主体完善政策法规,强化引领作用。近年来党和国家对高校思想政治教育工作的重视程度不断加强，教育主管部门也不断出台相关政策来完善法规，加强引领作用。如2014年3月，教育部印发《高等学校辅导员职业能力标准（暂行）》（教思政〔2014〕2号），职业能力标准的研制强化了辅导员队伍建设的政策导向，为政府、高校和各级部门推进辅导员队伍建设提供了基本依据，有利于推动政府、高校和各级部门进一步制定完善辅导员队伍准入、考核、培养、发展、退出机制；充实丰富了辅导员工作的专业内涵，为辅导员主动提升专业素养和职业能力指明了路径和方向；规范了辅导员的工作范畴，明晰了辅导员的岗位职责和工作边界，增强了辅导员的职业自信心和职业归属感。

评价客体积极搭建平台，加强队伍建设。评价客体通过多种形式搭建平台，加强队伍建设。例如，加强辅导员队伍建设：建立首批高校辅导员培训和研修基地、每年举办全国高校辅导员示范培训班、组织招收高校辅导员在职攻读思想政治教育专业博士学位、选派优秀学生工作干部赴海外高校访学研修、全国高校辅导员年度人物评选等。同时还积极加强思政教师队伍建设：大力培育领军人才，在“长江学者奖励计划”中，加大对思想政治教育相关领域高层次人才倾斜支持力度。强化项目支持引领，实施“高校思想政治工作中青年杰出人才支持计划”，支持出版理论和实践研究专著，培育一批高校思想政治工作精品项目，建设一批高校思想政治工作名师工作室。而队伍建设的加强，工作队伍中先进分子、先进典型的涌现，也会起到辐射、引领、示范的作用，从而推动高校思想政治教育工作质量的提升。

（二）教学过程中的主客体互动

目前对教学过程的定义纷繁复杂，但所有的定义都离不开教师的教和学生的学，教学过程是由教师的教和学生的学所组成的“双边”活动过程。教师和学生是教学过程中的两个重要因素。从教学过程来看，在思想政治教育工作质量评价的主客体互动中，教师和学生互为评价的主客体。一方面，教师作为教学活动的主体，对学生之学进行评价，教师对学生的学习成绩、学习过程、学习态度、学习情感与策略进行评价。在这一过程中，教师为评价主体，学生为评价客体。另一方面，学生作为教学活动的客体，在某种意义上也是教学活动的主体，具有主观能动性，反作用于教育者和教育内容、教育方式等，如学生进行的评教活动、学生的口头评价、投票选举最美教师等活动。在这一过程中，教师是评价客体，学生为评价主体。需要指出的是，不论是教师作为评价主体还是学生作为评价主体，他们并不是相互独立、相互割裂的，而是互为依存，不断转化，统一于教学过程这一整体。

1. 课堂教学过程中的主客体互动

2016 年 12 月，习近平总书记在全国高校思想政治工作会议上指出："要用好课堂教学这个主渠道，思想政治理论课要坚持在改进中加强，提升思想政治教育亲和力和针对性，满足学生成长发展需求和期待。"①进一步明晰了课堂教学在高校思想政治教育工作中的重要地位与作用。

教师通过与学生的沟通交流，了解学生关注的热点话题，为增强课堂的互动程度做好提前准备。在课堂教学过程中，教师广泛运用启发式、参与式、互动式、研究式、案例式等教学方法，利用新媒体等现代化教学手段，采用诊断性评价、形成性评价、终结性评价等评价方法，对学生的学习状态、学习效果、学业成绩等方面进行评价。教师作为评价主体进行评价的过程，也是学生作为评价客体，参与课堂教学过程、反馈教学信息、体现教学效果的过程。教师根据学生学习的客观实际，不断改进的教学方法，采取相应措施达到改善教育活动及其成果的目的。教师对学生评价的过程，也是教师对自己课堂教学进行自我的评价过程，此时教师既是评价的客体，又是评价的主体。随着学生学习主体地位的确立，在教学过程中，学生也会对教师的教学过程进行评价，如组成学生评议小组，定期开展课程评价活动；聘请学生信息员，每学期对教师的教学情况进行评价；学生口头评价；自主选课，直接评教；等等。学生作为评价主体可以最大限度地反映教师教学的平常状态，为改进教学，判断教学效果提供依据。学生

① 《习近平在全国高校思想政治工作会议上强调　把思想政治工作贯穿教育教学全过程　开创我国高等教育事业发展新局面》，《人民日报》2016 年 12 月 9 日。

作为评价主体,既评教师的教,也评自己的学,此时学生既是评价主体,也是评价客体。

在课堂教学过程中,教师和学生互为评价的主客体,相互依存,不断转换,统一于整个课堂教学过程中。教学过程的评价不是为“评”而“评”,而是在适应现代化教学的需要中,以“评”促“建”。通过教学过程中的主客体互动,可以及时反映学生的思想动态和出现的问题,促使教学与时俱进,及时回应青年学生关心和关注的问题,用充满时代气息的思想予以引领,从而达到提高教学质量的目的。

2. 实践教学过程中的主客体互动

这里所说的实践教学,是与课堂教学相对应的概念。课堂教学以理论传授为主,注重提升大学生的马克思主义理论素养,解答当代大学生的思想困惑;实践教学以实践为主,侧重解决大学生在学习生活中遇到的实际问题。但课堂教学和实践教学不是相互割裂的,课堂教学中也有教学实践,实践教学中也存在着理论灌输。

在实践教学过程中,辅导员、班主任等教育工作者,是实践教学活动的发起者、组织者,在实践教学过程中起着主导作用。即教育工作者按照学校的相关规定和要求,以思想政治教育实践基地、党团建设、专业课实习等实践活动为载体,组织学生进行相关的教学实践活动。对于实践教学中存在的问题和学生出现的困惑,教育者给予指导和解释。教学实践过程结束后,教育者对受教育者及其实践教学过程进行评价,总结反思。从这个过程来看,教育者是评价主体,受教育者是评价客体。教育工作者要增强实践教学的实效,需要促进自身与大学生之间的平等对话、互相理解、彼此沟通和教育合作,加强彼此之间的互动。

同时,实践教学突出其“实践性”,教育者虽然在实践教学过程起着指导作用,但受教者也直接参与实践教学活动。实践教学是否促进受教育者的健康成长,是否提高了受教育者的精神境界,受教育者最有发言权,这就需要把受教育者作为日常思想政治教育的评价主体。实践是人的存在方式,实践是以人为主体的,受教育者作为实践的“人”,对教育者的实践教学活动形式及其意义进行评价。同时,实践作为主观见之于客观的活动，也是实践主体不断发展自己、完善自己的过程。受教育者在实践过程中，也会不断进行自我评价，对实践活动进行实时的反思和省悟。通过不断地感悟、自省，增强对理论的认知，在进一步认知的基础上开启新的实践。通过不断的认识—实践—再认识—再实践循环往复的过程，深刻体会、理解和深化理论，最终形成较稳定的道德素养。

3. 言传身教过程中的主客体互动

2016 年 12 月，习近平总书记在全国高校思想政治工作会议提出了"四个相统一"，即坚持教书和育人相统一、坚持言传和身教相统一、坚持潜心问道和关注社会相统一、坚持学术自由和学术规范相统一，引导广大教师以德立身、以德立学、以德施教。可见言传身教是高校思想政治教育工作的题中之义。言传主要是传播理论、思想、观点，身教主要是以实际行动昭示和做出榜样，二者不可相互代替，有机统一于思想政治教育过程中。

教育者把理论讲明白、讲彻底是高校思想政治教育深入人心的内在要求。"但是理论一经掌握群众，也会变成物质力量。理论只要说服人，就能掌握群众；而理论只要彻底，就能说服人。"①而把理论讲彻底，就需要思想政治教育者掌握一定的方式和方法。首先，要深入浅出，贴近青年学生的生活实际，事理结合，通俗易懂；其次，要具有严谨的逻辑思维，有扎实的理论功底，使用概念科学，判断准确，以逻辑的力量征服人；最后，要有较强的语言表达能力，力图使语言准确、生动、有趣、通俗、幽默。把道理讲透彻，使学生听之如饮甘泉，如沐春风，言传才能达到良好的教育效果。反之，讲课沦为概念文字的简单堆砌，学生听之无味，甚至产生厌烦、抵触情绪，很难达到教育效果。同时，言传具有其内在局限性，而行为方式可以产生潜移默化的影响。因此，在高校思想政治教育中须重视"身教"的作用。所谓身教，是指教育者言行一致，以自己的实际行动产生教育影响。也就是说作为一定思想观念、政治观点、道德规范的倡导者，教育者要以身作则，努力践行自己所倡导的价值观念和道德规范，以

① 《马克思恩格斯文集》第 1 卷，人民出版社 2009 年版，第 11 页。

自身的模范行为渲染和感染教育对象，形成教育力量，提高思想政治教育的实效性。言传身教也是教育者与受教育者的双向互动过程。一方面，教育者通过自身的言行对受教育者产生作用，向其灌输、示范符合社会要求的思想政治品德，在这一过程中，教育者是教学活动和评价活动的主体。另一方面，受教育者的言行对教育者及其教学过程产生反作用，在这一过程中，受教育者反观教育者及其教学活动，成为评价主体。

4. 环境熏陶过程中的主客体互动

思想政治教育过程中的环境熏陶是指教育者充分利用受教育者周围的教学环境以及教育者自身创造的教育情境，对受教育者进行熏陶和感染，使受教育者在潜移默化中提升思想政治品德的方法。受教育者受环境熏陶的过程并不是一个消极被动地接受外部环境的过程，而是受教育者能动地自觉地吸收环境中的教育因素，并内化为自身素质构成的过程。可见，在环境熏陶视域下，思想政治教育主客体也是一种双向互动关系。这里对思想政治教育的人际环境和文化环境做一简要分析。

良好的人际环境是一种平等、民主的人际环境，这种良好的人际环境是在主客体良性互动中构建的。思想政治教育工作者充分尊重学生，了解学生，用欣赏的眼光看待学生，学生的存在感、主体性特征则会增强。思想政治教育过程中民主、平等的良好人际环境的构建，实际上是环境因素通过教育主客体人际关系上的互动这一实践形式将思想观念、价值观点等逐步渗透于学生的意识和行为中，影响其思想政治品德形成、发展的过程。文化环境的内涵丰富，对高校思想政治教育而言，校园文化环境的意义尤为凸显。校园文化是学校群体价值观的集中体现，积极向上的校风、优良的学风、文明守纪的班风，以及形式多样、健康开放的校园文化活动，有助于为思想政治教育及其质量评价营造良好的文化环境。高校思想政治教育工作者可通过校园网、官方微信、校园广播、系列主题教育活动等深化与青年学生的互动，推动思想政治教育及其质量评价的实现。

（三）学习过程中的主客体互动

从学习主体的视角来审视外化和内化的互动过程，表现为学习主体内部诸因素(知、情、意、信、行)与外部环境各要素(外部信息、环境、社会规范等)的互动。学生是教育质量评价效果的最终体现者,学生作为学习的主体,主导着学习过程,并对其中的信息进行主动选择。学习过程中的主客体互动就是指学习主体从可感知的情境中有效筛选信息,并根据已知构建新知,促使自身知、情、意、信等矛盾循环往复的运动,把思想品德认识转化为相应的思想品德行为,并发展为良好行为习惯的过程。其实质是学习主体对所学知识、所在环境进行评价,并主动地、有选择地消化吸收,把社会规范内化于心、外化于行的过程。

1. 内化过程中的互动

在思想政治教育的内化阶段,学习主体在一定的学习情境中,以自己已有的认识水平为基础,自觉地选择、消化、吸收社会要求,从而转化为个体意识,即内化于心。具体表现在以下几个方面。

(1)感受阶段的评价:形成正确的认识

思想品德认识是思想道德情感及其行为的基础,受教育者的情、意、信建立在正确的认知基础上。学生作为学习主体,不是一个消极的信息储存系统,不是被动接收信息的容器。学习主体是一个自我决定者,他们根据自身独特的内部机制对外部信息进行选择和取舍,积极地从可感知的情境中选择有效信息,并根据自己已有知识经验进行新的构建。当所学知识与学习主体的已有知识、经验相契合时,学习主体就会形成积极的评价,学习动机就会增强,有效接收的信息量就会增大,学习效果就会提高。反之,如果学习主体形成消极评价,学习动机就会削弱,学习效果就会降低。因此,管理主体、教育主体应为学习主体提供良好稳定的外部环境和有效信息,促使学习主体形成积极评价,从而使思想政治教育的相关理论知识真正入脑入心。

(2)分析阶段的评价:坚持正确的价值导向

学习主体对外部相关因素的评价,对相关信息的选择和取舍,本身就包含了一定的价值判断。学习主体通过对知识所负载的价值进行不断地认知、体验、评价、探索,进行深层次的思想与道德反思,做出自己的价值判断。学习主体对信息环境进行分析判断的过程,也是将认识感知上升到情感层次的价值体验过程,同时也是一个自我教育、自我评价的过程。当个人价值导向与社会道德规范出现不一致时,学习主体能够用马克思主义理论的相关知识来分析问题,能够以社会主义核心价值观来对照和要求自己,自觉抵制错误思潮,批判错误思想,消弭杂音,坚持本心,促使自己形成符合社会要求的品德信念。管理主体、教育主体要注重学习主体在教育实践过程中主观能动性的发挥,采用启发、引领的方式,促使学习主体坚持正确的价值导向。

(3)预定目标的评价:锻炼坚强的品德意志

学习主体在习得思想品德的过程中,要坚持一定的品德行为进而形成行为习惯,还需锻炼自己坚强的意志品质,这主要表现为学习主体自觉克服困难和排除障碍的毅力。品德意志的培养,需要学习主体从自身条件和客观环境出发,对预定达到的品德目标进行评价,从中选择最优目标,而后制定计划,采取行动,克服困难,从而实现预期目的。预定品德目标应坚持"品德目标与学习主体品德之间保持适度张力"的原则。目标太高或者太低,均不利于学习主体品德意志的形成。

2. 外化过程中的互动

思想政治教育的外化过程,是指受教育者把自身在内化阶段已经形成的个体意识自觉地转化为自身的外在行为,并养成相应的行为习惯。外化阶段的"行"是自觉的,而非他人或者外力强迫所致,只有学习主体充分发挥主体作用,注重自我教育、积极进行自我评价,才能促进内在思想道德向外在道德行为的转化。外化阶段的评价主要从以下几方面展开。

(1)动机活动阶段的评价

动机虽然不与行为一一对应,但动机引发行为。学习主体内在动机越强,动机越纯,越有利于道德行为的产生。学习主体对动机活动的评价,表现为学习主体反思的自觉,即学习主体经过自我分析、自我反省后,主动调整心理状态,激发思想的矛盾运动,加速知行转化。

(2)行为选择阶段的评价

由于主客观条件的限制,在一定发展时期,学习主体内在的知、情、意、信、行等要素在发展方向和发展水平上并不完全一致和平衡，从而导致诸因素之间出现不同程度的矛盾，如知行脱节等。对行为选择阶段的评价，表现为学习主体对行为导向的自我调节，自我控制，调节行为选择与道德动机相一致，与外界环境相一致，促进行为选择的科学性。

(3)习惯养成阶段的评价

良好习惯的养成不是一蹴而就的，它需要学习主体在选择道德行为的基础上做出持之以恒的努力，并坚持不懈地践行。学习主体对习惯养成阶段的评价，是学习主体对道德行为的持久性、道德的稳定性等方面进行自我审视的过程，也是学习主体不断进行自我教育，提高自我修养的过程。

思想政治教育过程中的内化与外化并不是完全割裂的两个过程，而是对立统一，相互依存、相互渗透的。内化是外化的前提和基础，外化是内化的目的和归宿，内化中有外化，外化中也有内化。需要指出的是，在内外化过程中，教育者对外部环境的创设、对学习主体的教育引导等方面也起着重要作用。

第八章　高校思想政治教育工作质量评价指标体系

高校思想政治教育工作质量评价的开展，内含了明确的指标体系、观测基准和施测方法。应当明确工作质量的基准，形成标准化的观测点，构建完整、统一、可比较的指标体系，依据明确的指标体系开展评价工作。新时代构建高校思想政治教育工作质量评价指标体系，要围绕时代特征，反映时代思想，体现思想政治教育工作在高校立德树人中的重要作用。

一、高校思想政治教育工作质量指标体系的构建历程与时代要求

思想政治教育工作质量评价，是反映思想政治教育工作的政治特性和教育效果的重要方式。提升高校思想政治教育工作质量，要健全评价体系，研究制定内容全面、指标合理、方法科学的评价体系。

（一）高校思想政治教育工作质量评价指标体系的构建历程

指标是对事物总体特征的量化反映，在定性描述中逐渐演变出量化标准，由此来推进完善工作，是提升质量的重要方法，也是科学发展的重要路径。指标体系的建立要面向确定的评价对象。

高校思想政治教育工作质量评价，经历了从概念建立，到定性评价，再到标准设立，进而构建指标体系的若干阶段。1985 年，中共中央《关于

教育体制改革的决定》中提出,“衡量任何学校工作的根本标准不是经济收益的多少,而是培养人才的数量和质量”。明确提出人才质量的要求。1993 年,中共中央、国务院《中国教育改革和发展纲要》提出,“中国高等教育要适应加快改革开放和现代化建设的需要,质量和效益明显提高”,人才培养质量和高校办学效益成为考量高校的重要指标,因此,要“加强质量监督和评估制度”,“建立各级各类教育的质量标准和评估指标体系”。按照上级要求完成大学生招收、培养和分配任务,教育引导大学生投身建设,是当时对高校思想政治教育工作进行质量评价的重要指标。在高校内部,围绕高校课程、教师、学生开展了包括考试、鉴定、评议等形式的标准化设计。由于高校大学生政治鉴定、评奖评优、毕业分配等具体工作需要,高校普遍开展了大学生品德和综合能力评价体系,形成了中国高校德育评价的优良传统。

1994 年,中共中央《关于进一步加强和改进学校德育工作的若干意见》明确要求,“要建立德育工作评估制度,并把德育工作作为评价一个地区、一所学校教育教学工作的重要内容。高等学校德育工作应列入‘211 工程’评估标准”。1995 年原国家教委颁布试行《中国普通高等学校德育大纲》,提出了高校开展德育的目标、内容、途径、考评、队伍、保障,指明“德育工作的质量是评价学校办学水平的重要指标之一,德育工作评估是使德育由软变硬,由虚变实的重要措施。按国家教委有关高等教育评估的规章对高等学校的德育工作实行两级评估”,“各省、自治区、直辖市教育行政部门负责对当地各高校(包括中央各部委所属高校)德育实施情况定期进行督促、检查,年终进行评估。各高校负责对本校各系、各部门德育实施情况定期进行督促、检查,年终进行评估”。文件提出,德育评价主要内容明确为五个方面:(1)领导体制、机构和队伍建设情况;(2)“两课”建设情况、“三全育人”工作开展情况,日常思想政治教育工作开展情况、党团工作和学生会工作情况、社会实践开展情况、校园文化建设情况;(3)规章制度建设情况;(4)德育投入情况;(5)学校德育的总体效果。

五个方面构成了德育评价的总体框架,基本上涵盖了高校开展思想政治教育的体制机制、工作过程、队伍保障和效果评价。在每个方面又细化为若干观测点，避免了指标的模糊，如对规章制度建设情况包括七个具体方面：(1)高校德育大纲实施细则；(2)关于高校德育大纲实施情况的评估制度与办法；(3)德育专职教师的培训制度、职务评聘办法；(4)德育专职教师的工作条例、业绩考评和奖励制度与措施；(5)兼职辅导员（或年级主任）、班主任（或班导师）的岗位责任及考核、奖励办法；(6)关于教书育人、管理育人和服务育人的制度；(7)有关学生的考评、奖惩的具体办法。

《中国普通高等学校德育大纲》明确了开展德育工作的主要内容、职责，也就提供了开展质量评价的主要框架，在指标构建上，第一次提出了开展高校德育评价指标框架和内容标准，在具体标准如德育经费上，提出了"占同年政府拨给的事业费和收缴的学生培养费或学杂费总数的2%—4%"的标准。从而，德育评价形成了可观测、可比较的评价体系，跳脱了高等教育系统，不仅反映高校内部人才培养质量，而且上升为高校办学治校的重要指标，成为高校质量外显和社会声誉的重要组成。

《中国普通高等学校德育大纲》侧重于显性指标和效果评价，对于工作过程的质量描述略显笼统，如对"日常思想政治工作"指标描述，"辅导员和班主任是日常思想政治教育的直接组织者和协调者。要深入学生，搞好班集体、宿舍和年级工作；组织开展形式多样、生动活泼的教育活动；有针对性地做好深入细致的个别思想工作；加强心理健康和心理素质方面的咨询与指导；要通过各种行之有效的方式，密切学校与学生家长的联系，争取家庭教育与学校教育的良好配合"，核心指标不够凸显，指标的量化相对不足。

进入21世纪，中央和地方两级教育系统调整完成，大部分高校都处于两级系统管理之下，建立全国相对一致的高校思想政治教育管理体制具备了可行性，2004年，中央出台了《关于进一步加强和改进大学生思想政治教育的意见》，划定了高校思想政治教育的内容，对高校开展社会实践、文化建设、网络思政、心理健康教育、大学生资助和就业工作做出了具体要求，强调了学生党建、群团机构、各类组织在思想政治教育中的重要作用,要求按比例配置专职辅导员,这些都形成了高校思想政治教育工作质量评价指标的内容和标准,文件明确"把大学生思想政治教育工作作为对高等学校办学质量和水平评估考核的重要指标,纳入高等学校党的建设和教育教学评估体系"。文件一方面延续了思想政治教育工作的传统,对各方面要素均有体现;另一方面作为新世纪高校思想政治教育的纲领性文件,更加注重思想政治教育规律,"贴近实际、贴近生活、贴近学生,努力提高思想政治教育的针对性、实效性和吸引力、感染力",更加注重思想政治教育的合力和延展,"坚持教书与育人相结合;坚持教育与自我教育相结合;坚持政治理论教育与社会实践相结合;坚持解决思想问题与解决实际问题相结合;坚持教育与管理相结合;坚持继承优良传统与改进创新相结合"。

随着高等教育的发展,质量越来越成为高等教育的生命线,质量评价不仅是工作评定和价值判断的明确任务,更是反馈和改进高等教育的重要方法,而对于高校思想政治教育工作质量评价的要求和需求也在不断提升。① 此后,教育部先后出台《普通高等学校学生管理规定》《普通高等学校辅导员队伍建设规定》,在全国建立了 21 个教育部高校辅导员培训和研修基地,在高等教育体系内细化和强化了上位文件的可操作性和可检测性。各省区市和高校贯彻落实中央精神,纷纷出台了本地本校的思想政治教育工作质量评价体系。如 2006 年,北京市在此前基础上修订颁布了《北京普通高等学校党建和思想政治工作基本标准》,2010 年,北京市委教育工委对《基本标准》和《北京普通高等学校党建和思想政治工作基本标准检查参考手册》进行了修订。修订后的《基本标准》包括 10 项一级指标、39 项二级指标和 73 项测评要素,总分值为 1000 分。②

2012 年,中宣部、教育部颁布《全国大学生思想政治教育工作测评体系(试行)》,分省区市版和高校版,前者测试地方党委政府加强和改进大

---

① 冯刚:《改革开放以来高校思想政治教育质量评价的回顾与思考》,《教学与研究》2018 年第 3 期。

② 冯刚、严帅:《改革开放 40 年高校思想政治教育管理的发展历程》,《北京师范大学学报(社会科学版)》2019 年第 1 期。

学生思想政治教育工作的进展和成效，后者测试高等学校加强和改进大学生思想政治教育工作的进展和成效。在高校版本的测评体系中，划定了测评的主要框架，即体系中的一级指标，包括六个方面：(1)组织领导；(2)队伍建设；(3)思想政治理论课；(4)课堂外思想政治教育；(5)条件保障；(6)育人环境。

测评体系将各地的测评与高校的测评相结合，旨在推进地方政府贯彻落实《关于进一步加强和改进大学生思想政治教育的意见》文件精神。与1995年《中国普通高等学校德育大纲》相比，更加强调在高校人才培养整体方案中体现思想政治教育工作，更加注重把结果评价融入工作过程中，更加体现"三全育人"和家校合作。2013年开始，中宣部、教育部联合下发通知，要求各地各高校按照《测评体系》要求开展自测自评，随后各省区市、新疆生产建设兵团和全国2000余所高校根据相关要求进行了自测自评并提交了自评报告。2014年，两部门对10省市和辖区内部分高校进行了测评抽查，抽查采用听取工作汇报、查阅文件档案、召开座谈会、个别访谈、实地调查相结合的方式进行，形成了《全国大学生思想政治教育工作测评报告》。这是第一次在全国范围内颁布高校思想政治教育工作质量评价指标体系并实施测试，不仅建立了指标体系和施测标准，采取"状态描述法"对结果进行评定，将定量分析与定性评价相结合，充分尊重思想政治教育的规律性。而且通过全国性的自评与抽查，形成了高校思想政治教育工作质量评价的工作办法，积累了质量评价的实践经验和工作素材。

（二）新时代高校思想政治教育工作质量评价指标体系的核心要素

党的十八大以来，中央领导人在多次会议以及和高校师生的座谈会上提到育人标准。党的十九大报告提出"全面贯彻党的教育方针，落实立德树人根本任务，培养德智体美全面发展的社会主义建设者和接班人"的总要求，2018年，习近平总书记在北京大学师生座谈会上进一步阐释了高校育人的目标；在全国教育大会上对教育质量内涵、教育事业规律和质量提升的原则作出了深刻论述。这些重要论述进一步深化了对高校思想政治教育工作质量的认识和把握，要求在高校整体工作中定位大学生思想政治教育工作质量，凸显出新时代高校思想政治教育工作质量评价指标体系建立的核心要素。突出表现在，在高校党的建设统领下完成大学生思想政治教育工作，将大学生思想政治教育工作质量与立德树人的目标任务相关联，注重大学生思想政治教育工作内部与外部的协同发力。

首先，用高校党的建设统领大学生思想政治教育工作。党的十九大、全国高校思想政治工作会议、全国教育大会多次论及党的建设，高校党的建设定位于培养担当民族复兴大任的时代新人。培养符合党和国家事业发展需要的青年大学生，这是新中国高校党的建设理论和实践的经验总结。把握高校党建在大学生思想政治工作中的“龙头”作用，主要体现在三个方面。

第一，以党的建设指导大学生思想政治教育工作。中国共产党作为领导中华民族实现伟大复兴的核心，需要一代又一代愿意投身中国特色社会主义事业的青年接续奋斗，这就要求持续不断培养社会主义合格建设者和可靠接班人。思想政治工作是学校各项工作的生命线，贯彻落实党的教育方针政策，首先要在大学生思想政治工作中坚持党的领导。高校党委和各级党组织认真贯彻落实党的教育方针，完成上级党组织各项工作任务，为大学生思想政治教育工作举旗定航。以党的建设为引领，能够保持鲜明的政治底色。①

第二，在党的建设中汲取丰富的理论滋养和实践支撑。高校大学生思想政治教育内含于高校党的建设中，党的十九大报告着重提出加强党的建设质量，相应的，大学生思想政治教育工作质量也构成了高校党的建设质量的重要维度。新时代大学生思想政治教育工作质量评价体系建设，集合了党的建设对新时代新形势的回应、思想政治工作因事而化因时而进因势而新的过程、高等教育质量提升目标和新时代青年成长发展的

---

① 秦在东：《以党的建设引领高校思想政治工作的路径思考》，《思想教育研究》2018 年第 9 期。

一般规律。标准的制定和评价的重点,突出反映了大学生思想政治教育中党的建设工作的具体落实。比如北京市制定的《北京普通高等学校党建和思想政治工作基本标准》时,就把高校党的建设作为评价的重要维度纳入标准体系统一构建。党的十九大召开后启动第三轮入校检查,重点关注学习宣传贯彻党的十九大精神情况,贯彻落实北京市第十二次党代会精神情况,落实全国和北京市高校思想政治工作会议精神情况,近年来中央推进全面从严治党重点任务落实情况,巡视中发现的、涉及党建和思想政治工作方面的问题整改情况等。

第三,丰富和深化组织育人的内涵和实效。党的十九大报告中首次提出组织力的概念,确保党的基层组织能够贯彻落实党的方针路线政策和决策部署,能够将宣传党的主张、贯彻党的决定、领导基层治理、团结动员群众、推动改革发展的坚强战斗堡垒。全国高校思想政治工作会议上提出"七个育人",其中就包含组织育人,要求高校依托各级各类组织,加强组织建设,在大学生思想政治教育中发挥党团组织、班集体、学生社会团体以及各类新型组织的凝聚力和向心力。从组织力的要求来看,用高校党的建设来统领大学生思想政治教育工作,体现出两者目标任务的统一性。

其次,在立德树人根本任务中定位大学生思想政治教育质量。高校的根本任务在于立德树人,全国教育大会上将坚持立德树人根本任务作为对我国教育事业规律性认知的深化。① 规律的提出就是质量提升的内涵,作为教育改革发展的经验,既是高等教育质量的题中之意,也是质量提升的目标和方向。在全国高校思想政治工作会议、全国教育大会等中央多次关于教育的重要会议上,总结教育经验和规律,宏观层面指引着教育领域依据什么标准、遵循什么规律、如何作为,微观层面则是高校立德树人根本任务的完成度。大学生思想政治教育质量的科学性,也突出体现在高校人才培养质量中。

---

① 《习近平在全国教育大会上强调　坚持中国特色社会主义教育发展道路　培养德智体美劳全面发展的社会主义建设者和接班人》,《人民日报》2018 年 9 月 11 日。

新时代新形势,“改革开放和社会主义现代化建设、促进人的全面发展和社会全面进步对教育和学习提出了新的更高的要求”,习近平总书记在北京大学师生座谈会上指出,“我国高等教育办学规模和年毕业人数已居世界首位,但规模扩张并不意味着质量和效益增长,走内涵式发展道路是我国高等教育发展的必由之路”,“大学是立德树人,培养人才的地方,是青年人学习知识、增长才干、放飞梦想的地方”。这其中,总结了改革开放40年,教育发展满足国家、社会和个人三方面需求的成功经验。2018年,习近平总书记在北京大学同师生座谈时提到培养人才的标准,“就是培养社会发展、知识积累、文化传承、国家存续、制度运行所要求的人”。从古今中外的人才培养对比,“每个国家都是按照自己的政治要求来培养人的,世界一流大学都是在服务自己国家发展中成长起来的。我国社会主义教育就是要培养社会主义建设者和接班人”①。现代大学的建立已经跨过了多个世纪,有的一流大学更是持续运行了数百年,育人的主体、客体、环境和方法都在发生不断的更迭,而育人标准则相对稳定而持久。思想政治教育工作质量评价是动态发展的,更是有着举旗导航的指导意义,不仅是对以往工作的评定,更是对未来预期的方向把握,要在动态变化中找到前后一致贯穿的标尺,就更多体现在人才培养的德性标准上,把立德树人成效作为检验学校一切工作的根本标准,思想政治教育要围绕立德树人来开展,质量评价也要围绕立德树人的落实和实效来回答。

最后,注重大学生思想政治教育工作内部与外部的协同发力。思想政治教育工作的开展集中体现在人才培养的效果上。大学生思想政治教育工作质量评价旨在回应“为谁培养人、培养什么人、如何培养人”的根本问题,首要的就是回应“培养什么人”的根本问题。高校思想政治教育工作质量评价应在提升人才培养质量中发挥什么作用与如何定位高校思想政治教育工作质量评价的关系。近年来高校思想政治教育工作质量评价研究的范围越来越宽广,围绕《关于加强和改进新形势下高校思想政

① 习近平:《在北京大学师生座谈会上的讲话》,《人民日报》2018年5月3日。

治工作的意见》，陆续出台了一系列政策文件和工作举措，提供政策指导和方向引导，在具体指标上提出评价依据和支撑，旨在构建科学合理的思想政治教育工作质量评价体系。这些政策和工作，有的着眼于高校思想政治教育全局，有的围绕高校大学生、学生党建、文明校园、课程教材、教师考核评价、马克思主义学院等制定标准和规范，对于高校思想政治教育工作各具体模块的评价研究也越来越多，集中反映了不同层面对于人才培养质量提升的普遍期望。

一方面，要注重对大学生思想政治教育工作质量评价指标的借鉴和结果的运用。大学生思想政治教育涉及多个领域、部门、环节，本身也作为一个高校育人的维度之一，是一项复杂的系统工程。教育效果往往不是单一向度的，也不是某项工作独立达成的，要借鉴吸收现有各类评价中人才培养的指标和要素，形成能够被采纳使用的通用标准，才能促进评价结果的应用和评价工作的改进。《关于加强和改进新形势下高校思想政治工作的意见》中提出坚持全员全过程全方位育人，把立德树人作为根本任务，融入思想道德教育、文化知识教育、社会实践教育各环节，把思想政治工作贯穿教育教学全过程，把思想价值引领贯穿教育教学全过程和各环节，形成教书育人、科研育人、实践育人、管理育人、服务育人、文化育人、组织育人长效机制。既要在“三全育人”“七个育人”中找准大学生思想政治教育的着力点，体现其贡献度，又要厘清大学生思想政治教育如何与其他教育类型形成合力，真正融入人才培养中，完善了育人环境，确保底线，营造氛围；保障了育人方向，达到了扎根中国大地办大学的效果；提升了育人效果，培养了大学生核心素养，助力大学生健康成长和全面发展。

另一方面，大学生思想政治教育工作质量评价要注重外部协同，形成合力。大学生思想政治教育工作是思想政治教育的其中一个阶段，是全学段思想政治教育工作的环节之一，突出体现了高校育人与其他阶段的不同特点和要求。当前，各地正在针对大中小学制定德育工作内容和标准，解决不同学段思想政治教育工作有所区分同时又顺利衔接的问题，同时说明大学生思想政治教育工作质量标准要针对大学生群体制定。学校教育是家庭、学校、社会多方作用的其中一个方面，家庭教育的效果可能伴随一个人长期，会在大学或其他阶段显现出来，不能仅从结果来判断工作质量的高低，要叠加大学生成长经历生活背景等家庭元素来考虑，[①]通过家校合作最终实现“1+1>2”的效果。大学生生活成长在具体的社会情境中，社会是重要的教育载体，也是教育效果显现的重要平台。北京市开展《北京普通高等学校党建和思想政治工作基本标准》检查时，就把完成落实全国和北京市高校思想政治工作会议重点工作情况，以及北京市安排的50项重点任务进行专门统计分析，精确掌握每个高校工作进展情况，突出体现了学校教育呼应社会需要。

二、高校思想政治教育工作质量指标体系的主要内容与基本标准

高校思想政治教育工作质量评价，聚焦大学生思想政治教育工作的完成度和实效性，重点在于思想引领和教育的开展情况。思想政治理论课和日常思想政治教育是高校开展思想政治教育的主渠道和主阵地，是指标体系的重要组成，同时相关的体制机制、队伍建设、保障体系构成了思想政治教育的治理体系。质量评价兼顾工作评价和效果评价相结合，在效果方面，既要关注思想政治教育工作的显性指标，也要注重思想政治教育的长期培育，在涉及基本原则和安全底线的事项上建立负面清单。

（一）高校思想政治教育工作指标体系的主要内容

2016年，中央召开全国高校思想政治工作会议，下发了《关于加强和改进新形势下高校思想政治工作的意见》（中发〔2016〕31号），作为新时

① 冯刚：《思想政治教育工作质量评价的时代特征》，《思想教育研究》2018年第5期。

代高校思想政治教育的纲领性文件,《意见》是制定指标体系的基本遵循,《意见》提出形成教书育人、科研育人、实践育人、管理育人、服务育人、文化育人、组织育人长效机制,提供了指标体系的框架设想。《关于加强和改进新形势下高校思想政治工作的意见》颁布后,教育部等部门围绕《意见》的具体要求,制定颁布了一系列规章制度。中央和教育主管部门的文件制定和颁布,作为高校统一的工作要求,是建立高校思想政治教育工作质量评价指标体系的基本指标,各地方政府为贯彻中央和教育主管部门意见,往往出台相应的配套文件和措施,可以作为指标体系的补充条款,形成质量差异的依据。如2017年,教育部发布《普通高等学校辅导员队伍建设规定》,文件规定了辅导员的十项主要职责,高等学校学生日常思想政治教育和管理工作的组织者、实施者、指导者,职责就是工作的内容,文件的出台进一步丰富和完善了日常思想政治教育的主要指标。这些文件的出台,有的是以往规定动作在新时代的更新和重建,有的是新时代背景下加强和改进高校思想政治教育工作的新提法,是构建指标体系的重要文本依据。

从对象上来说,思想政治教育工作质量评价面向学校整体,具有整体性和系统性,既包括不同类型层次的学校,也包括同一个高校内丰富多样的层级、内容、主体客体、渠道载体、方式方法、成果实效等。要在同一尺度上构建体系化的指标体系,比如教育部最新出台的《高校思想政治工作质量提升工程实施纲要》,包含课程、科研、实践、文化、网络、心理、管理、服务、资助、组织等十大体系。在《实施纲要》中,列明了十大体系的内容、举措、效果,旨在构建"全员全方位全过程"三全育人目标,自然构建了十个指标模块,便于清晰地细分质量目标。

需要注意的是,思想政治教育工作的整体构建历时还相对较短,整齐划一的架构体系尚未在全部高校完全实现。因此高校思想政治教育工作指标体系的主要内容,应以基本标准作为主要考察指标,即合格性评价,推动思想政治教育工作达标合规。以高等教育学校层次类型为例,2017年,"全国共有普通高等学校2631所(含独立学院265所),其中,本科院校1243所;高职(专科)院校1388所。在全国普通高等学校中,共有成人高等学校282所，研究生培养机构815个"①。在这个简要划分的背后，还经常有着双一流高校和非双一流高校、传统的"985""211""普通高校"等不同层次的区分。同时，按地域分布的东中西部高校，按所在地的各省地所辖高校，按行业划分的政法、财经、农林、航天科工等类型更为细致。新中国成立以后，形成了中央教育系统、其他行业部门和地方政府三个系统共同办学模式，其中行业部门办学一度占据重要部分。虽然伴随着国务院政府机构改革，进入21世纪以来，学校管理逐渐归并到中央和地方两个系统，日常运行属地管理，有利于构建相对统一的高校思想政治教育工作体系。② 但不可否认，由于办学历史和学科传统的积淀，高校思想政治教育工作体系的构建在不同类型层次的高校情况不一，全国性的标准化仍在逐步落实规范的过程中。因此，对于全体高校和不同层次类型高校，思想政治教育工作质量的层次划分是有区别的，区别在于可比较的层次、要素、标准有所不同。再比如在高校内的组织架构上，思想政治教育工作既有学校层面的顶层设计、体制机制、机构队伍，也包含院系基层实施方案、运行逻辑、激励保障。如果从学校管理的角度再细分，顶层有议事决策机构，中间有管理服务部门，基层有执行落实单位，一线还有具体工作队伍，具体工作的开展究竟以自上而下为主，还是校院两级配合，要充分尊重学校的主体积极性。此外，从教育的主客体、渠道载体、方式方法、成果实效等方面均能够将思想政治教育工作过程和效果划分为不同的类型，采取什么样标准来评定质量，高校有着丰富的办学治校传统和经验，各地各校也有本土化的具体情境，指标体系的内容不宜过细。

（二）高校思想政治教育工作质量评价指标体系的基本标准

指标体系是思想政治教育质量评价各要素的集中体现，是理论研究能够应用于实践工作的关键。按照一定的原则选取指标内容，是构建指

---

① 数据来源见教育部：《2017年全国教育事业发展统计公报》，见 http://www.moe.gov.cn/jyb_sjzl/sjzl_fztjgb/201807/t20180719_343508.html，数据不含港澳台地区。

② 冯刚：《改革开放以来高校思想政治教育发展史》，人民出版社2018年版，第452页。

标体系的基本前提。因此,指标的主要条款,要遵循政治性与法理性的统一,从政治上,高校思想政治教育工作,是反映贯彻落实党的教育方针和人才培养任务的完成度,与高校开展立德树人工作效果相统一的过程,要凸显质量评价的政治导向。从法理上,指标的内容应当有据可循,有章可依,来源于上位文件的规定与要求,便于评价的主客体对指标的内容、范围、标准以及重要性有着相同的共识。指标的基本标准,要遵循可测性与简便性相统一的原则。可测性是指将对高校思想政治教育工作的要求,转化为可操作性、可检测、可显现的行为、语言和文本,便于通过一定的方式方法,得出评价结论。简便性是指具备一定的操作合理性,既要避免指标体系过于抽象,无法施测,也要避免面面俱到,过于繁琐。从逻辑的完备性角度,指标体系中的各项指标应当是完整且互斥的,既指标之间既没有交集,也不存在覆盖不到的情况,但鉴于思想政治教育的内隐性和长期性,指标的制定需要强调关键要素的确定,通过关键要素推动某方面工作整体达到标准,符合要求。

把高校思想政治教育工作质量评价的主要内容,转化为可观测和可评价的指标项,是构建指标体系的关键过程,如《普通高等学校辅导员队伍建设规定》的出台,对高校思想政治教育工作队伍,尤其是辅导员、班主任的职责内容和队伍建设提供了依据。从队伍建设的角度,文件提供了相应的指标内容和基本标准,把《普通高等学校辅导员队伍建设规定》各项具体条款,经过简明化文字处理,提炼关键量化指标。

在构建指标,明确标准项的过程中,要注意思想政治教育工作的发展性,如《普通高等学校辅导员队伍建设规定》于2017年9月发布,其中对辅导员在“思想理论教育和价值引领”职责中要求引导学生深入学习习近平总书记系列重要讲话精神和治国理政新理念新思想新战略。2017年10月,党的十九大召开,大会通过了《关于〈中国共产党章程(修正案)〉的决议》,习近平新时代中国特色社会主义思想写入党章。2018年1月,党的十九届二中全会提出将习近平新时代中国特色社会主义思想载入宪法,十三届全国人大一次会议表决通过了宪法修正案。辅导员的职责的指标表达也应相应调整为习近平新时代中国特色社会主义思想宣传教育,作为新时代开展思想理论教育和价值引领的指导思想，这一指标应当列为此模块的核心指标，作为必修项而非可选项，对于未能开展或完成这一工作的此模块视作不合格，并且影响甚至决定整体的评价结论。再比如，2018 年 8 月，全国教育大会上提出要培养“德智体美劳全面发展的合格建设者和可靠接班人”，体育、美育和劳动育人成为学校育人的重要内容，应当纳入日常思想政治教育的指标中。

表 8-1　《普通高等学校辅导员队伍建设规定》中指标项示例

文件条款	具体内容	对应指标
第五条 第一款	思想理论教育和价值引领。引导学生深入学习习近平总书记系列重要讲话精神和治国理政新理念新思想新战略，深入开展中国特色社会主义、中国梦宣传教育和社会主义核心价值观教育，帮助学生不断坚定中国特色社会主义道路自信、理论自信、制度自信、文化自信，牢固树立正确的世界观、人生观、价值观。掌握学生思想行为特点及思想政治状况，有针对性地帮助学生处理好思想认识、价值取向、学习生活、择业交友等方面的具体问题	1. 开展习近平新时代中国特色社会主义思想宣传教育 2. 加强国家意识、法治意识、社会责任意识教育，加强民族团结进步、国家安全、科学精神教育，纳入日常课程体系，利用重要节庆日等开展爱国主义教育 3. 开展社会主义核心价值观教育和“我的中国梦”主题教育 4. 制定和实施体育、美育和劳动育人常态工作方案

在具体实践中，经常采取层次分析的方法对指标内容进行分层和赋权。如有的专家在制定实践育人评价体系过程中，将大学生社会实践这一命题，分解为“个人成长”“社会反响”“学校影响”“服务对象影响”以及“实践成果价值”等 5 个二级层次，5 个二级层次又细分为 26 个子要素，每一个子要素都是一个明确指标。每个指标的权重系数反映了学校对人才培养相关因素的重要程度，权重系数高也就意味着相关因素的重要性突出，也是学校在社会实践活动中需要进行重点关注或者加强的一个方面。分层完成后，分别选取学校领导和相关部门负责人、学院领导和

辅导员以及学生代表三个层面的访谈对象对大学生社会实践的评价内容和重要程度进行提取,并对大学生社会实践评价内容的重要性进行比对,通过加权平均数的计算形成大学生社会实践质量评价指标、指标要求以及权重系数。[①] 同时,由于思想政治教育工作的专业化发展时间较短,行业内专家的经验相比于客观化的标准在评价的过程中更能发挥重要作用。同时思想政治教育工作质量的子因素中,相互比对,明确相对重要性以及程度在操作上存在一定困难。因此,在构建思想政治教育工作质量评价体系的因子权重时,也经常引入专家评分法来完善子要素的因子权重。按照选择专家,发放权重征询意见表,提供背景资料,专家确定分值,汇总专家意见并反馈,专家根据汇总意见修订分值,形成最终权重等阶段。在汇总专家意见时,专家评价法又可以细分为加法评价、加权评价法等。

近年来,围绕高校思想政治教育工作制定的主要文件包括:《普通高等学校学生管理规定》(教育部令〔2017〕41 号),《普通高等学校辅导员队伍建设规定》(教育部令〔2017〕43 号),《高校党建工作重点任务》(组通字〔2018〕10 号),《普通高等学校学生党建工作标准》(教党〔2017〕8 号),《高校思想政治工作质量提升工程实施纲要》(教党〔2017〕62 号),《新时代高校思想政治理论课教学工作基本要求》(教社科〔2018〕2 号),《高等学校学生心理健康教育指导纲要》(教党〔2018〕41 号),《高等学校马克思主义学院建设标准(2017 年本)》(教社科〔2017〕1 号),《全国高校文明校园测评细则》(教思政厅〔2017〕21 号),《关于加强和改进高校领导干部深入基层联系学生工作的通知》(教党函〔2019〕34 号),《关于切实加强新时代高等学校美育工作的意见》(教体艺〔2019〕2 号)等,根据这些文件精神,结合新时代高校开展思想政治教育的具体要求,在 2012 年《全国大学生思想政治教育工作测评体系(试行)》高校版的基础上,修订形成了《高校思想政治教育工作质量评价指标体系(参考)》。(见附录)

---

① 陈步云:《高校实践育人评价机制的构建》,《思想教育研究》2018 年第 5 期。

三、高校思想政治教育工作质量评价指标体系构建示例

近年来,教育数据信息统计不断加强,丰富的量化数据为定性判断提供了更为可靠的依据,定量方法与定性方法相结合,深化了彼此的适用范围,客观上推动了思想政治教育工作质量评价的科学发展,其中,对层次分析法的广泛运用,是当前思想政治教育工作质量评价广泛适用的方法。

(一)依托层次分析法构建指标体系的工作流程

层次分析法是将与决策有关的元素,分解成尽可能可描述、可细分的目标、准则、方法等层次,对于多个评价决策问题,提出不同层次各自的权重,将复杂的问题系统化,由不同层级的内容分解承担,构造对比比较矩阵,得出不同内容的相对比值,通过一致性检验后,形成科学的决策机制。层次分析法的构建和使用主要采取以下三个步骤。

第一,建立层次结构模型。在实际使用的过程中,层次分析法通常从建立多层次结构模型开始,一般而言,层次建构模型分为最高层、中间层和最底层三个部分。把实际工作中涉及的所有要素,按照其对应的上下从属,放置在合适的层级中,从而在层次结构图中能够清晰表达这些因素的相互关系。

首先提出决策或评价的总体目标,总体目标位于层次结构的最高层,是开展分析评价的最终对象,也是以下所有要素要从属遵循的最高准则,最高层相对宏观、笼统,需要进一步细分。

总体目标之下明确基本原则或主要要素作为支撑,形成中间层。中间层是对总体目标,在不同角度或维度上的描述和构建,可以有若干原则、内容、指标。如果一个层次不足以完整说明总体目标,可划分为多个层次,另外如中间层的某一主要要素内涵过于丰富,也可以进一步划分为多个层次。需要注意的是,中间层具体划分为多少个层级,要根据评价对

象具体问题具体分析，尽量保持层级的一致性，同时相同层次的要素需要处于同一尺度，可相互比较参照。

最低层既是阐释中间层的操作方案，是最接近日常工作可行、可见、可查、可量化、可评估的细分要素，从而也就构成实际业务的具体指标。

层次结构模型中，同一层的要素均从属于上一层，或者是影响和判断上一层最主要的内容，同时，又是统领和支配下一层的基本原则或依据，对于上下相邻的两个层级，上一层级是下一层级的方向目标，下一层级是上一层级的任务分解。一般而言，最高层只有一个，中间层可以是一层，也可以是多个层次，最低层类型比较丰富，在层次结构模型的实际运用中，通常构成评价的关键指标。

第二，赋予相对权重，构造成对比较矩阵。在确定各层次不同要素之间的权重时，如果人为的定性判断，或者只是给出简单排序，往往不能够被大家所认可。在处理这一问题时候，塞蒂提出了成对比较矩阵方法，也就是所有因素，不是全部放在一起进行比较，而是从层次结构模型的第二层开始直到最低层，同一层级的每两个要素，对于上一层次的相对重要性，进行两两对比，采用1—9的数字相对尺度来标记，从而构造出数值矩阵。尽可能减少性质不同的诸因素相互比较的困难，提高准确度。例如，比较第 i 个要素与第 j 个要素相对上一层某个因素的重要性时，使用数量化的相对权重 a_{ij} 来描述，对于 a_{ij} 的取值，塞蒂建议按照1—9或其倒数来取值，即同等重要（Equal Strong）、略重要（Weak Strong）、重要（Strong）、非常重要（Very Strong）、极其重要（Absolution），并赋予各尺度1、3、5、7、9的量化值，另设四个尺度介于五个基本量化值之间，并赋予2、4、6、8的量化值，共计九个尺度。

$a_{ij}=1$ 意味着要素 i 与要素 j 对上一层次因素的重要性相同，中间取值的含义是，如 $a_{ij}=2n$，$n=1,2,3,4$，要素 i 与要素 j 的重要性介于 $a_{ij}=2n-1$ 与 $a_{ij}=2n-1$ 之间。塞蒂提出，成对比较矩阵有这样一些特点，一是所有同一层次两两因素的比较，都是大于0的，即都是可比的；二是要素 i 与要素 j 的重要性比值，和要素 j 与要素 i 的重要性比值，正好是倒数关系。成对比较矩阵的建立，密切了两相邻要素之间的关系，层次之间、要素之间的逻辑性得以强化，减少了层次要素建构的随意性和模糊性。就像不同货币之间的汇率一样，在原本只有文本描述的两个事物中间搭建了可进一步分析和深入的桥梁。

第三，对成对比较矩阵开展一致性检验。如果成对比较矩阵是完全一致的，那么三个要素 i、j、k 之间，如果知道 i 与 j 以及 j 与 k 之间的相对权重，则可以推断出 i 与 k 的相对权重。但实际上在构造成对比较矩阵时要求满足上述众多等式是不可能的。因此退而要求成对比较矩阵有一定的一致性，即可以允许成对比较矩阵存在一定程度的不一致性。由分析可知，对完全一致的成对比较矩阵，其绝对值最大的特征值等于该矩阵的维数。对成对比较矩阵的一致性要求，转化为要求其绝对值最大的特征值和该矩阵的维数相差不大。

首先在同一层次中进行一致性检验，通过计算衡量一个成对比较矩阵不一致程度的指标，从有关资料查出检验成对比较矩阵一致性的标准，称为平均随机一致性指标，它只与矩阵阶数有关。计算成对比较阵的随机一致性比率符合一定范围要求时，判定成对比较阵具有满意的一致性，或其不一致程度是可以接受的；否则就调整成对比较矩阵，直到达到满意的一致性为止。计算某一层次所有因素对于最高层（总目标）相对重要性的权值，称为层次总排序。这一过程是从最高层次到最低层次依次进行的。一致性检验的目的是完善层次架构和要素之间的逻辑一致性，使得所有要素能够完整构成最高层，同时尽量缩小相互重叠。

概言之，层次分析法是一种定性与定量相结合，系统化、层次化的分析方法。从定性研究的角度，层次分析法仍然是基于目标与结果的一致性检验，将相对宏观的决策或目标，分解成若干不同层级的清晰可见的实践过程或可验成果，改善了以往定性评价论证相对模糊、推理逻辑不足的缺陷，从定量研究的角度，层次分析法能够快速简便地分解复杂性问题和系统性决策，形成树状层次结构，能够整合专家意见，体现在量化的成对比较矩阵中。为决策者充分展示内容信息的同时，提供明确的条件、标准、方案、权重、逻辑。自提出后很快在多领域得到运用。从分析和决策的角度，层次分析法提供了一套完整的工作办法，与之相对应的，从评价考核的角度，层次分析法提供了检查对照的参照系统。依托层次分析法来构建质量评价体系，能够准确契合最初的方向目标，针对性、实效性、延展性和发展性较强，因此得以运用于思想政治教育工作质量评价中。

（二）使用层次分析法开展思想政治教育工作质量评价

按照层次分析法构建的高校思想政治教育工作质量评价体系，是分析思想政治教育工作质量开展的“怎么样”的框架体系，从“怎么样”到“怎么改进”，中间还需要完善“怎么评”这一环节，通过明确“怎么评”才能发现愿景与现实之间的差距，找到改进的方向。因此，明确思想政治教育工作质量评价的操作标准，是思想政治教育工作质量评价体系的应有之义。

思想政治教育工作质量评价的操作文本包含两个维度，一个维度是说明文档，即对思想政治教育工作质量评价各层次要素的解读。在使用层次分析法构建思想政治教育工作质量评价体系的过程中，一般会采取标准化的叙述语言或量化指标，以遵循科学规范的要求，同时也保障评价体系能够适用于尽可能广泛的地方或者高校。在实施评价的过程中，对于具体执行评价的操作主体，或是接受评价的客体，或是任一希望开展自评的机构，需要对标准化的叙述语言或量化指标进行阐释说明，以便对各层次各要素有相同的认识，这一层次分解的内涵外延是什么，这一要素考察的重点要点是什么，这一条款制定的依据来源是什么，主要采取的评价方式方法有哪些，等等。这一说明文档可以是开展质量评价的主体的目标，可以是专家评价的意见，可以是执行评价的标准，囊括了最初构建思想政治教育工作质量评价体系的资料清单，以及将层次分析运用于思想政治教育工作的所有考量。

思想政治教育工作质量评价操作文本的另一个维度是计分标准，即对于具体的层次和要素，如何计量并汇总。作为量化分析最重要的部分，计分标准使得评价者和被评价者都能够清晰的了解量化是如何被执行，如何被呈现，如何可改进的。依托层次分析法构建的思想政治教育工作质量评价体系中，计分标准分为两个部分，如何表述评价的不同结果（确切的分值、不同的等级、文本叙述等），不同结果的区分依据是什么（计分参考、加分要点、扣分项目等）。简单而言包括三种类型：数量计分，分段计分，简单计分。数量计分即指按照给定的要素分值或权重 N，评价操作者根据说明文档，结合专家意见给出确切的分值 M（$0 \leqslant M \leqslant N$）；分段计分是指按照要素所包含的分段标准依据（如优秀、良好、及格、不及格），评价操作者明确得分所在的区间即可；简单计分一般适用于只有是与否两种回答的问题，如是否达到某一标准，是否出现一票否决项目；等等。在思想政治教育工作质量评价体系中，三种计分类型通常混合使用。

（三）基于层次分析法构建指标体系和开展质量评价案例研究

层次分析方法在高校思想政治教育工作质量评价领域中，无论是全局性的评价体系，还是具体工作的指标构建，都有着广泛的应用。下面选取北京市开展《北京普通高等学校党建和思想政治工作基本标准》评价，作为实证案例具体分析其是如何逐步实践实施的。需要说明的是《北京普通高等学校党建和思想政治工作基本标准》考察对象虽然是高校，考察的内容是党建与思想政治工作，从内涵和内容上都比高校思想政治教育工作更为宽泛。

北京市从 2003 年出台《北京普通高等学校党建和思想政治工作基本标准》（以下简称《基本标准》），《基本标准》出台后，基本上每五年修订一次标准体系，每修订一次开展一次覆盖全北京高等学校的集中检查。2017 年按照中央最新部署和全国高校思想政治工作会议精神，对《基本标准》内容指标进行了最新一轮修订，同时启动第三轮入校检查。《基本标准》分层清晰，要素完备，是运用层次分析法构建评价体系的成熟案例。

1.《基本标准》的层次构建

《基本标准》总的评价范围是“高校党建和思想政治工作”，这也是《基本标准》层次划分中的最高层和目标层，高校党建侧重检查高校管党治党的情况，思想政治工作以全国高校思想政治工作会议为指导。新的指标体系在检查全面工作的基础上，重点关注学习宣传贯彻党的十九大精神情况，贯彻落实全国高校思政会议精神、中央推进全面从严治党工作部署情况，中央对部属高校以及北京对市属高校巡视整改情况，等等。

《基本标准》的中间层分为一、二两级指标，一级指标就落实“高校党建和思想政治工作”的工作职能和具体内容进行分解，共10项。包括“党委对学校工作的全面领导”“领导班子和干部队伍建设”“基层党组织建设和作用发挥”“党风廉政建设”“宣传思想工作”“安全稳定工作”“统战工作”“离退休干部工作”“群众团体工作”“特色工作”10个方面。其中前9个部分考察内容相对统一，体现了《基本标准》中对北京高校的普适性要求，标准相对一致。特色工作考察“学校层面围绕高校党建和思想政治工作的一个或多个领域，从学校层面积极推进创新的实施效果和推广情况”，从“项目实施年限”“取得一定影响”“具备推广价值”等维度考量，特色工作由参评高校提供，最多不超过3个，评选一方面可以参考现行的相关评选结果，如教育部“高校校园文化建设优秀成果”和北京市“首都大学生思想政治工作实效奖”，形成评价体系的相互借鉴。也可以依托入校专家检查组，对培育一定时间的特色工作考察，以“评”促“建”。《基本标准》二级指标分布在各一级指标下，共44项。如果说一级指标只是宏观上界定了10个部分相对的范畴，那么各二级指标就更加细致阐释了10个部分的边界。如“宣传思想工作”一级指标分为5项二级指标：意识形态、宣传思想工作、教职工思想政治工作、大学生思想政治工作和思想政治理论课建设。二级指标的划分清晰地和高校机构部门设置联系起来，说明层次划分既是对总体目标的科学细化，也充分考虑了高校运行的体制机制，是对高校下设各部门日常工作的检查，力求职责清晰，责任到人。

《基本标准》的最低层是具体测评要素，共计106项。测评要素是对二级指标的方向、目标、内容、效果解读，一般对照中央和上级部门文件要求设置。如“党委对学校工作的全面领导”分为3项二级指标共11个测评要素。这些测评要素主要来源于2014年中共中央办公厅印发的《关于坚持和完善普通高等学校党委领导下的校长负责制的实施意见》，并根据2016年《关于加强和改进新形势下高校思想政治工作的意见》的最新要求补充修订。着力强调对党的政策文件精神的落实完成度和工作实效性，确保中央各项要求落实到最基层。再比如 2018 年，北京市委教育工委着力推进“教师思想政治工作机构”规范化建设和“师德师风”制度文件建设，相关要素也将充实到《基本标准》中，体现了《基本标准》发展性的趋势。

2.《基本标准》的因子权重

北京市在构建《基本标准》因子权重时引入了专家评价法，专家们对各层次和要素进行赋值，汇总后对权重进行完善得出各级指标分值。《基本标准》总计 1000 分，10 项一级指标分值从 40 至 150 分不等，一、二级指标分值分布可见下图。测评要素分值根据二级指标权重继续细分，具体分值从 2 至 20 分不等（特色工作单列总计 80 分）。分值的差异表示不同要素的相对重要性，最小分值和最大分值的悬殊也反映出，需要测评的具体指标比较繁多，必须无一遗漏地呈现在《基本标准》中，但同时，不同要素之间分值悬殊，是否仍应属于同一层次需要深入讨论，从分值权重上检视还有待进一步完善。如测评要素中有一项“坚持好干部标准和正确选人用人导向，把公道正派作为干部工作核心理念贯穿选人用人全过程，努力做到选贤任能、用当其时，知人善任、人尽其才。学校党委要在选人用人中起领导和把关作用，落实干部选拔任用工作纪实制度。积极推进干部人事制度改革，构建有效管用、简便易行的选人用人机制。坚持‘一报告两评议’制度，提高选人用人公信度。建立容错纠错机制。重视党务干部队伍建设，措施有力。建立专职党务干部职务职级‘双线’晋升办法和保障激励机制，实行职务（职称）评审单列计划、单设标准、单独评审。”分值为 30 分，涉及内容较多，可以继续细分为若干条要素。

表 8-2　《基本标准》一、二级指标示例

一级指标	二级指标
1. 党委对学校工作的全面领导 150 分	1—1 办学方向 50 分
	1—2 改革和事业发展 80 分
	1—3 管党治党 20 分

续表

一级指标	二级指标
2. 领导班子和干部队伍建设 150 分	2—1 领导班子思想政治建设 20 分
	2—2 领导班子组织建设 30 分
	2—3 领导班子能力建设 20 分
	2—4 领导班子和干部作风建设 20 分
	2—5 干部队伍建设 60 分
3. 基层党组织建设和作用发挥 150 分	3—1 学校党委领导和指导 30 分
	3—2 党内民主建设 15 分
	3—3 基层党组织建设与作用发挥 35 分
	3—4 发展党员工作 25 分
	3—5 党员教育管理服务及作用发挥 35 分
	3—6 党校建设 10 分
4. 党风廉政建设 100 分	4—1 建立健全党风廉政建设责任体系 40 分
	4—2 惩防体系建设和权力运行监督 20 分
	4—3 严肃党纪党规 20 分
	4—4 信访处理和纪律审查 20 分
5. 宣传思想工作 150 分	5—1 意识形态工作 30 分
	5—2 宣传文化工作 10 分
	5—3 教职工思想政治工作 30 分
	5—4 大学生思想政治教育工作 50 分
	5—5 思想政治理论课建设 30 分
6. 安全稳定工作 75 分	6—1 组织领导与条件保障 15 分
	6—2 维护稳定工作 15 分
	6—3 矛盾纠纷排查化解 8 分
	6—4 校园综合防控 12 分
	6—5 安全教育管理 18 分
	6—6 应急处置 7 分

续表

一级指标	二级指标
7. 统战工作 50 分	7—1 党委领导与工作机制建设 10 分
	7—2 党外知识分子工作 10 分
	7—3 党外代表人士工作 10 分
	7—4 民主党派无党派人士工作 10 分
	7—5 民族宗教港澳台侨工作 10 分
8. 离退休干部工作 40 分	8—1 党委领导与工作机制建设 10 分
	8—2 思想政治建设与党组织建设 10 分
	8—3 落实待遇与管理服务 10 分
	8—4 发挥离退休干部作用 5 分
	8—5 活动站(室)建设 5 分
9.群众团体工作 55 分	9—1 教代会工作 20 分
	9—2 工会工作 15 分
	9—3 共青团工作 15 分
	9—4 妇女工作 5 分
10.特色工作 80 分	10—1 特色工作 80 分

3.《基本标准》的操作流程

《基本标准》针对每一项测评要素,都给出了主要检查内容,相比上一轮指标体系,加强了对常态化工作机制的评价。比如对于议事决策项目,侧重查阅规划总结、会议纪要等文本,敦促建章立制,工作留痕;对于机构队伍建设,侧重明确部门设置、资源到位情况,推动事业发展,保障有力;对于作用效果显现,侧重检视满意度测评材料、座谈访谈资料等基层意见,强调群众满意,形成常态。这些检查内容针对性强,责任清晰,便于高效分解和自查,迅速了解短板和不足。

《基本标准》的计分标准,紧扣测评要素,对应主要检查内容,使得操作起来简便快速,如辅导员队伍建设部分的各层次指标、分值权重、检查内容和计分参考如下。鉴于总分值相对较大,因此在操作流程中《基本标准》使用了倒扣分制，一定程度上弥补了要素众多、分值多样带来的操作困难。计分标准中，绝大部分采取小分值，便于把控度量，明确差异实效。

表 8-3 《基本标准》测评要素示例

一级指标	二级指标	测评要素	主要检查内容	计分标准
5. 宣传思想工作 150 分	5—4 大学生思想政治教育工作 50 分	5—4—3［64］落实辅导员队伍建设的各项政策，提高辅导员工作的吸引力，建设一支数量足、结构优、素质高、适应学校工作要求的辅导员队伍。拓展工作覆盖面，深入推进学生深度辅导工作，确保每名学生每年至少得到 1 次有针对性的深度辅导（15 分）	辅导员队伍建设政策及落实情况；辅导员工作开展情况；辅导员开展深度辅导工作情况和学生反馈情况。	一线专职辅导员配备师生比达不到 1 ∶ 200，扣 2—5 分；辅导员培训培养不到位，扣 1—2 分；辅导员双重身份、双线晋升政策落实不到位，职称评聘未单列单评，扣 2—3 分；北京市辅导员岗位补贴没有专款专用、发放到位，扣 1—2 分；深度辅导工作没有全覆盖，扣 2—3 分

评价开展时，北京市委教育工委牵头，会同市委组织部、市委宣传部等 6 部门，组建了 7 个检查组，共 138 人的入校检查专家，广泛邀请各相关部门领导和职能部门负责人、经验丰富的高校党建专家、熟悉基层工作的部分高校具体负责同志参加检查，专家对《基本标准》的制定和内容相对熟悉，很多都是各业务归口的管理部门。在入校前，首先进行业务培训，培训的主要内容包括《基本标准》检查重点的文件依据和根源，如何计分，如何判断，如何分段。因此，评价过程中自然形成了高校问题清单，检查结束后，市委教育工委会同各检查组反复研究，在征求高校意见的基础上，审定形成《基本标准》检查反馈意见和检查中发现的重点问题清单、重点任务完成情况统计表、调查问卷结果统计表、先进经验案例目录，要求各高校对照“问题清单”，深入调查研究，制定工作方案，逐条进行整改。《基本标准》的评价对象是“北京普通高等学校”，因此，60 所高校（含事业单位）分批接受了检查，从横向上，对北京 60 所高校完成国家和北京市布置的 50 项重点任务情况有了完整的把握，便于进行专门统计分

析,精确掌握每所高校工作进展情况,这样既有整体“体检报告”,也有专项的“化验单”,成绩突出,差距鲜明,便于评价后进一步开展工作。

总结北京市构建指标体系和开展质量评价的实践,可以看出质量评价不断回应高校思想政治工作“怎么看”“怎么评”“怎么改”的问题,①其中有三个特点非常突出,一是政治性强,既体现在指标体系的价值导向,强调北京高校地处首善之区,落实上级文件精神政策的完成度;又体现在工作要求的政治性,强调日常工作中贯彻“四个意识”;还体现在整改推进的政治性,要求对标对表,照着问题答“卷子”。二是评价求实,评价过程把握节奏,评价开展的间隔性和及时性相结合,注重长期培育,注重新的要求;评价以问题为导向,包括在评价指标中列出扣分列表,评价过程中明确问题清单,参考涉及思政工作的各类评价结果;等等。三是以评促建着眼发展,保持评价模型和模式相对连贯的前提下指标体系不断微调,适应新形势的要求,在以问题为导向的评价中坚持成果的梳理,经验的总结,为兄弟院校学习借鉴,改进工作提供有益参考。

① 冯刚:《增强高校思想政治教育持续发展的内生动力》,《中国高等教育》2017 年第 Z2 期。

第九章　思想政治教育工作质量评价比较研究

质量评价在思想政治教育工作中具有举足轻重的作用,同时也是评判思想政治教育是否符合社会主义核心价值观的重要工具。思想政治教育工作质量评价比较研究是思想政治教育学科的一个重要研究领域。当前,世界各国都非常重视思想政治教育,尽管没有专门的思想政治教育课程,但其通识课程设置中把思想政治教育贯穿于整个通识教育工作的全过程。尤其是国外各个时期较为成熟和完善的道德教育理论和实践,内在的包含了道德教育评价研究,是进行思想政治教育评价理论和实践研究的有效参照。因此,客观分析其他国家道德教育的先进经验,克服其局限性,对于促进我国思想政治教育工作质量评价理论与实践的发展有重要价值。

一、国外教育评价理论的发展历程

道德教育的质量评价以教育评价理论为基础,梳理国外的教育评价理论,有助于我国思想政治教育工作质量评价理论的借鉴与完善。西方将教育评价理论的发展历程划分为“四代教育评价理论”,此种划分方法始于 1984 年,美国评价专家古巴和林肯出版了名为《第四代教育评价》的专著,其中提出了第四代教育评价的基本理论观点和构架,随后在美国引起了很大反响。他们认为在第四代教育评价理论之前,教育评价经历了三个时期,并称之为"前三代教育评价理论"。"四代教育评价理论"划分标准基本上代表了教育评价的发展历程。当代世界各国都非常重视思想政治教育,尽管没有专门的思想政治教育课程但其通识课程设置中把思想政治教育贯穿于整个通识教育工作的全过程。尤其是一些发达国家各个时期的道德教育的理论和实践,是较为成熟和完善的。其对于道德教育的理论内在的包含了道德教育评价研究,是进行思想政治教育评价研究的理论参照。国外的道德教育理论,大体上经历了由兴盛走向衰落再回归复兴的过程。考察国外教育评价理论和道德教育理论的历史轨迹,探究其主要思想内容、特点和发展趋向,对于进一步认识思想政治教育评价及其规律性,促进我国新时代思想政治教育改革,建立新型思想政治教育评价体系,具有重要的借鉴意义。

(一)第一代教育评价理论——定量测量时期

第一代评价理论盛行于19世纪末至20世纪30年代的测验时期,测验的结果只反映出学生对知识的记忆特征。在这个时期,教育测量的研究取得了一系列的成果,在考试的定量化、客观化与标准化方面,取得了重要的进展。

在西方国家,学生进步的程度是学校教育的衡量标准。国外学者通过研究学生的行为或者以问卷的方式获得相关数据。通过这些数据,测量学生的行为和思想变化。1904年,美国心理学家桑代克在《精神社会测量学导论》中阐述了教育测量的"统计"及"编制测验"的基本原理,为教育测量奠定了理论基础。因此,桑代克成为教育评价史上划时代的人物。20世纪初,法国教育部对筛选智力迟钝学生的需求以及第一次世界大战中美国军队对筛选服役人员等的要求有力地推动了智力测验、心理测量和相关测量技术的研究①,为教育评价理论奠定了技术基础。1923年,美国的《斯坦福成绩测验》开始应用于检测学校教育和教育测验等,

① [美]古贝·林肯:《第四代评估》,秦霖、蒋燕玲等译,中国人民大学出版社2008年版,第3—4页。

推动了教育测量理论的发展。

有关教育的测量通常使用利克特量表，此表对某一问题提供了不同程度的答案，例如不满意、一般、满意、非常满意，学生可以通过此表做出相应的选择。比如，佩里用这种测量方法调查学生同辈间交往情况和学生的群体意识、群体归属感与群体认同感①。这种强调以量化的方法对学生学习状况进行测量的评价标准，只要求学生记诵教材的知识内容，测量结果较为片面，搜集数据并不能够全面、真实反映出学生的学习过程。随后，西方国家在获取数据的基础上，对这些数据进行相关性分析，揭示数据变化的原因、规律以及本质。“无论在测量外在行为还是在测量人的主观认识时，研究者都必须反复斟酌，‘所测之物’究竟是不是‘欲测之物’，即价值观教育的育人目标。”②学生的教育评价不能简单分析数据，教育测量应该用一定的测定尺度对学力、兴趣、适应性、个性及性格等教育与心理现象进行测量，并提供量化资料。但是这种方法仍然不能真正的结识出由观念及态度变化引发行为变化的因果逻辑。由此可见，教育评价的定量测量方法应该努力帮助人们了解到道德教育目标的实现程度。

（二）第二代教育评价理论——评价描述时期

20 世纪 30 年代，教育评价理论发展到以“描述”为标志的评价时期。1933 年至 1940 年，美国为了建立适合中学生成长和继续升学的课程方案，于是开展了“八年研究”，此研究强调教育的中心任务不是灌输知识，而是促进学生的全面发展。由此可见，第一代的定量测量方法显然已经不适应当时的教学环境，研究新的教育评价方法成为首要任务。美国的“八年研究”委派泰勒对研究成果进行评价。泰勒被称为“教育评价之父”，他提出了以教育目标为核心的教育评价原理，并且明确了“教育评

① Perry C.M., Snapshot of a Community of Caring Elementary School, The School Community Journal, 2002, 12(2).

② 王熙：《西方价值观教育评价的研究范式与研究方法》，《教育学报》2017 年第 4 期。

价”的概念。泰勒原理的产生与应用，标志着教育评价描述理论的形成，其特点是描述教育结果与教育目标的一致程度。在泰勒看来，教育评价可以分为四个步骤：一是确定教育目标；二是设计评价内容；三是选择和编制评价工具，必须使这些工具能够引发出教育目标所期望的那种行为；四是分析评价结果，按照既定的目标来分析评价学生达到的程度。[①] 按照泰勒原理，教育目标一旦被确定下来，教育活动也随之确立，并且教育评价就是在检验教育目标在教育活动中是否发生了偏离和发生偏离的程度。另外，泰勒原理首次将教育评价与教育测量区分开来。他认为“测量”只是教育评价工具的一种，教育评价是一种确定行为实际变化的程度的过程。由此可见，评价不仅是测量，更是一个努力接近评价目标的过程，描述教育目标与教育结果的一致性变得必不可少，在描述的过程中，能够发现问题，并针对问题改进教育方案，进而促进教育质量的发展。

（三）第三代教育评价理论——价值判断时期

从 1957 年的教育改革开始，教育评价理论发展到第三代，并且延续至 20 世纪 80 年代。这个时期的教育评价理论的特点不仅局限于描述，还对教育教学方法方案的优点和价值进行判断。这个时期大概经历了从决策模式、CIPP 模式到目标游离模式的发展历程。

美国著名教育学家克隆巴赫创建了“克隆巴赫系数”，这是一套用来衡量心理或教育测验可靠性的方法。在 1963 年，他发表了《通过评价改进课程》的论文，在文中对泰勒原理提出了质疑。克隆巴赫认为，评价者不仅应关心教育的目标，以及目标的实现程度，更应关心教育的决策；评价的重点应放在过程中，而不是在教育过程结束之后；评价不是决定优劣的过程，而是作为一个收集和反馈信息的过程。[②]

20 世纪 60 年代，美国当时的联邦政府要求凡是接受《美国初等与中

---

① 瞿葆奎：《教育学文集 · 教育评价》，人民教育出版社 1988 年版，第 257 页。

② 肖远军：《教育评价原理及运用》，浙江大学出版社 2004 年版，第 35 页。

等教育法案》自助的项目都必须接受评价，然而无论是泰勒原理还是决策模式，都不能适用于评价 ESEA 所资助的有关方案。美国著名教育评价专家斯塔弗尔比姆对此提出了一种新的评价模式——CIPP 模式。CIPP 模式的基本观点为评价最重要的目的不在于证明，而在于改进。它认为评价是一种为人们提供有效数据和信息的工具，而且教育评价不应该局限于评判教育目标的达到程度，还应该收集有关教育方案实施全过程及实施结果的资料。斯塔弗尔比姆认为教育评价是一个提供信息的过程，这个过程分为四个阶段：背景、输入、过程、成果。第一，背景评价，即确定课程计划实施机构的背景，明确评价目标、对象及其需要，明确满足需要的机会，找出决策者最关心的问题，诊断需要的基本问题，判断目标是否已反映这些需要。背景评价强调应根据评价对象的需要对课程目标本身做出判断，看两者是否一致。第二，输入评价，主要是为了帮助决策者选择达到目标的最佳手段，论证和评定完全预定结果的可能性与合理性，而对各种可选择的课程计划进行评价。第三，过程评价，主要是通过描述实际过程来确定或预测课程设计本身或实施过程中存在的问题，对计划实施情况不断加以检查，收集与反馈信息，从而为决策者提供如何修正课程计划的有效信息。第四，成果评价，即要测量、解释和评判课程计划的成绩。它要收集和结果有关的各种描述与判断，把他们与目标以及背景、输入和过程反面的信息联系起来，并对它们的价值和优点做出解释，将输出信息与目标相比较，为再循环决策服务。CIPP 模式的优势是突破了泰勒框架，回答了泰勒模式中部分疑难问题，突出了评价的发展性功能，整合了诊断性评价、形成性评价和终结性评价，提高了人们对评价活动的认可程度。其局限性是缺乏价值判断、可能为决策者政治上的便利提供虚假伪证以及其适用范围仍受到挑战。

目的游离评价模式是美国著名教育学家斯克瑞文针对泰勒模式提出来的。他认为，教育活动的效应分为预期效应和非预期效应，评价者应该注意的是课程计划的非预期效应，而不是其预期效应。“有些教育方案虽以典型的方式实现了预期的目标，但常因产生了有害的‘负效果’而告吹；有些方案虽在达到预期结果方面成效甚微，但却因取得了重要的没有预期的‘负效果’而被采用。”①斯克瑞文主张采用目的游离评价的方式，即把评价的重点从“课程计划预期的结果”转向“课程计划实际的结果”上来。评价者不应受预期的课程目标的影响，尽管这些目标在编制课程时可能是有用的，但不适合作为评价的准则。因为评价者要收集有关课程计划实际结果的各种信息，不管这些结果是预期的还是非预期的，也不管这些结果是积极的还是消极的，只有这样才能对课程计划作出准确的判断。

目的游离评价模式也有弊端，例如，教育评价只在乎实际效应，而忽视目标，评价结果可能会偏离评价的主要目标。另外，完全的评价目的游离并不存在，因为评价者在做评价之前必然会有准备，如果不顾评价目的，评价者会选择用自己的目的代替。由此可见，目的游离评价称不上是一个完善的模式，有的学者认为它是一种评价原则。总之，决策模式、CIPP 模式和目的游离模式有一个共同点，就是对教育结果是否达到了教育预期目标作出价值判断。

（四）第四代教育评价理论——心理建构评价时期

前三代教育评价理论虽然都在力求克服前一代理论的不足，但是随着时代的发展，前三代发展理论已然不适应快速发展的教育评价需求，第四代评价理论就是在这样的背景下，在分析、批判和继承的基础上建立起来的。古巴和林肯认为前三代理论的不足之处主要在于评价者管理主义过于浓厚、评价的价值判断太单一、评价方法缺少灵活性等。

第四代评价理论以建构主义为视角，指出现实并不是纯“客观”的、“外在于人”的东西，它不过是人们在与对象交互作用中形成的一种“心理建构物”。因此，评价并不是“外在于人的”“纯客观”的过程，而是参与评价的所有的人，特别是评价者与其对象双方交互作用，形成共同心理建构的过程。人头脑中的“建构”是以人们的价值观为基础而形成的，在价值观多元化的社会里，评价活动就需要综合考虑如何融合或沟通各方利

① 王汉澜：《教育评价学》，云南大学出版社 1995 年版，第 6—7 页。

益相关者的意见。而评价者的根本任务就是通过收集各种资料,梳理出不同人、不同环境中的建构,并运用协商的方式,逐步改变、统筹不同意见上的分歧,引导他们达成共识。第四代评价理论的主要内容包括:回应、建构、协商。

回应是第四代评价理论的起点。斯塔克称之为"应答性评价模式",他认为评价是比较某些"标准"所得到的可测察的"价值"。评价"不应迎合部分人的胃口而只提供有利的信息,也不应该认为只有评价者和外部权威所关心的问题才值得讨论"。第四代评价理论认为,评价应该积极回应利益相关者各个方面的评价要求,并且以此为出发点进行评价。

回应的对象主要包括评价的推动者、评价的受益者和评价的受害者。评价的推动者是指对评价活动提供资助的人、提供评价工具的人、使用评价结果的人等。评价的受益者是指通过评价而受益的人,例如评价工具资料的出版商等。评价的受害者是指因为评价而受到了伤害的人,例如评价结果造成的影响使一些人受到伤害、失去机会等。

回应的内容包括主张、焦虑和争议。主张是指一利益相关者提出的、被认为是有利于被评价者的方案、方法、目标、材料等。例如,一位英语老师提出,他的英语背诵教学方法能够快速提高学生的英语水平。有的主张是经过检验、实践或者评价的,会有积极的成效,但是有的主张仍然是未被检验、评价过的主张。所以,主张是需要被评价加以证明的,根据评价结果再进行调整。焦虑是指某一利益相关者认为实施某一方案,采用某些方法可能不利于被评价者的意见和想法。例如,当英语教师推行他的英语背诵教学方法时,有的英语教师认为,这种死记硬背的方法可能会对学生灵活运用英语方面有负面影响。争议是指不是每一个人都会认同的事情。例如,是否让学生都使用英语背诵法来提高英语成绩,有的教师认为这种方法可能不适用每一位学生。在矛盾面前,解决矛盾的方法不尽相同。评价的目的就是发现问题,解决问题。总之,"应答性评价模式"以回应为起点,不但明确了目标,而且还抓住了与评价相关的问题和本质。

建构是第四代评价理论的本质。评价是评价者对评价对象的主观认知。古巴和林肯提出了“建构性评价方法”,主张评价应该在自然情境下进行,更多地使用质性评价的方式,而不能为了所谓的评价精确而失去评价本身所具有的深度与意义。他们认为,前三代理论存在三大严重缺陷与问题:一是“管理主义倾向”太浓。评价者往往把控着评价过程、评价资源、评价范围,不考虑其他因素对评价的影响,最后导致评价的结果不够全面和深入。二是“忽视价值的多元性”。价值观是评价者做出评价的基础,不同社会背景、生活背景的人或者集体,有着不同的价值观,前三代评价理论忽视了除了评价者以外其他人的评价观,这种忽视会让评价结果并不被大众认可,从而难以改进并加以实施,最终生成了无效的评价结果。三是“过分依赖科学主义”。科学方法虽然是评价者积极采用的方法,但是过分依赖科学并不能够深层次地进行评价。因此,评价并不是对客观事物的简单描述,而是一种心理建构过程。第四代评价则认为绝对客观的真实并不存在,我们看到的现实不过是人们在与对象交互作用中形成的一种“心理建构物”,这种“建构物”受认识者一定的社会、心理、文化等因素所制约。① 例如,某位教师通过心理测评结果认为甲同学在人际交往方面有问题。评价结果是评价者通过心理建构得出的结果,是评价者的主观认识。

需要强调的是,“建构”是以人的价值观为基础,不同评价主体有着不同的价值观。由于社会的多元化和评价过程的复杂化,评价的利益相关者比如家长、教师、学校、教育部等评价主体的立场、价值观各不相同,所以心理建构也会不同。假如利用第三代教育评价理论——价值判断来衡量,那么评价结果就存在了不公平性,因为无论价值判断选择哪一个“建构”,都会或多或少损害其他“建构”的利益。所以,第四代教育评价理论主张评价活动是一个共同建构的过程。若想不损害任何一方“建构”的利益,而产生有效的评价结果,就需要通过收集各种信息,梳理出不同人、不同环境中的“建构”,协调他们的价值观,让各个

① 卢立涛:《回应、协商、共同建构——“第四代评价理论”述评》,《内蒙古师范大学学报》2008 年第 8 期。

评价相关者客观分析、协商,逐步改变、统筹评价标准上存在的分歧,引导他们达成共识,最终形成公认的评价结果。由此可见,评价需要各方评价相关者通过交流、合作、学习来平衡教育价值观,尽量减少对评价结果的分歧,这就是一个相互作用,共同建构统一价值观的过程。但是,这个理论存在着局限性,例如过于凭主观认识进行评价,从而陷入了主观唯心主义;在实践上,评价结果无法达成共识;评价过程过于冗长、复杂;等等。

协商是第四代评价理论的方法。上文提到,评价的复杂化决定了评价需要协商来达成共识,才能产生积极有效的评价结果。这就要求评价相关者通过交流、学习和听取不同的意见,协调分歧,缩短差距,最终达成一致的评价结果。协商是其中的重要方法,需要在交流中发现问题、解决问题。和谐的协商氛围对评价结果有积极作用。各个评价者畅所欲言、相互学习、互相尊重,认真分析、听取每一方的观点和想法,这无疑是产生积极有效评价结果的"催化剂"。

从第一代到第四代,教育评价理论中的评价对象不断在扩展,评价标准逐渐多元化,评价方法也趋于合理化、科学化,从第一代评价单一的强调被测群体的测验成绩,过渡到了第四代评价关注实践情景、注重采用质的方法收集评价的信息资料。第四代评价将以理解为核心思想的解释学作为一种方法论的哲学基础,并将其思想体现在评价模式的具体操作框架中,它根植于建构主义,假定社会现实是参与者不断建构的,存在多重因果关系结构,强调价值多元化,强调评价必须重视利益相关者的感受,并对利益相关者的价值诉求、利益和争执等作出应答。

二、国外道德教育理论及其质量评价实践

道德教育理论包含着道德教育质量评价的内容,是进行道德教育质量评价的重要理论支撑。西方国家的道德教育拥有悠久的历史,涌现出了一大批思想家、教育家,他们提出了大量与哲学、心理学、伦理学、社会

学以及教育学相关的道德教育思想，在这些思想中蕴含着丰富的道德教育评价理念。

（一）当代西方国家道德教育的流派

西方国家道德教育的发展拥有悠久的历史，形成了不同的道德教育思想和流派，其中较为著名的有道德认知发展理论、人本主义道德教育理论和社会学习理论等流派。

1. 道德认知发展理论

道德认知发展理论是当代西方最有影响力的德育理论流派，代表人物是被誉为"现代学校道德教育开创者"的美国道德心理学家劳伦斯.科尔伯格。他认为道德发展与认知发展有着密切的关系，认知发展是道德发展的基础，道德发展不能超越认知发展的水平。同时二者并不是等同的，认知发展不等于道德发展，道德发展也不可能从认知发展中自发产生。道德发展总是遵循一定顺序前进，人的道德判断水平发展也是阶段性的。科尔伯格把儿童的道德判断划分为三个水平共六个阶段，三个道德判断水平分别是前习俗道德水平、习俗道德水平和后习俗道德水平。这六个阶段按照特定的顺序排列，只能按照顺序递进，而不能跳跃式发展。道德认知理论强调社会环境对道德发展具有巨大的支配作用。人的道德发展在很大程度上要受到社会环境的支配，并且道德的发展核心动机在于寻求社会的接受和自我价值的实现，这要依赖于个人参与社会活动的程度。只有不断参与社会活动，才有机会产生道德判断，进而促进道德的发展。

2. 人本主义道德教育理论

在西方，人本主义的思想长期渗透在社会活动的各个领域。同样的，道德教育评估也毫不例外地蕴含着人本主义的教育思想。西方人本主义大致分为两个阶段，即古典人本主义和现代人本主义，二者的划分是 20 世纪中期以马斯洛和罗杰斯为代表的现代人本主义思想的提出。古典人本主义思潮在欧洲有着悠久而漫长的历史，古希腊的民主与理性观念就是古典人本主义思潮的源头。20 世纪中期，一种与传统的实证主义、行为主义心理学旨趣迥然不同的思潮——人本主义心理学思潮诞生。无论是存在主义哲学思潮,还是人本主义心理学思潮,都因对人的价值和人性的重视而对教育产生了思想上的冲击和实践上的影响。在当代,人本主义教育思潮更加突出强调自由、民主、平等的教育理念,衍生出人道主义教育情怀。科学的人道主义是人本主义教育思潮在当代教育思想中的新发展。人本主义教育思潮无论有多少理论形态或派别,都呈现出共同的理论特征,可以归纳为以下几个方面:其一,强调以人为本的教育理念,都主张把人作为教育的起点和终点,教育的目的和过程都应以人性的彰显、人的自由发展为宗旨,人的自由、价值、尊严应受到充分尊重;其二,都以人生价值的自我实现作为教育的终极目标,以学生为中心,注重人性的完善和人格的健全,反对把学生当作任意塑造的工具;其三,反对单纯的知识灌输,强调以情感、意志等非理性因素为基础来开发学生的潜能与精神发展,主张课程的设置与教学的目标应从知识的传授转到人性的优化、人生的设计上来;其四,在教育评价中,重视学生在评价中的主体地位。在教育评价过程中,将学生视为能动的主体,而不是被动接受的客体,注重最大限度发挥学生的潜能,使他们主动参与评价活动并获取结果。

3. 社会学习理论

社会学习理论是由美国心理学家阿尔伯特·班杜拉于 1971 年提出的。它着眼于观察学习和自我调节在引发人的行为中的作用,重视人的行为和环境的相互作用。在其德育观点中,重视观察的作用,认为人类学习必须有个体品德参与才能完成。人的绝大多数行为是通过观察习得的。班杜拉认为,人的行为主要是后天习得的,在习得过程中既受遗传因素和生理因素的制约,又受后天经验环境的影响。因此,道德教育应该从人格的形成开始抓起,并充分重视模范的引领作用,道德教育的成果很大程度上依赖于模范的选择。由于没有一整套完整的理论体系作为基础,社会学习理论也存在一定的局限性。

(二)当代西方国家道德教育的基本特点

当代西方国家普遍重视道德教育,道德教育的发展也逐渐呈现出道德目标具有层次性，道德教育方式注重个体发展，道德教育课程从单一走向综合的基本特征。

1. 道德教育目标具有层次性

当代西方国家普遍重视道德教育，并把道德教育贯穿于教育工作的全过程。从道德教育的目标上看，主要分为国家、社会和个人三个维度。培养学生爱国心和民族自豪感。无论是从历史的角度还是从现实的角度，世界各国几乎无一例外地将培养学生的爱国心和民族自豪感作为道德教育的首要目标。如法国的爱国主义教育侧重对历史文化的珍惜和爱护，又突出地体现在名目繁多的博物馆教育中。凡有成就的文学家、艺术家生活和工作过的地方，除在战乱中遭毁坏外，一般都被完好地保存下来建成名人博物馆或故宫，有的还成立了名人研究者协会和基金会。除了博物馆之外，各种各样的纪念馆和纪念碑也为数不少。美国将历史教育、公民教育与仪式教育相结合，其格外珍视自己的历史，用它来培养对自己国家的一种深厚感情。在公民教育中，美国用权利强化责任，培养好公民是美国学校爱国主义教育的重要内容。而在教育实践中通过相关课程教学，向学生传授公民知识，培养公民技能，塑造公民意识。此外，通过仪式教育开展爱国主义教育，培养爱国情感是美国道德教育的重要特点。培养学生的社会责任感。当代西方国家在道德教育中注重学生社会责任感的培养。如德国中小学要求培养学生“具有必要的思想品质和行为标准，使他们具有发展社会生活、发展科学技术的献身精神”，即社会道德教育。通过社会课程指导学生充分了解民主制度的价值和各项法律法规，培养他们的政治和法律意识，从自律出发逐步达到对社会产生责任感。英国的道德教育鼓励学生积极参与社会活动，以此培养学生的社会责任感，提升学生个体修养。同时，德国通过立法规定中小学生必须从事体力劳动，目的是通过劳动培养学生的劳动意识。强调学生要养成良好的思想道德品质和行为习惯，懂得诚信、笃实等道德品质在人生中的重要性。如英国的学校道德教育中，除了统一规定开设的宗教课程之外，开设了专门的道德课程，以直接的方式向学生传授道德价值观，通过多种形式开展礼仪、仪表和个人品行的教育。

2. 道德教育方式注重个体发展

当代西方道德教育是以反对传统道德教育为起点的，以科尔伯格为代表的道德认知发展理论学派对传统道德教育提出尖锐的批判。他把传统的道德教育形容为“美德口袋”，批评传统的道德教育把学生当成一个口袋，道德教育的实施过程就是将诸如诚实、责任、友谊等美德往口袋里倾倒。他们认为这种灌输式的教育方式只是把学生当成一个接受教育的工具，而没有尊重他们的主体地位，这是不道德的。实用主义的代表人物杜威认为，应该重视道德教育过程中个人获得的道德观念和行为，强调在“做中学”。以美国人拉思斯为代表的价值澄清理论学派也是道德灌输的极力反对者，他们认为人们生活在一个纷繁复杂的社会里，在每一个转折点都面临选择，人们在做出选择时所依据的是自己已有的价值取向，但现实却是往往还没搞清楚自己的价值取向是什么就已经做出了选择，这种现象在青少年身上更加明显。因此，为青少年创造条件帮助他们澄清选择时所依据的价值取向，对他们做出正确的选择至关重要。从这个角度看，道德教育的过程本质上就是帮助人们澄清价值的过程，充分体现了对价值选择者主体地位的尊重。

3. 道德教育课程从单一走向综合

当代西方道德教育走过了一条由单一模式到综合渗透的发展道路。传统的道德教育课程形态是以单一知识传播为主，虽然辅之以各种模范、榜样的引导、劝诫和习惯养成活动，但都没有成为独立的课程内容体系，仅仅是知识传授的一种补充。19 世纪，实用主义教育理论家杜威认为，生长是生活的特征，所以教育的过程就是生长，最好的教育就是从生活中学习，从经验中学习。此后，美国开始了活动性道德教育课程的探索。其一，重视教育实践。如美国允许学生依照学校的有关规定组织学术，文化，宗教，政治等社团锻炼能力，同时支持学生有组织地走向社会，承担一定的社会服务项目，使学生在活动中受教育，在实践中培养良好的道德品质。其二，利用校园环境开展道德教育。良好的校园环境，优良的校风可以促进学生正确观念，行为的形成，达到德育的目的。这里的校园环境不仅包括校园的自然环境，还包括校园的社会环境。以韩国和新加坡为代表的国家注重通过校园环境这种隐蔽“课程”使学生接受潜移默化的教育。其三,利用社会环境开展道德教育。创造良好的社会环境,促进学生思想品德的养成教育,已成为世界各国政府和社会各界的共识。前文提到的美国尤为注重利用现有的历史纪念碑、历史纪念馆及博物馆、展览馆、美术馆、科技馆等对学生进行爱国教育和民族教育。其四,拓展德育内容。西方国家道德教育内容不断丰富,目前,逐步形成由心理健康教育,审美素质教育,文化价值教育,维护生态平衡和环境保护的道德教育,科技道德教育,反对吸毒和反对暴力教育以及性道德教育等共同组成的内容架构。

(三)国外道德教育质量评价实践情况

美国的道德教育理论与实践发展迅速,道德教育质量评价体系也相对完善,是资本主义国家卓有成效地进行道德教育的代表。近年来,俄罗斯逐渐恢复道德教育工作,从道德教育组织、具体实施、道德教育质量评价体系的构建以及科学研究等多方面进行了探索,其间受整体教育质量滑坡的影响,俄罗斯道德教育工作也面临着许多困难和挑战。韩国是一个与中国文化背景教育接近的国家,其大学评价认证制的改革在提高高等教育的质量和水平、提升大学的研究能力及水平等方面取得了良好的成效。英国的教育评价有着悠久的历史,教育督导更是各国借鉴的重要方法。

1. 美国的道德教育质量评价

在评价机构方面,美国参与道德教育质量评价的机构主要为学校认证委员会和各级政府。美国一些地区的或者全国性的私立教育评价机构通过一些标准来反映和完善教育项目的质量,并且以此来确定是否他们的办学符合基本的质量水平。同时,政府在整个评价过程中起着监督和服务的作用。一方面,联邦政府制定有关准则,定期对评价机构进行评审,事后公布国家认可的评价机构一览表,列出被认可的、可靠的、权威的评价代理机构,以确定其鉴定结果的公正性、客观性,并且将评价结果作为联邦政府对学校进行经费补助的依据。另一方面,各州的高等教育管理机构和评价机构相互沟通合作，在评价之前会与政府进行沟通，同时也会邀请教育主管部门参与评价小组的某项活动。

在评价目标方面，各州道德教育的目标是培养资本主义社会所需要的良好公民，把培养学生的公民责任和为社会发展服务的意识作为大学教育的重点和办学理念。值得关注的是，美国的道德教育从外在形式上看，它对政治方面的问题很少涉及，多用一些中性词汇加以代替，如成熟人格、社会责任感、民主意识等，既表现了学校对学生未来发展的期许，又达到了无意间传播政治意图的目的。在评价内容方面，从表面上看，美国各大学似乎没有统一的道德教育大纲，实际上各州学校都根据自己的培养目标而设立了许多名目不同的德育课程。如人文历史、职业道德、社会研究、政治体制、大学生活导论等，这些课程基本都涵盖了价值观教育、爱国主义教育、法制教育、健康人格教育、公民教育和宗教教育的内容。在评价方法方面，根据美国的道德教育方法，目前道德教育质量评价理论分为诊断性、形成性和终结性评价三类。诊断性评价是在道德教育方案制定前，形成对学生的思想品德状况的了解，目的是制定有针对性的道德教育方案；形成性评价是在相应的道德教育方案实施过程中对学生进行系统的评价，侧重的是道德教育的过程；终结性评价则是对整个道德教育过程成果的评价，通过给学生的成绩评定体现道德教育方案的成效。突出个性、偏向过程、注重效果是这种评价体系的特点。道德教育质量评价方法，包括构造性陈述法、显示性陈述法、现场观察法、场外观察法。构造性陈述是让学生在两难问题中作出选择；显示性陈述法是让学生在众多的答案中选出最符合自己的观点；现场观察法是通过对学生的观察所形成的评价；场外观察法是非现场情况下对学生行为印记的整理。这些方法各有利弊，因此通常是由其中几种方法的综合运用形成道德教育质量评价。在评价标准方面，判断“好学校”或“优质学校”的标准因地区、国家、民族的经济社会文化背景的不同而不同。比如，美国民众认为“好学校”或“优质学校”是充满活力与智慧的教与学的统一体，它致力于帮助学生学会很好地运用自己的智力，是其学生及教师人格特征的体现。《美国联邦教育部关于遴选全国优秀中学的规定》中关于全国优秀中学“遴选标准”，共 14 条。如学校树立了明确的学术目标；为学生提供承担各自责任、参加各种活动的机会；学校的风气有助于学生的成长和发展；课程设置和设计严谨；采用评价手段改进教学；社区积极支持并参与学校工作①等，明确了优质学校的量化标准。

2. 俄罗斯的道德教育质量评价

俄罗斯道德教育经历了从苏联解体后的缺失到当前的重构过程。近年来，各学校尝试从道德教育质量评价体系的构建及科学研究等方面，来探索新时期学生道德教育工作。在俄罗斯各高校依据本校职业教育特点制订的大学生精神道德教育大纲中，学校德育工作的评价标准是重要的组成部分。综合起来，主要从以下四个方面展开。一是学校教育大纲的德育潜力。主要考察学校所开设的人文和社会经济课程实际总数与国家教育标准所规定的规模总数的比例，是否开设了具有德育、人文和个性发展导向的选修专业课等。二是德育工作的结构及活动情况。艺术、科学、体育和其他课外学生教育机构的数量、规模及其成果，学校根据德育基本方向所开展教育活动，德育活动的法规，及指导性文件名录、德育计划等都是重要的评价数据。三是德育教师及干部情况。包括课外德育活动专家组成情况，教师及工作人员的道德和文化水平特点，德育工作中的方法，从事德育工作的教师的培训情况，提高学校德育工作质量的举措，以及与其他学校交流经验的形式等。四是学生受教育情况。主要从学生个性和社会发展有效性两个方面进行评价，涵盖学生自我认识、自我肯定的能力，自我教育的水平，对自己的义务、社会责任、职责的认识和负责任的态度及重要的职业品质的形成情况等。

当前俄罗斯各学校正在响应国家的号召，积极重构学校的德育体系，全方位探索新时期学校德育的新方法与新途径。受各种主客观因素的影响，在俄学校道德教育工作中还存在不可忽视的问题。首先，俄罗斯尚未形成全国统一的、系统的德育课程。德育的教学部分主要由历史、文化、

---

① Cyril Taylor，A Good School for Every Child（2009），London and New York，Routledge Taylor Francis Group.

社会学和法律等人文课程来完成，没有形成类似于我国以“两课”教学为主导的大学生思想政治教育体系，这使得德育活动灵活性有余，系统性则显不足。其次，学校德育干部和教师质量亟待提高。许多学校尚未建立起德育干部心理及教学技能培训体系，特别是新条件下的德育干部培训不足。教师大多毕业于非师范院校，缺乏心理学和教育学知识，更不具备职业道德和教育文化的培训。最后，各个学校对德育工作的重视程度不统一。苏联解体后，俄罗斯社会经济领域发生巨大变化，对高校产生很大的冲击。在竞争激烈的市场经济条件下，众多高校不得不将工作重点放在生存和发展问题上，德育工作退居次要地位或者是被完全忽略。这表现在教学计划和教学大纲中，相关人文和德育内容不足，课程配置对学生道德心理和价值形成的指导性较差。

3. 韩国的道德教育质量评价

1982 年，由韩国大学教育协议会举行的大学评价揭开了高等教育质量评价的序幕。其协议会法中规定：韩国大学教育协议会为了推动高等教育事业的发展，提高大学管理水平，定期进行评价。同法规定由韩国大学教育协议会负责实施大学评价。当时实施的评价是机构评价，1991 年把机构评价改称为综合评价。进入 20 世纪 90 年代后高等教育质量和结构不合理问题日益突显，不仅制约着高等教育的可持续发展，也制约着社会经济的发展。随着高等教育质量和结构不适应问题日益凸显，高等教育中存在的问题和弊端广泛引起社会的关注。其中，企业作为高等教育产品的主要消费者开始关注高等教育质量问题，开始积极介入评价活动。与此同时，学校组织内部的危机意识不断增强，开始自觉地促进改革。但改革进程以及改革深度、力度都与社会要求有相当大的距离。政府和社会普遍认为有必要以外部力量的介入来推动高等教育的改革与发展。在这种时代背景下，大学教育质量评价的地位和作用更加凸显，大学综合评价认证制开始全面启动。

在韩国，市场、政府与学校在道德教育质量评价中充当着不同的角色，主要具有以下几个特点：其一，政府注重宏观引导和调控，较少直接介入和干涉评价开展。纵观整个韩国教育质量评价体系的发展历程，我们可以发现除却一些政府出资的改革工程评估，比如“BK21”工程、“NURI”项目等，以及政府出资办的研究所之外，其他有关研究生教育的评估皆由民间机构、学术团体、新闻媒体开展，政府只作方向上的宏观把控。其二，民间团体在教育质量评价中具有积极影响。大学为了保证评价活动的独立性、公正性和专门性，由民间教育组织大学教育协议会开展评价与认证活动，属韩国最权威的高等教育质量评价之一。另一个民间团体《中央日报》社对大学进行的评价始于1994年，第一次评价后教育界曾对其指标体系结构的合理性和结果的客观性进行过争论，但并未持续多久，很快就被各大学为提高自身在评价排序中位置的努力所取代。其三，学校在教育质量评价中的主体性要求越来越高。从本质上说，学校的自主评价是必然趋势。例如，2007年韩国政府在法律上规定了大学自我评价的地位，从2009年开始正式落实。大学自评主张让大学基于各自特点及战略规划，站在“促进内部发展”和“实现顾客满意度”两个维度来构建适合学校自身发展的评价体系；且在推行自评过程中，尤为重视与利益相关者的共同协商，以保证参与评估的各方对评价目标和愿景形成一定共识。① 其四，韩国政府在教育质量评价中引入“市场竞争”原则。近几年，政府在推动研究生教育评价时，大力推进各学院之间的相互评价，并让企业界按照学科门类进行专业学科评价。政府还以立法的形式迫使那些学生和家长认可度低的私立大学自行关闭或转行。同时，政府在为了提高学校教育竞争力而开展的学习能力评价中，仿效英美学校“问责制”，公开评价结果，将各学校间的差距完全公开化，进而按照“市场竞争”原则引入全面竞争。

4. 英国的道德教育质量评价

英国的教育质量评价体系中，教育督导是其特色，最能代表英国的意志，依法对教育机构、各级各类学校以及主管教育的各级政府部门行使监督、指导、评估、评价、监测的职能。与此同时，英国的教育督导也是保证教育法律法规、方针政策贯彻落实的重要手段，是保障教育目标实现的有

① 朴大林：《韩国大学自我评估制度分析》，《比较教育研究》2013年第5期。

效机制。教育督导在英国历史悠久,自1839年首次任命女王督学至今已有178年。这一制度经历了多次变革与演进,现已相当成熟并富有权威,居于世界各国教育督导旗舰的位置。1992年,英国通过国会立法,使教育督导部门独立出来,成为一个与国家最高教育行政部门(教育部)同级的、能够独立行使教育督导监督、检查、评估、指导权力的机构,并给予专门的财政拨款。这个机构就是"英国教育标准局"(the Office for Standards in Education,Ofsted),它统管着英国的教育督导评价工作,其首脑是英国女王亲自任命的皇家首席督学,它直接对议会负责,对首相建言。每年发布教育督导报告,对督导评估不合格的学校和地方教育局(Local Educational Authority,LEA)有着"封杀"大权,成为教育体系的质量总监和真正保障。① 自英国教育标准局成立之后,建构并不断更新各级各类督导评估指标成为它的重中之重。

英国的教育质量评价对象包括英国的普通公立中小学校、早教机构和学校、独立学校、大学预科学校、寄宿学校、继续教育和技能培训学校。尽管对这六大类学校的督导评价都分别制订了评价标准和评价指标,它们之间既有共性也有各自的特性,但有一点是共同的,即均以《英国学校督导评估指标体系》为蓝本。英国学校道德教育质量评价重视卓越的文化氛围,高期望、完美的师生关系的构建,并将其放在对学校领导和管理效能评价的首位,这一评价倾向在关涉学困生、低社会经济地位学生等群体时尤为凸显。重视学生在精神、道德、社会和文化方面的发展,同时注重在学生中进行英国核心价值观的宣传和介绍。

三、国外道德教育质量评价的分析

通过对国外道德教育质量理论与实践的梳理,可以较为清晰地发现,

① 参见教育部:《对英国、法国教育督导和教育评价制度考察的报告》,2011年8月2日,见 http://www.moe.gov.cn/578/All/s3077/moe_626/201108/t20110802_/22815.html。

国外道德教育质量评价既有其优势之处，也有其自身不可克服的缺陷。其不足主要表现为道德教育的渗透式教育方式与道德教育质量评价间存在冲突，在道德教育质量评价中过度强调人本倾向。其优势集中体现为评价理念强调个性解放，在评价过程中充分尊重参与人员的主体地位，形成了较为完善的评价中介体系。

（一）国外道德教育质量评价的局限性

道德教育方式与道德教育质量评价的脱节。教育的目的在于尊重受教育者权利，满足受教育者需求，以促进其发展。道德教育质量评价为实现这一目标服务。在实践中，国外道德教育主要采用全学科式的渗透教育，即将道德教育渗透于其他学科之中。这一理想化的教育方式看上去十分完美，但在实际操作中却给道德教育质量评价带来了极大的困难。主要表现在：一是对评价的要求空前增加。渗透课程的增加不仅给评估的实施增加了大量不可确定的因素，同时对评价者本身的要求也大大提高，因而降低了评估的可操作性。二是道德教育质量评价缺乏系统性。以学科渗透的方式开展道德教育，一方面扩大了道德教育的范围，是实现全员全方位育人的有效途径。但另一方面，使道德教育破碎化，缺乏有效的系统性，道德教育质量评价的系统性也就无法得到保障。

道德教育质量评价中强烈的“人本主义”倾向。人本主义道德教育质量评价理论的哲学基础是存在主义，认识论基础是现象学，因而体现出唯心主义色彩。在存在主义者看来，现实的人都是原来的人和真正的人的“异化”。存在主义者批评历史上的哲学家从分析世界人手去探索哲学的真谛，而忘记了哲学的根本问题是人。由于人本主义教育理论植根于唯心主义哲学范畴，因此，在研究方法上不免陷入主观随意性和含糊性的泥潭。人本主义道德教育评估过分强调“自我实现”，推崇学生极端的“个人自由发展”观，而忽视社会环境在学生后天发展中的重要影响。人本主义者坚持从人的内部去寻找人的发展动力和源泉，而忽视包括教育在内的外部力量在人成长中所起的作用，易导致在教育问题上陷入这样一个结论：人基本上是不可教育的。人本主义强调自我实现，发挥人的潜能，培养学生的想象力、创造力，这无疑具有积极的意义。但是，人本主义教育者把人的个性完全看成是潜能在后天的自我实现，把教育的基点放在个性的自我发展上，因而过分迁就学生的需要，要求学校提供给学生绝对的“个人自由”。这种极端的“个人自由发展”观势必阻碍个人和社会的发展，导致群体观念的淡薄，社会责任感下降和利己主义产生。

（二）当代国外道德教育质量评价的优势

评价理念凸显个体的个性解放。建立在认识基础上的创造性是人类主体的鲜明特性，个人的自由发展和整个人类的生存发展互为条件。由于人类在生物学意义上的进化已达一定阶段，现代社会的发展更多地依靠知识的创造和积累，人类个体的综合素质只有通过个性化特长和创新能力的发挥表现出来。只有通过学习和知识的创新，才能使自身及后代更深刻的认知世界，用更加有效的方式改造世界，这是人类社会得以发展进步的关键所在。当代西方国家道德教育质量评价的重要理念是个性化。西方道德教育的历史沿革也体现出其对个性解放的重视。古希腊追求自由教育的传统，经过文艺复兴和启蒙运动的洗礼，思想自由和科学精神得到充分弘扬，这种思想解放渗透到教育领域，卢梭把学校存在的本义、价值、目的归结为“教育即自然生长”。这种个性解放教育思想接续发展，教育学家皮亚杰指出，教育最主要目的不在于接受事实，而是培养创造力、想象力、洞察力。在以个体的个性解放为指向的教育理念下，是否有效实现这一目标成为其道德教育评价的重要指标。

评价过程充分尊重参与人员的主体地位。联合国教科文组织报告《教育——财富蕴藏其中》，对现代教育的宗旨做了进一步阐述：“教育的基本作用，似乎比任何时候更在于保证人人享有他们为充分发挥自己的才能和尽可能牢牢掌握自己的命运而应该拥有的，在思想、判断、感情和想象方面的自由。”从现代教育评价的发展趋势中可以看到，国外道德教育评价主体正在由单一走向多元，重视教师、学生、家长等评估主体之间的交互作用成为新的教育评价潮流。

较完善的评价中介体系。国外的道德教育评价形成了较为完善的由第三方参与的评价中介体系，有效提升了道德教育评价的公正性。在英国，对于第三方评价机构建构了集管理、竞争、监督、惩戒于一体的公信力保障机制，通过形成有效的竞争机制，促使第三方机构不断调整服务机构和服务质量，使得评价的技术更为科学和准确，帮助学校诊断和发现问题，促进学校教育教学的改进。美国的第三方机构包含科研机构、媒介机构、商业公司和协会组织，第三方通过将学术理论和前沿的评价技术相结合，对学生的发展进行更为及时、精确和全面的评价。其中在幼教领域，值得一提的是儿童与计算机公司（KIDS & Computers Inc.），该公司在1997年KIDS计划（Kids Interacting with Developmental Software Projects）基础上创建，其在儿童发展理论和发展适宜性实践哲学方法基础上，设计开发的幼儿评估量表——Hoagland/Shade发展性评估量表——已成为美国目前较权威的幼儿教育软件评价标准。而在高等教育领域，第三方通过与学术研究机构合作共同开发的评价专利技术，也都成为市场上认可度极高的评价产品，例如经济合作与发展组织的"高等教育学习成果评价"（Assessment of Higher Education Learning Outcome，AHELO）标准，兰德公司的增值评价产品，美国中部各州高等教育委员会开发的"高等教育卓越特征"评价产品等。正是由于第三方行业的成熟发展，既促进了教学质量评价的有效开展，又使得第三方、政府和学校形成了相互监管的"常态"，极大地降低了腐败现象的滋生和蔓延。

四、国外道德教育质量评价的启示

"每一个国家和地区教育学的研究和发展都有其独特的、极富参考价值的内涵存在，这对每一个国家和地区教育学的发展都是一份宝贵的财富，享有这些财富自然是我们的共同愿望。"①通过对国外道德教育质

① ［英］约翰·布伦南、特拉·沙赫：《高等教育质量管理——一个关于高等院校评估和改革的国际性观点》，陆爱华等译，华东师范大学出版社2005年版，第2页。

量评价的梳理，不难发现，美、英、韩等国在道德教育质量评价方面各有其优势之处，充分借鉴、吸收各国道德教育质量评价的有益经验，对于完善我国高校思想政治教育工作质量评价，在新的时代背景下建立有中国特色的高校思想政治教育工作质量评价制度、指标体系、方式方法等具有重要意义。国外道德教育质量评价的启示意义集中体现为以下几个方面。

立足本国道德教育实践开展质量评价。教育实践是进行教育评价的基石。因此，道德教育质量评价应立足于道德教育实践，反映道德教育发展的客观水平。这要求开展道德教育质量的评价既要遵循道德教育质量评价的一般规律，又要充分考量各国道德教育的具体实际，实现普遍逻辑与具体逻辑、理论逻辑与现实逻辑的统一。纵观各国道德教育质量评价的开展情况不难发现，其评价方案的设立、评价方法的选取、评价结果的反馈等无不根据本国道德教育的具体实践展开，具有鲜明的本国特色，这是评价过程与评价结果科学化的重要保障。在新时代背景下，我国高校思想政治教育工作质量评价应着眼于社会主义大学的导向，着眼于“立德树人”的根本任务，在深刻把握高校思想政治教育工作的发展规律中，确立具有中国特色、中国风格、中国气派的评价体系，在推进我国高校思想政治教育工作质量评价科学发展的同时，对其他国家的道德教育质量评价工作产生借鉴意义，为道德教育质量评价的科学化进程贡献中国力量。

在评价过程中尊重个体差异。每一个体都具有特殊性，这决定了青年学生的个性化发展不仅是客观存在，也是其生存发展的主体诉求。从这一角度而言，忽视或轻视学生个性的教育实践活动，难以真正实现学生个体的可持续发展，在此基础上进行的教育质量评价的科学性亦值得商榷。受多种因素影响，我国高校思想政治教育工作质量评价曾一度出现过分强调整齐划一、忽视学生个体诉求的倾向。近年来，随着以学生为中心教育理念的贯彻落实，围绕学生、关照学生、服务学生在高校思想政治教育工作质量评价中逐渐应用，学生的个性化发展得到一定关注。但不可否认的是，其发展程度与青年学生对美好教育的需要和期待仍存在一定距离。在考察国外道德教育实况的基础上可以发现，从总体上而言，国外道德教育质量评价较为重视学生个体个性的发现、发展，注重在学校管理中倾听学生声音，以学生个体是否获得实质性、持续性进步衡量道德教育质量，强调在尊重个体差异中发挥道德教育对个性发展的积极作用。这种充分考量学生个体发展诉求的教育质量评价有助于激发个体的发展潜力，更好地满足人才多样化发展需求，对完善我国高校思想政治教育工作质量评价具有重要的借鉴价值。

在评价实践中生成教育合力。道德教育是一项关涉诸多要素的系统工程，其中，家庭、社会等要素在对学生道德养成产生作用的同时，对道德教育亦具有重要影响。只有各相关要素同向而行，形成合力才能更好地对道德教育质量作出科学、整体的评判。这要求青年学生的直接教育者——学校应在道德教育中与社会、家庭等通力合作，在教育合力的协调作用中，实现全方位、立体化评价。纵观国外道德教育质量评价，美、英等国家在利用校园环境、社会环境等因素进行道德教育的同时，尤为重视学校、社会、家庭等在道德教育质量评价中的重要作用，为道德教育质量评价的顺利展开创设良好氛围。其一，在对学生进行接续跟踪调查的基础上，及时向相关政策制定部门、监管部门反映学生的道德水平、发展潜力等现实情况，为监管部门制定更加有效合理的政策、法规，提供依据，促进道德教育质量评价政策的科学化发展，为学校道德教育质量评价提供健康的社会环境。其二，在对学校课堂教学进行相关评价的同时，对学校软环境进行整体性评价，如校园广播、校园网络建设等，进而在学校内部形成全方位的道德教育评价体系，营造良好的道德教育质量评价的校园环境。其三，重视家庭与学校双向互动关系的建构，一方面学校通过书信、邮件等多种方式将学生的在校表现反馈给其所属监护人，并给出相应发展建议；另一方面教师注重从监护人角度了解学生个性及其发展特点，并在此基础上制定针对性教育方案，为道德教育质量的提升及科学化评价奠定重要基础。

在评价体系中充分发挥第三方作用。教育评价中第三方的存在，最大优势在于其独立性。无论学校还是教育主管部门，均与评价的对象——教育质量——有着相关利益关系。为了维护自己的利益或影响，第一方或者第二方通常会依据自身的利益诉求实施评估活动,从而对评价结果的客观性和公正性产生负面影响。引入第三方评价,既打破了第一方评价受限于自身视野、利益而不能自觉、客观、公正地评价自我发展的局限性,又革除了政府在教育管理和评价中既担任裁判员又担任教练员的管评部分的弊端。目前,我国高校思想政治教育工作的质量评价主要以政府组织、教师、辅导员等为主,第三方评价的作用、地位尚未充分实现,评价主体的多样性仍有一定发展空间。美、英、日、韩等国家的第三方评价机构实现了严格的认可和准入机制,并有较完善的法律法规作保障。一方面,第三方评价机构与被评价方无隶属关系和利益关系,不唯上级及个人喜好定论,较能保持评价的客观中立;另一方面,第三方评价的经费来源独立,不依赖于政府拨款,使得其评价的公正性和独立性得以保证。同时,设有相关法律规定政府等相关部门不得干涉第三方的评价工作。正是在这样的保障体系下,第三方评价机构得以有效地维护其评估的独立性和公正性,在社会上赢得广泛的信誉度。此外,其较全面完整的评估程序、先进科学的评价技术、专业的研究支撑等,更是极大地带动了质量评价的发展,有针对性地借鉴、吸收这些有益经验,有助于推动我国高校思想政治教育工作质量评价的创新发展。

参 考 文 献

[1]《马克思恩格斯选集》第1—4卷，人民出版社2012年版。

[2]《毛泽东选集》第一至四卷，人民出版社1991年版。

[3]《毛泽东书信选集》，中央文献出版社2003年版。

[4]《邓小平文选》第一至三卷，人民出版社1994、1993年版。

[5]《江泽民文选》第一至三卷，人民出版社2006年版。

[6]《胡锦涛文选》第一至三卷，人民出版社2016年版。

[7]习近平：《之江新语》，浙江人民出版社2007年版。

[8]《习近平谈治国理政》第一、二卷，外文出版社2018、2017年版。

[9]《建党以来重要文献选编（1921—1949）》（第1—26册），中央文献出版社2011年版。

[10]《建国以来重要文献选编》（第1—20册），中央文献出版社2011年版。

[11]《六大以前——党的历史材料》，人民出版社1980年版。

[12]《三中全会以来重要文献选编》（上、下册），中央文献出版社2011年版。

[13]《十二大以来重要文献选编》（上、中、下册），中央文献出版社2011年版。

[14]《十三大以来重要文献选编》（上、中、下册），中央文献出版社2011年版。

[15]《十四大以来重要文献选编》（上、中、下册），中央文献出版社2011年版。

[16]《十五大以来重要文献选编》（上、下册），中央文献出版2011年版。

[17]《十六大以来重要文献选编》（上、中、下册），中央文献出版社2011年版。

[18]《十七大以来重要文献选编》（上、中、下册），中央文献出版社2009、2011、2013年版。

[19]《〈关于若干历史问题的决议〉和〈关于建国以来党的若干历史问题的决议〉》，中共党史出版社2010年版。

[20]《加强和改进大学生思想政治教育重要文献选编（1978—2014）》，知识产权出版社2015年版。

[21]《普通高校思想政治理论课文献选编（1949—2008）》，中国人民大学出版社2008年版。

[22]陈万柏、张耀灿:《思想政治教育学原理》,高等教育出版社 2007 年版。

[23]顾海良:《高校思想政治教育导论》,武汉大学出版社 2006 年版。

[24]张耀灿、郑永廷、吴潜涛、骆郁廷等:《现代思想政治教育学》,人民出版社 2006 年版。

[25]陆庆壬:《思想政治教育学原理》,复旦大学出版社 1986 年版。

[26]本书编写组:《思想政治教育学原理》,高等教育出版社 2016 年版。

[27]刘建军:《马克思主义基本原理与当代中国思想政治教育专题研究》,中国人民大学出版社 2015 年版。

[28]沈壮海、王培刚、段立国、王军等:《中国大学生思想政治教育发展报告 2015》,北京师范大学出版社 2016 年版。

[29]陈秉公:《思想政治教育学基础理论研究》,吉林大学出版社 2007 年版。

[30]艾四林:《党的理论创新与思想政治教育》,人民出版社 2017 年版。

[31]白显良:《隐性思想政治教育基本理论研究》,人民出版社 2013 年版。

[32]王勤:《思想政治教育学新论》,浙江大学出版社 2004 年版。

[33]陈立思:《比较思想政治教育学》,中国人民大学出版社 2011 年版。

[34]苏振芳:《当代国外思想政治教育比较》,社会科学文献出版社 2009 年版。

[35]罗洪铁、董娅:《思想政治教育原理与方法基础理论研究》,人民出版社 2005 年版。

[36]戴钢书:《德育环境研究》,人民出版社 2002 年版。

[37]戴焰军:《思想政治工作实效性导论》,中共中央党校出版社 2012 年版。

[38]张蔚萍:《思想政治工作史》,中国方正出版社 2001 年版。

[39]王树荫:《中国共产党思想政治教育史》(第二版),中国人民大学出版社 2016 年版。

[40]李德芳、李辽宁等:《中国共产党思想政治教育史料选编》,武汉大学出版社 2009 年版。

[41]程延文:《中国共产党思想政治教育七十年》,大连理工大学出版社 1991 年版。

[42]王员:《建国初期党的思想政治教育及其基本经验》,社会科学文献出版社 2013 年版。

[43]陈大白:《北京高等教育文献资料选编(1977—1992 年)》,首都师范大学出版社 2002 年版。

[44]北京化工大学全国大学思想政治教育发展研究中心:《中国大学生思想政治教育年度质量报告》,光明日报出版社 2016 年版。

[45]荆惠民、戴木才:《改革开放以来思想政治工作大事记》,中国人民大学出版社 2007 年版。

[46]冯刚:《国际化视野下的高校德育创新发展研究》,高等教育出版社 2011 年版。

[47]冯刚、沈壮海:《思想政治教育发展报告 2012》,高等教育出版社 2012 年版。

[48]冯刚、沈壮海:《思想政治教育发展报告 2013》,高等教育出版社 2014 年版。

[49]冯刚、郑永廷主编:《思想政治教育学科 30 年发展研究报告》,光明日报出版社 2014 年版。

[50]冯刚:《探索思想政治教育发展的内生动力》,人民出版社 2017 年版。

[51]冯刚:《改革开放以来高校思想政治教育发展史》,人民出版社 2018 年版。

[52]冯刚、王树荫:《思想政治教育研究热点年度发布(2017)》,团结出版社 2018 年版。

[53]冯刚、王树荫:《思想政治教育研究热点年度发布(2018)》,团结出版社 2019 年版。

[54]黄蓉生:《改革开放以来大学生思想政治教育论纲》,人民出版社 2014 年版。

[55]秦尚海:《高校德育评估论》,中国社会科学出版社 2006 年版。

[56]陈洪涛:《高校思想政治理论课评价论》,中国社会科学出版社 2011 年版。

[57]王占仁:《“广谱式”创新创业教育导论》,人民出版社 2012 年版。

[58]王滨:《思想政治教育环境论——大社会视野下的思想政治教育》,同济大学出版社 2011 年版。

[59]张小飞:《高校思想政治理论课教学与大学生思想政治工作》,西南交通大学出版社 2005 年版。

[60]戴钢书:《思想政治教育调查与统计分析》,东方出版社 1992 年版。

[61]孙崇文、伍伟民、赵慧:《中国教育评估史稿》,高等教育出版社 2010 年版。

[62]马健生等:《高等教育质量保证体系的国际比较研究》,北京师范大学出版社 2014 年版。

[63]王茂胜:《思想政治教育评价论》,中国社会科学出版社 2006 年版。

[64]张凤华、梅萍、万美容:《高校思想政治理论课“05 方案”实施及测评的实证研究》,中国社会科学出版社 2011 年版。

[65]蔡晓良:《马克思主义理论教育评价》,社会科学文献出版社 2009 年版。

[66]鲁宇红、郭建生:《应用型本科院校大学生思想政治教育评价体系研究》,东南大学出版社 2008 年版。

[67]张忠家、黄义武等:《产学研合作提升人才培养质量研究》,教育科学出版社 2014 年颁。

[68]张耀灿等:《高校思想政治理论课教育教学质量监测体系研究》,经济科学出版社 2014 年版。

[69]骆郁廷:《高校思想政治理论课程评价新探》,中国社会科学出版社 2011 年版。

[70]吴云志:《高校辅导员工作绩效评价体系研究》,辽宁师范大学出版社 2013 年版。

[71]瞿葆奎:《教育学文集 · 教育评价》,人民教育出版社 1988 年版。

[72]肖远军:《教育评价原理及运用》,浙江大学出版社 2004 年版。

[73]王汉澜:《教育评价学》,云南大学出版社 1995 年版。

[74]陈玉琨:《教育评价学》,人民教育出版社 1999 年版。

[75]侯光文:《教育评价概论》,河北教育出版社 1996 年版。

[76]周三多、陈传明等:《管理学——原理与方法》,复旦大学出版社 2018 年版。

[77]郑航生主编:《社会学概论新修》,中国人民大学出版社 2013 年版。

[78][苏]苏霍姆斯基:《给教师的建议》,周蕖、王义高等译,长江文艺出版社 2014 年版。

[79][美]古贝、林肯:《第四代评估》,秦霖译、蒋燕玲等译,中国人民大学出版社 2008 年版。

[80][美]赫伯特·J.鲁宾等:《质性访谈方法:聆听与提问的艺术》,卢晖临等译,重庆大学出版社 2010 年版。

[81][美]丹尼·乔金森:《参与观察法》,龙筱红、张小山译,重庆大学出版社 2009 年版。

[82][美]泰罗:《科学管理原理》,胡龙昶译,中国社会科学出版社 1984 年版。

[83][美]费洛德·J.福勒:《调查问卷的设计与评估》,蒋逸民等译,重庆大学出版社 2010 年版。

[84][英]约翰·布伦南、特拉·沙赫:《高等教育质量管理——一个关于高等院校评估和改革的国际性观点》,陆爱华等译,华东师范大学出版社 2005 年版。

[85]冯刚:《改革开放四十年中国高校教书育人的发展与展望》,《上海交通大学学报》(哲学社会科学版)2019 年第 1 期。

[86]冯刚:《改革开放以来高校思想政治教育政策设计与发展展望》,《国家教育行政学院学报》2018 年第 9 期。

[87]冯刚:《新时代中国特色社会主义思想政治教育的创新发展》,《中国高等教育》2018 年第 Z1 期。

[88]冯刚:《改革开放以来高校思想政治教育质量评价的回顾与思考》,《教学与研究》2018 年第 3 期。

[89]冯刚:《思想政治教育工作质量评价的时代特征》,《思想教育研究》2018 年第 5 期。

[90]冯刚:《互联网思维与思想政治教育创新发展》,《学校党建与思想教育》2018 年第 3 期。

[91]刘建军:《高校思想政治教育工作质量评价的必要性、可行性及其限度》,《学校党建与思想教育》2018 年第 11 期。

[92]赵静:《高校思想政治教育工作质量评价的基本原则》,《思想教育研究》2018 年第 2 期。

[93]华敏:《高校思想政治教育工作质量评价的重大意义》,《思想教育研究》2018 年第 2 期。

[94]李洪波、李宏刚:《大学生思想政治教育工作评价的困境与反思——基于学生工作的视角》,《学校党建与思想教育》2018 年第 11 期。

[95]冯刚、严帅:《改革开放 40 年高校思想政治教育管理的发展历程》,《北京师范大学学报(社会科学版)》2019 年第 1 期。

[96]陈步云:《高校实践育人评价机制的构建》,《思想教育研究》2018 年第 5 期。

[97]王帅:《改革开放以来大学生思想热点变化的特点与规律》,《思想理论教育》2018 年第 9 期。

[98]王振:《改革开放以来高校文化育人的回顾与思考》,《思想理论教育》2018 年第 12 期。

[99]刘俊峰:《大学生思想政治教育质量评价中的协同育人研究》,《学校党建与思想教育》2018 年第 1 期。

[100]曾永平:《高校思想政治教育工作质量评价的人文关怀之维》,《思想教育研究》2018 年第 5 期。

[101]张耀灿:《对“思想政治教育原理”的重新审视》,《学校党建与思想教育》2011 年第 10 期。

[102]郑永廷:《大学生思想政治教育质量提升的理论研究》,《思想教育研究》2013 年第 6 期。

[103]沈壮海、段立国:《思想政治教育测评研究的回顾与展望》,《思想教育研究》2014 年第 9 期。

[104]韩迎春:《中美高校德育评估标准比较及其启示》,《湖南师范大学教育科学学报》2011 年第 1 期。

[105]刘俊峰:《基于过程的思想政治理论课教学质量评价探析》,《学校党建与思想教育》2018 年第 13 期。

[106]张迪:《高校思想政治教育工作质量评价的理论基础初探》,《思想教育研究》2018 年第 4 期。

[107]刘俊峰:《高校思想政治教育工作质量评价的几个关系》,《思想教育研究》2018 年第 5 期。

[108]陈丹:《高校思想政治教育工作质量评价的知识借鉴》,《思想教育研究》2018 年第 4 期。

[109]吴林龙:《高校思想政治教育工作质量评价的概念厘定》,《思想教育研究》2018 年第 2 期。

[110]覃红、许亨洪:《试论大数据在高校思想政治工作质量评价体系中的运用》,《学校党建与思想教育》2018 年第 13 期。

[111]倪胜巧:《高校学生思想政治教育工作绩效评估机制研究》,《教育与职业》2013 年第 20 期。

[112]王熙:《西方价值观教育评价的研究范式与研究方法》,《教育学报》2017 年第

4 期。

[113]卢立涛:《回应、协商、共同建构——"第四代评价理论"述评》,《内蒙古师范大学学报》2008 年第 8 期。

[114]朴大林:《韩国大学自我评估制度分析》,《比较教育研究》2013 年第 5 期。

[115]刘谦:《家庭研究中感性视角的彰显与价值》,《中国人民大学学报》2012 年第 5 期。

[116]赵祖地:《论马克思主义经典作家德育评估思想》,《国家教育行政学院学报》2013 年第 3 期。

[117]罗布江村、赵心愚、冯瑛、李永政:《大学生思想政治教育原则测评体系的建构原则与方法研究》,《四川师范大学学报》(社会科学版)2009 年第 6 期。

[118]成春、李向成:《定性与定量测评相结合原则在大学生思想政治教育测评中的应用研究》,《思想教育研究》2013 年第 12 期。

[119]鲁杰、刘培峰:《论思想政治教育评估的二重维度》,《思想教育研究》2017 年第 8 期。

[120]赵祖地、刘云林:《德育评估:现状、问题及成因》,《高教发展与评估》2013 年第 5 期。

[121]檀传宝、陈国清:《改革开放 40 年我国德育学科建设的探索与进步》,《中国教育学刊》2018 年第 10 期。

[122]石中英:《"培养什么人"问题的 70 年探索》,《中国教育学刊》2019 年第 1 期。

[123]别敦荣:《大学课堂革命主要任务、重点、难点和突破口》,《中国高教研究》2019 年第 6 期。

[124]孙梦云、杨国辉、曹友华:《思想政治教育评估的状况分析》,《湖南师范大学社会科学学报》2006 年第 1 期。

[125]张忠华、张典兵:《对德育评价研究的回顾和反思》,《高教发展与评估》2011 年第 1 期。

[126]杨瑞东、倪士光:《基于学生满意度的德育评价模型的开发和应用》,《现代教育技术》2014 年第 8 期。

[127]鲁烨:《大学生思想政治教育评估理念论析——基于社会价值与个体价值同构的论域》,《江苏高教》2015 年第 2 期。

[128]刘倩:《思想政治教育评估指标体系研究的困境与出路》,《思想教育研究》2013 年第 4 期。

[129]马艳秀、杨振斌、李焰:《构建中国高校心理健康教育评估指标体系的研究》,《思想教育研究》2013 年第 3 期。

[130]佘双好:《关于思想政治理论课教学质量评价问题的思考》,《学校党建与思想教育》2018 年第 13 期。

[131]李春华:《构建现代思想政治教育评价体系基本特征研究》,《中国高等教育》

2012 年第 1 期。

[132]吴林龙:《当代德育实效测评的反思与前瞻》,《广西社会科学》2014 年第 4 期。

[133]冯永刚:《复杂科学视域下的德育评价》,《外国教育研究》2007 年第 11 期。

[134]王颖、戴祖旭:《大数据时代高校思想政治教育评价方式改革探究》,《学校党建与思想教育》2018 年第 8 期。

[135]林斯坦:《教育评价机制轮》,《教育评论》1997 年第 6 期。

[136]庄穆:《国外教育评价模式演进及启示》,《高校发展与评估》2013 年第 2 期。

[137]程伟、于仰涛:《思想政治工作评价研究方法论》,《理论月刊》2006 年第 9 期。

[138]骆郁廷、丁雪琴:《论高校思想政治理论课程评价的主体》,《思想理论教育》2007 年第 7 期。

[139]王纾:《研究型大学学生学习性投入对学习收获的影响机制研究——基于 2009 年"中国大学生学情调查"的数据分析》,《清华大学教育研究》2011 年第 4 期。

[140]李跃雷:《谈马列主义理论课教学及管理改革》,《北华大学学报(社会科学版)》1995 第 Z1 期。

[141]陈万柏、王升臻:《思想政治教育效益研究述评》,《求实》2005 年第 10 期。

[142]万美容:《论评价对大学生思想政治教育质量提升的作用》,《思想理论教育》2015 年第 7 期。

[143]董平、丛晓波:《思想政治教育价值生产评价模式的建构理路》,《思想教育研究》2016 年第 7 期。

[144]顾杰:《高校学生工作标杆管理的应用研究》,《新课程》2014 年第 10 期。

[145]曹威威:《高校思想政治教育工作质量评价模式建构研究》,《思想教育研究》2018 年第 9 期。

[146]周作宇、周廷勇:《大学生就读经验:评价高等教育质量的一个新视角》,《大学(研究与评价)》2017 年第 1 期。

[147]吴虹雁、李俊龙:《国外高等教育质量评估模式及对我国的启示》,《研究生教育研究》2014 年第 5 期。

[148]吴越:《日本高等教育质量评价体系研究—基于评价模式的视角》,《中国高教研究》2014 年第 4 期。

[149]赵亚莉:《从欧美高校评估体系的比较思考中国高等教育评估的发展》,《社科纵横》2008 年第 7 期。

[150]宋东霞、刘丽新:《国际视野下的高等教育质量评估》,《高校教学评估》2008 年第 6 期。

[151]邓成超:《国外高等教育评估制度分析与比较研究》,《教育学术月刊》2008 年第 1 期。

[152]胡静:《借鉴西方发达国家经验构建我国高等教育评估质量保障体系》,《黑龙江高教研究》2007 年第 1 期。

[153]吴绍琪、李志、梁建春:《国外学校德育的经验及启示》,《重庆大学学报》(社会科学版)2002年第2期。

[154]冯刚、房正:《把高校思想政治工作推向新高度》,《教育研究》2017年第7期。

[155]冯刚:《习近平关于大学生思想政治教育论述的理论蕴涵》,《重庆大学学报》(社会科学版)2018年第3期。

[156]郝保权:《习近平网络战略思想论析》,《理论探索》2017年第6期。

[157]冯刚、曾永平:《"思想政治工作"与"思想政治教育"概念辨析》,《思想理论教育》2018年第1期。

[158]熊钰:《高校网络思想政治教育理念的发展和完善》,《思想理论教育》2018年第7期。

[159]冯刚、张欣:《深刻把握思想政治理论课理论性与实践性相统一的价值意蕴》,《新疆师范大学学报》(哲学社会科学版)2019年第5期。

[160]冯留建、刘国瑞:《新时代高校思想政治教育内容创新研究》,《学校党建与思想教育》2018年第14期。

[161]严帅:《供给侧结构性改革对研究生思想政治教育的启示与借鉴》,《学校党建与思想教育》2017年第23期。

[162]王栋梁:《大数据思想政治教育需要科学构建对象把握机制》,《思想理论教育》2018年第7期。

[163]冯刚、成黎明:《改革开放以来高校思想政治工作的实践与理论发展》,《思想理论教育》2018年第10期。

[164]冯刚、金国峰:《论中国教育现代化的方向目标》,《中国高等教育》2019年第1期。

[165]布超:《改革开放40年高校教书育人的基本经验论析》,《思想教育研究》2018年第11期。

[166]冯刚、高静毅:《新时代高校思想政治理论课建设发展的四个重要问题》,《学校党建与思想教育》2018年第15期。

[167]冯刚、朱宏强:《以习近平新时代中国特色社会主义思想引领青年理想信念教育》,《思想理论教育导刊》2018年第11期。

[168]冯刚、龙波宇:《大学生网络话语的文化分析》,《思想理论教育》2018年第6期。

[169]冯刚、曾永平:《学科交叉视野下思想政治教育创新发展的特点与趋势——基于2017年学科交叉与思想政治教育研究成果的分析》,《思想政治教育研究》2018年第1期。

[170]布超:《社交媒体环境下大学生网络参与的新动向及引导策略》,《思想理论教育》2018年第6期。

[171]郭鹏飞:《注重以文化人提高高校思想政治教育实效性》,《思想教育研究》2018

年第 5 期。

[172]刘建军、朱建婷:《思想政治教育学科建设与发展研究综述》,《思想政治教育导刊》2009 年第 2 期。

[173]毛若、毛晓虹:《美国大学思想政治教育经验对提高我国高校德育实效的启示》,《继续教育研究》2014 年第 8 期。

[174]高地:《高校学生的道德发展与道德教育——美国加州大学伯克利分校教授、国际 SSCI 权威期刊〈人的发展〉主编拉里 · 努奇访谈录》,《高校教育管理》2016 年第 4 期。

[175]徐全忠:《回归教师发展本位的综合教学评价研究》,《中国大学教学》2018 年第 10 期。

[176]郭光亮、朱德全:《教育评价发展的多元路径探析》,《中国高校科技》2018 年第 11 期。

[177]张男星、黄海军等:《大学师生双重视角下的本科教育多维评价——基于全国高等教育满意度调查的实证分析》,《中国高教研究》2019 年第 7 期。

附　　录

附件1:高校思想政治教育工作质量评价基本标准(参考)

一级指标	二级指标	测评标准	测评结果	测评方式
1. 组织领导与治理架构	1.1 工作定位与思路	1. 大学生思想政治教育工作纳入学校事业发展规划 2.立德树人在学校人才培养方案中有具体体现 3.有全员、全过程、全方位育人的明确举措	符合三项标准为A;符合其中两项为B;符合其中一项为D	材料审核,问卷调查
	1.2 领导体制与工作机制	1. 建立由学校主要负责人担任组长的大学生思想政治教育工作领导小组,每学期至少召开一次专门工作会研究思想政治教育工作 2. 学校将大学生思想政治教育与教学、科研、社会服务工作同时部署,同时检查,同时评估 3. 有贯彻落实全国高校思想政治工作会议及《关于加强和改进新形势下高校思想政治工作的意见》(中发2016[31]号文件)的实施办法 4. 学校相关部门有明确的大学生思想政治教育工作职责并完成相应任务 5. 学校主要领导每年分别到堂听思想政治理论课不少于学时,班子成员为学生讲党课或思想政治理论课,经常联系学生形成制度 6. 常态开展思学生思想动态调研,有基层思想政治教育工作考核制度	符合六项标准为A;符合其中四项为B;符合其中三项为C;其余情形为D	材料审核

续表

一级指标	二级指标	测评标准	测评结果	测评方式
2. 队伍建设	2.1 党政干部及共青团干部队伍	1. 对学校党政干部及共青团干部组织、协调、实施大学生思想政治教育工作有明确要求 2. 每年对学校党政干部及共青团干部履行大学生思想政治教育工作有考核 3. 对党政干部及共青团干部从事思想政治理论课、大学生党课团课等教学有具体管理措施 4. 选聘党政机关和企事业单位党员领导干部、专家学者以及老干部、老战士、老专家、老教师、老模范，从事思想政治教育或党务工作	符合四项标准为 A；符合其中两项为 B；符合其中一项为 C；其余情形为 D	材料审核
	2.2 思想政治理论课与哲学社会科学课教师队伍	1. 实行思想政治理论课专任教师任职资格准入制，专任教师按不低于师生 1:350 的比例配备，新任专职教师应为中共党员 2. 鼓励支持思想政治理论课专任教师攻读马克思主义理论相关学科学位 3. 思想政治理论课专业技术职务高级岗位的比例不低于学校平均水平，不得挪作他用，在重点报刊目录上的成果纳入考量，试行不合格思政课教师退出机制 4. 对思想政治理论课专任教师的专业技术职务评定，注重考核教学能力和教学实绩 5. 按照要求选送思想政治理论课专任教师和哲学社会科学课教学学科研骨干参加全国和省（区、市）培训、研修，每学年至少安排 1/4 专任教师开展社会实践和学习考察活动 6. 对思想政治理论课教师的表彰纳入学校各类教师表彰体系中，并为思想政治理论课教师确定一定比例，进行统一表彰	符合六项标准为 A；符合 1 和其余标准中三至四项为 B；符合其中三项为 C；其余情形为 D	1、2、3、5、6 材料审核，4 材料审核、实地考察与学生满意度测评
	2.3 辅导员、班主任队伍	1. 按师生比不低于 1:200 的比例设置一线专职辅导员岗位，按照专兼结合，以专为主足额配备，有辅导员选聘办法，选聘工作符合要求 2. 每个班级配有班主任，职责明确 3. 青年教师晋升高一级专业技术职称，须有至少一年担任辅导员或班主任工作经历并考核合格 4. 制定辅导员相关条例，落实“双线”晋升要求。对专职辅导员专业技术职务单列指标，单设标准，单独评审，注重考察工作业绩和育人实效 5. 落实辅导员相应职级和待遇，有辅导员、班主任工作考核办法和年度考核结果，定期评选表彰优秀辅导员、班主任，并纳入教师表彰体系 6. 辅导员的培养纳入学校师资和干部培训规划和人才培养计划，开展队伍轮训，每名专职辅导员每年参加不少于 16 个学时的校级培训，享受专任教师培养同等待遇，鼓励支持辅导员在做好工作的基础上攻读相关专业学位	符合六项标准为 A；符合 1 和其余标准中三至四项为 B；符合其中三项为 C；其余情形为 D	材料审核

续表

一级指标	二级指标	测评标准	测评结果	测评方式
3.思想政治理论课	3.1 思想政治理论课教育教学	1.独立设置直属学校领导的、与学校其他二级院(系)行政同级的思想政治理论课教学科研组织二级机构,并配齐机构主要负责人,班子成员是中共党员 2.统一开设全校思想政治理论课,推行中班教学,班级规模原则上应在100人以内,统一管理思想政治理论课教师,统一负责马克思主义理论学科建设 3.思想政治理论课建设列入学校事业发展规划,作为学校重点课程建设,有条件的院校同时应作为重点学科建设 4.落实规定的思想政治理论课规定课程和学分及对应的课堂教学学时 5.使用马克思主义理论研究和建设工程重点教材高校思想政治理论课统编教材 6.落实思想政治理论课专项经费。专项经费提取标准为本科院校每生每年不低于20元,专科院校每生每年不低于15元	符合六项标准为A;符合1和其余标准中三项为B;符合其中三项为C;其余情形为D	材料审核与实地考察
	3.2 形势与政策教育	1.作为必修课列入教学计划 2.落实规定的课时和学分 3.制定并落实形势与政策课集体备课制度 4.有地方党政领导干部、企事业单位负责人、社科理论界专家、各行业先进模范、校院两级领导、名师大家和专业课骨干教师、日常思想政治教育骨干为学生作形势政策报告的常态办法	符合四项标准为A;符合其中三项为B;符合其中两项为C;其余情形为D	1、2、4材料审核,3材料和与实地考察
4.学生日常教育与管理服务	4.1 思想理论教育和价值引领	1.开展习近平新时代中国特色社会主义思想宣传教育 2.加强国家意识、法治意识、社会责任意识教育,加强民族团结进步教育、国家安全教育、科学精神教育,纳入日常课程体系,利用重要节庆日、重大事件开展爱国主义教育 3.开展社会主义核心价值观教育和“我的中国梦”主题教育 4.制定和实施体育、美育和劳动育人常态工作方案	符合四项标准为A;符合1和其余标准中两项为B;符合1和其余一项为C;其余情形为D	材料审核
	4.2 党团和班级建设	1.建立校、院(系)两级领导班子成员、职能部门主要负责人联系指导学生党支部工作制度,确保所有学生党支部都有人经常联系,定期开展学生党性分析 2.强化基层条件保障。基层单位配备专职组织员,选拔骨干教师、优秀辅导员或高年级学生党员担任学生党支部书记,将学生党建纳入班主任工作内容中 3.探索在课题组、学生公寓、学生社团、实践队设立功能型党组织。对不转组织关系、不在校住宿、出国学生党员明确管理办法		

续表

一级指标	二级指标	测评标准	测评结果	测评方式
4.学生日常教育与管理服务	4.2 党团和班级建设	4.将党支部、团支部和班集体建制统筹设计,建立党校、团校,定期按量完成教育培训工作 5."两学一做"学习教育形成常态化制度化,在全体党员中开展"不忘初心,牢记使命"主题教育,引导党员充分发挥先锋模范作用 6.按规定发展学生党员,校、院组织员、基层单位党委委员列席学生党支部组织生活会和党员发展会。注重团组织推优和党员推荐的发展方式,重视发展少数民族学生入党 7.校级团组织独立设置,院(系)、班级团学组织健全。充分发挥各级团组织在团员教育、管理、服务、推优等工作中的作用 8.按规定开展党团组织生活,有党团和班级活动经费,定期缴纳党费和团费 9.有学生社团管理办法,实行社团登记和年检制度,配备社团指导老师,有明确责任制	符合九项标准为 A;符合 1 和其余标准中六项为 B;符合其中五项为 C;其余情形为 D	材料审核与师生满意度测评
	4.3 学风建设	1. 学风建设和科学道德教育有计划、有措施,有经常性教育活动,做到全员、全过程、全覆盖 2. 有学业辅导、学业预警相关机制 3. 指导学生开展课外科技学术实践活动形成常态,形成品牌	符合三项标准为 A;符合两项为 B;符合一项为 C;其余情形为 D	材料审核
	4.4 学生日常事务管理	1. 学校有学生管理办法,明确学生权利和义务,有学生奖助、处分、申诉相关制度机构 2. 开展入学教育、毕业生教育及相关管理和服务工作,建设学生日常一站式服务机构或平台 3.开展国防宣传教育,组织开展学生军事训练,纳入必修课,完成征兵任务 4.有学生资助工作机构和专职工作人员,家庭经济困难学生资助经费达到学校事业收入一定比例,经费专款专用 5.组织评选各类奖学金、助学金。合理认定家庭经济困难学生,指导学生办理助学贷款。组织学生开展勤工俭学活动,做好学生困难帮扶。为学生提供生活指导,开展资助育人工作取得实效	符合五项标准为 A;符合四项为 B;符合其中三项为 C;其余情形为 D	材料审核
	4.5 心理健康教育与咨询工作	1. 有校级心理健康教育和心理咨询机构,有专门的心理咨询场所 2. 按师生比不低于 1:4000 的比例配备专职从事心理健康教育的教师,且不少于 2 名 3. 有用于大学生心理健康教育和心理咨询的专项经费 4. 对新生开设心理健康教育公共必修课,面向全体学生开设心理健康教育选修和辅修课程,实现大学生心理健康教育全覆盖。		

续表

一级指标	二级指标	测评标准	测评结果	测评方式
4.学生日常教育与管理服务	4.5 心理健康教育与咨询工作	5. 建立有校、院(系)、学生班级、宿舍四级心理健康教育工作网络,有学生心理危机预防与干预体系 6. 每年开展新生心理健康普查,在校学生建有心理健康档案 7. 定期开展心理健康宣传教育活动	符合七项标准为 A;符合 1 和其余标准中四至五项为 B;符合其中四项为 C;其余情形为 D	材料审核
	4.6 职业规划与就业创业指导	1. 有学生就业创业教育的专门机构并按要求配备专职工作人员 2. 就业创业指导课程纳入学校课程体系 3. 有学生到基层、到西部和到重点行业、重点领域建功立业典型,配套先进典型奖励制度 4. 实施"大学生创新创业训练计划",支持开展创新创业实践、竞赛,配套学生创业孵化制度,鼓励学生成立创新创业类社团	符合四项标准为 A;符合其中三项为 B;符合其中两项为 C;其余情形为 D	材料审核
	4.7 社会实践与志愿服务	1. 将实践育人工作纳入学校教学计划,落实规定的学时学分,原则上哲学社会科学类专业实践教学不少于总学分(学时)的 15%,理工农医类专业不少于 25%。 2. 建立相对稳定的实践育人基地 3. 有学生参加社会实践活动的年度计划,定期组织开展社会实践活动 4. 支持、组织学生开展志愿服务和公益活动,深入开展学雷锋活动,志愿服务纳入学分 5. 及时表彰宣传实践育人先进典型,定期召开实践育人经验交流会、座谈研讨会	符合五项标准为 A;符合其中四项为 B;符合其中三项为 C;其余情形为 D	1、3、4、5、6 材料审核,2 材料审核与实地考察
5. 育人环境	5.1 校园安全稳定	1. 有维护安全稳定的综合防控机制和突发事件紧急处置预案 2. 有校园舆论阵地建设与管理办法,涵盖校园宣传栏、报纸杂志、电视广播和新媒体阵地 3. 落实"一会一报""一事一报",有讲座、报告、研讨、论坛等审批制度, 4. 按需要设置校园安全标识,有残疾人辅助便道,校园安全通道畅通 5. 有抵御和防范利用宗教对学校进行渗透的措施和办法 6. 有抵御和防范境内外敌对势力对学校进行渗透和破坏的措施和办法 7. 有与当地党委政府及有关部门的信息沟通制度 8. 经常性开展学生安全教育,定期开展逃生等防灾演练活动	符合六项以上为 A;符合四项以上为 B;符合两项以上为 C;其余情形为 D	1、2、4、5、6、7 材料审核,3 实地考察,8 材料审核与实地考察

续表

<table>
<tr><th>一级指标</th><th>二级指标</th><th>测评标准</th><th>测评结果</th><th>测评方式</th></tr>
<tr><td rowspan="3">5. 育人环境</td><td>5.2 家庭与社会参与</td><td>1. 学校建立并落实家校对接制度
2. 学校与办学所在地有合作育人工作方案,每年组织开展合作育人活动</td><td>符合两项为A;符合一项为B;其余情形为C</td><td>1材料审核,2材料审核与实地考察</td></tr>
<tr><td>5.3 网络育人</td><td>1. 建有网络思想政治教育体系
2. 积极推进大学生网络社区建设,开展网络思想政治教育活动,有网络文化典型作品
3. 有专门的网络用户归口管理部门,有完善的校园网络舆情监控工作机制
4. 有校园网站登记、备案制度,校内实行用户上网实名注册</td><td>符合四项标准为A;符合其中三项为B;符合其中二项为C;其余情形为D</td><td>材料审核</td></tr>
<tr><td>5.4 文化育人</td><td>1. 有校园文化建设总体规划,有明确牵头部门负责,有校园统一标识
2. 有校训、校徽、校史陈列馆(室)
4. 结合传统节庆日、重大事件和开学典礼、毕业典礼等开展主题教育活动
5. 定期开展学生宿舍及生活园区文化活动
6. 努力开展校园文化创新,有文化育人活动品牌
7. 学校定期举办中华优秀传统文化、革命文化和社会主义先进文化活动</td><td>符合六项及以上标准为A;符合其中四项为B;符合其中三项为C;其余情形为D</td><td>3、4、5、6材料审核,1、2材料审核与实地考察</td></tr>
<tr><td rowspan="3">6. 条件保障</td><td>6.1 学生教育活动设施建设</td><td>1. 建有专门的学生活动用房,学生活动设施齐全,并得到充分利用
2. 学生宿舍楼或生活园区设有学生活动室
3. 学生思想政治教育活动有空间、场馆、平台等资源保障</td><td>符合三项标准为A;符合其中两项为B;其余情形为D</td><td>材料审核与实地考察</td></tr>
<tr><td>6.2 经费投入</td><td>1. 大学生思想政治教育工作经费设立专门预算科目,经费做到专款专用
2. 大学生思想政治教育工作经费占学校上一年度政府拨给的事业费和收缴的学生培养费或学杂费总收入比例应逐年增长
3. 学校其他经费中有用于"三全"育人的预算</td><td>符合三项标准为A;符合其中的两项为C;其余情形为D</td><td>材料审核</td></tr>
<tr><td>6.3 科学研究</td><td>1. 设立大学生思想政治教育专项研究课题和课改项目
2. 设立辅导员工作室、学术团队等
3. 辅导员科研成果纳入学校整体奖励安排</td><td>符合三项标准为A;符合其中的两项为C;其余情形为D</td><td>材料审核</td></tr>
<tr><td>测评结果</td><td colspan="4">根据以上23项二级指标获得A的总数(用X表示),得出测评结果:
X≥15,二级指标无C或D,结论为A;X≥12,且二级指标无D,结论为B;X≥10,结论为C;其余情形为D</td></tr>
</table>

附件2:高校思想政治教育工作质量评价实效指标(参考)

<table>
<tr><th>一级指标</th><th>二级指标</th><th>测评要素</th><th>测评方式</th></tr>
<tr><td rowspan="4">1. 运行情况</td><td>1.1 党的建设统领思想政治教育工作</td><td>1. 针对上级巡视、巡查等专项工作中涉及思想政治教育部分的整改情况
2. 学校在党的建设、人才培养、国际化战略等重要发展规划中纳入思想政治教育工作内容
3. 在大学生中开展党的方针、政策理论宣讲,理论学习常态化
4. 校院领导直接面向大学生开展思想政治教育工作制度和完成情况
5. 在优秀大学生中发展党员情况</td><td>材料审核</td></tr>
<tr><td>1.2 全员、全程、全方位育人落到实处</td><td>1. 学校各部门都承担育人功能,引入校友群体、离退休教师、社会力量参与思想政治教育工作
2. 对各学段学生开展分门别类的思想政治教育,对重点关注群体针对性开展工作
3. 思想政治教育条件保障到位,有刚性指标,配备专门队伍和经费</td><td>材料审核</td></tr>
<tr><td>1.3 增强学生获得感和满足感</td><td>1. 入学教育与新生适应的契合度
2. 学生在学能力素养增值自评估
3. 学生对就业指导与生涯规划的满意度
4. 学生日常管理流程的便捷性和满意度
5. 经济、学业、心理、就业等困难学生帮扶情况
6. 学生参与学校治理情况,意见建议渠道畅通,及时反馈</td><td>材料审核、实地考察、
专家访谈、问卷调查</td></tr>
<tr><td>1.4 遵循规律与改革创新</td><td>1. 思想政治教育人员、岗位、职责清晰,日常工作运行顺畅
2. 对思想政治教育工作和教育对象常态化开展研究和讨论,相关结论纳入部门工作
3. 围绕新形势下学校办学治校与育人目标开展思想政治教育创新工作,形成特色经验</td><td>材料审核与问卷调查</td></tr>
<tr><td rowspan="2">2. 培养效果</td><td>2.1 学生培养效果</td><td>1. 大学生理想信念坚定,树牢“四个意识”、坚定“四个自信”、坚决做到“两个维护”
2. 学校育人目标清晰,育人目标学生认可,育人效果与目标契合
3. 有学生培养典型人物或群体,社会认可度高,工作获得过省部级以上表彰或工作经验交流</td><td>问卷调查
由上级主管部门设立常规观测点</td></tr>
<tr><td>2.2 队伍发展情况</td><td>1. 思想政治教育工作者敬业度和满意度测评
2. 思想政治理论课教师评教情况,在各级教学成果奖、名师评选、重要课题研究中的体现
3. 辅导员队伍专业化发展成效显著,成为校内外干部重要后备力量</td><td>问卷调查
由上级主管部门设立常规观测点</td></tr>
</table>

续表

一级指标	二级指标	测评要素	测评方式
3. 社会认可	3.1 服务国家战略和地方发展	1. 学校在服务国家战略和地方发展重点工作中开展大学生思想教育情况 2. 学生就业进入国家或地方重点行业领域、中西部基层等,形成一定规模	材料审核 由上级主管部门设立常规观测点
	3.2 主管部门评价	1. 完成主管部门日常工作情况 2. 承担主管部门专项任务、课题研究、示范基地建设情况 3. 获得主管部门奖励情况	问卷调查 由上级主管部门设立常规观测点
	3.3 用人单位认可	1. 雇主对毕业生使用情况评价 2. 毕业生在国家部门和重点行业中获得重要奖励情况 3. 重点行业与学校合作育人和选留情况	委托第三方开展雇主常规调查,由上级主管部门设立国家部门和重点行业优秀典型观测点
	3.4 学生追踪反馈	1. 毕业生就业能力匹配度,对现状满意度 2. 毕业生对学校认同度、推荐度 3. 毕业生长期发展质量,培养反馈,社会声誉,校友反馈等	委托第三方开展毕业生常规调查 由学校建立毕业生发展监测体系
4. 负面清单	4.1 意识形态	1.发生涉及学生的教师师德师风问题 2.发生少数民族学生安全稳定相关舆情 3.出现违背宗教与教育相分离原则情形,未及时处理 4.对校内各类实体和网络阵地缺乏管理办法	材料审核 由上级主管部门建立负面清单数据库
	4.2 安全稳定	1.近三年出现重大安全稳定责任事故 2.校园安全防范存在漏洞,损害了学生利益 3.出现学生投诉、举报、信访等未及时妥善处理 4.未对意识形态和安全稳定问题进行处理或处理不到位	材料审核 由上级主管部门建立负面清单数据库

附件3：高校思想政治工作质量评价重点指标体系（教育主管行政部门版，以北京为例）

<table>
<tr><th>观测专题</th><th>观测内容</th><th>观测要素</th><th>测评指标项</th><th>计分方式</th></tr>
<tr><td rowspan="14">1. 全面贯彻党的教育方针</td><td rowspan="7">1—1 以习近平新时代中国特色社会主义思想为指导</td><td rowspan="7">1.学校坚持社会主义办学方向、办好中国特色社会主义大学、把思想政治工作贯穿教育教学全过程等方面开展调查研究、采取重点部署的情况。
2.校院两级领导解读讲授习近平新时代中国特色社会主义思想概论的情况。</td><td>优秀指标项</td><td rowspan="7">符合全部“合格指标项”和全部“优秀指标项”为A；
符合全部“合格指标项”并符合1条“优秀指标项”为B；
仅符合全部“合格指标项”为C；
其余情形为D</td></tr>
<tr><td>1.学校每年专题研究部署思想政治工作，制定落实全国高校思想政治工作会议实施方案，校院两级领导为师生讲授习近平新时代中国特色社会主义思想概论形成制度</td></tr>
<tr><td>2.学校获评教育部“三全育人”综合改革试点单位或“党建示范高校”</td></tr>
<tr><td>合格指标项</td></tr>
<tr><td>1.学校坚持社会主义办学方向，定位准确，办学特色鲜明，事业发展目标明确，符合实际。在涉及办学治校的重要问题上，学校广泛征求干部师生、党内外代表意见或充分开展调研，论证充分。干部师生各类群体了解熟悉学校战略，对办学治校满意度高</td></tr>
<tr><td>2.贯彻落实党委领导下的校长负责制，制定实施细则。校长是中共党员的同时兼任党委副书记，明确1名党委副书记主要分管教师思想政治工作，其他党委领导班子成员履行“一岗双责”。纪委书记、组织部长、宣传部长、统战部长担任党委常委或不设常委会的党委委员</td></tr>
<tr><td rowspan="7">1—2 学校党委落实上级部门重点事项</td><td rowspan="7">1.学校贯彻落实中央和地方交办重点任务的情况。
2.学校服务国家战略和地方发展的相关材料。</td><td>优秀指标项</td><td rowspan="7">符合全部“合格指标项”和全部“优秀指标项”为A；
符合全部“合格指标项”并符合1条“优秀指标项”为B；
仅符合全部“合格指标项”为C；
其余情形为D</td></tr>
<tr><td>1.学校在落实中央相关部门和北京市交办重点任务中表现突出</td></tr>
<tr><td>2.在服务国家战略、北京市及区县发展建设中做出重大贡献</td></tr>
<tr><td>合格指标项</td></tr>
<tr><td>1.将学校思想政治工作纳入整体发展规划和年度工作计划，明确路线图、时间表、责任人</td></tr>
<tr><td>2.严格落实上级部门督办事项，对涉及整改的部分整改到位</td></tr>
</table>

续表

<table>
<tr><th>观测
专题</th><th>观测
内容</th><th>观测
要素</th><th>测评指标项</th><th>计分方式</th></tr>
<tr><td rowspan="14">2. 高校意识形态管理</td><td rowspan="7">2—1 马克思主义理论学习宣传</td><td rowspan="7">1.思政课程与课程思政协同推进，积极宣传马克思主义，开展社会主义核心价值观教育。
2.学校围绕重大理论和实践问题开展理论研究情况，在主流报刊媒体发表理论宣传文章情况。</td><td>优秀指标项</td><td rowspan="7">符合全部“合格指标项”和全部“优秀指标项”为A；
符合全部“合格指标项”并符合1条“优秀指标项”为B；
仅符合全部“合格指标项”为C；
其余情形为D</td></tr>
<tr><td>1.学校全面推进思政课程与课程思政整体建设。哲学社会科学与思想政治理论相关学科协同开展课程教学、学术研究、学生培养、政策咨询、教材编写等工作</td></tr>
<tr><td>2.社会主义核心价值观教育效果显著，涌现出典型人物或团队，获得上级部门表彰，或被中央、北京市主流媒体报道，在社会上产生较大影响</td></tr>
<tr><td>合格指标项</td></tr>
<tr><td>1.校院两级党委理论学习有计划、有成效，形式多样。学校围绕意识形态重大理论和实践问题开展理论研究，在中央和地方北京市主要媒体上刊发系列文章，凝聚学校思想共识</td></tr>
<tr><td>2.学校积极开展教育引导，组织开展丰富多彩、积极向上的校园文化活动，充分发挥校史校训校歌的育人功能，正面典型宣传形成品牌</td></tr>
<tr><td></td></tr>
<tr><td rowspan="7">2—2 意识形态工作责任制</td><td rowspan="7">1.学校意识形态工作责任制建设情况，校院两级各类意识形态阵地管理制度及执行情况。
2.学校关于意识形态舆情监测、研判工作机制和相关情况。</td><td>优秀指标项</td><td rowspan="7">符合全部“合格指标项”和全部“优秀指标项”为A；
符合全部“合格指标项”并符合1条“优秀指标项”为B；
仅符合全部“合格指标项”为C；
其余情形为D</td></tr>
<tr><td>1.学校党委定期研究意识形态工作，开展督导检查。及时稳妥处置突发事件，旗帜鲜明地批判错误观点和思潮。思想政治理论课教师、哲学社会科学教师担任学生思想理论类社团指导教师形成制度</td></tr>
<tr><td>2.学校在平安校园、文明校园验收中获得优秀</td></tr>
<tr><td>合格指标项</td></tr>
<tr><td>1.按照谁主管谁负责的原则，严格课堂、论坛、讲座、报刊、橱窗、广播、电视、网络、社团等阵地管理，制度健全，落实“一会一报”“一事一报”制度</td></tr>
<tr><td>2.有突发事件应急总体预案和专项预案，定期组织开展应急演练。建立重大决策社会稳定风险评估机制，从源头上预防和减少各类矛盾纠纷</td></tr>
<tr><td></td></tr>
</table>

续表

<table>
<tr><th>观测专题</th><th>观测内容</th><th>观测要素</th><th>测评指标项</th><th>计分方式</th></tr>
<tr><td rowspan="12">3. 思想政治理论课建设</td><td rowspan="6">3—1思想政治理论课教学效果</td><td rowspan="6">1.学校整体思想政治理论课程体系建设情况。
2.思想政治理论课教学有实效,教学改革成果及获奖情况,教学规模情况,学生满意度情况。</td><td>优秀指标项</td><td rowspan="6">符合全部“合格指标项”和全部“优秀指标项”为A;
符合全部“合格指标项”并符合1条“优秀指标项”为B;
仅符合全部“合格指标项”为C;
其余情形为D</td></tr>
<tr><td>1.学院获评或获批全国重点马院、北京市重点马院、或思想政治理论课创新中心等,承担课程建设重大课题或上级有关思政课建设调研、培训、共建、咨询等工作</td></tr>
<tr><td>2.主动延伸思想政治理论教育,在重大活动、重要时间节点中设置集中性开展思想政治教育专题课程形成常态</td></tr>
<tr><td>合格指标项</td></tr>
<tr><td>1.学校每年研究思想政治理论课建设,思想政治理论课建设列入学校事业发展规划,有详细工作方案</td></tr>
<tr><td>2.常规开展思想政治理论课教学督导、教学改革、教学研究,课程教学无重大事故,没有造成重大舆情,教学测评成绩不低于学校平均水平</td></tr>
<tr><td rowspan="6">3—2思想政治理论课程建设条件保障</td><td rowspan="6">1.学校对思想政治理论课课程建设、队伍建设、平台建设的保障性举措
2.学校领导听课、讲课有制度落实情况。</td><td>优秀指标项</td><td rowspan="6">符合全部“合格指标项”和全部“优秀指标项”为A;
符合全部“合格指标项”并符合1条“优秀指标项”为B;
仅符合全部“合格指标项”为C;
其余情形为D</td></tr>
<tr><td>1.思想政治理论课教师获评国家和省部级人才称号,或获得上级部门表彰</td></tr>
<tr><td>2.党委书记、校长、领导班子成员按要求讲授思想政治理论课形成制度。制定相关学科专家、党政管理干部、专职辅导员担任思想政治理论课教师和研究生导师相关文件</td></tr>
<tr><td>合格指标项</td></tr>
<tr><td>1.按照师生比1∶350配备思想政治理论课教师队伍,实行准入制度,出台队伍建设规划,系统开展教师培训,工作经费充足。在职称评聘工作中,高级职称占比不低于学校平均水平</td></tr>
<tr><td>2.思政课建设情况纳入学校党的建设工作考核、办学质量和学科建设评估标准体系,同时规划、部署、建设、评估</td></tr>
</table>

续表

<table>
<tr><th>观测专题</th><th>观测内容</th><th>观测要素</th><th>测评指标项</th><th>计分方式</th></tr>
<tr><td rowspan="10">4. 学生思想政治教育</td><td rowspan="6">4—1 日常思想教育</td><td rowspan="6">1.学校按照“三全育人”要求开展思想政治教育情况。
2.日常思想教育实效性强，精细化程度高。</td><td>优秀指标项</td><td rowspan="6">符合全部“合格指标项”和全部“优秀指标项”为A；
符合全部“合格指标项”并符合1条“优秀指标项”为B；
仅符合全部“合格指标项”为C；
其余情形为D</td></tr>
<tr><td>1.学校按照“三全育人”要求，制定工作方案，各类队伍参与思想政治工作有制度、有平台、有保障。学校每年开展学生思想政治状况调研并专题研究，建立思想政治教育工作学生反馈、评价、改进机制</td></tr>
<tr><td>2.思想教育工作不断精细化，学生获得感强，满意度高。学校获得首都大学生思想政治工作实效奖等省部级大学生思想政治工作奖励</td></tr>
<tr><td>合格指标项</td></tr>
<tr><td>1.日常思想教育工作健全，教育、管理、服务平台完备。深化群团改革，服务学生有实效。辅导员、班主任、各类导师一对一深度开展学生思想教育和辅导，工作有保障、有记录，学生反馈良好</td></tr>
<tr><td>2.在重要活动、重大事件、敏感时间节点中及时开展思想引导，没有发生涉及学生的重大校内舆情和网络舆情，学生反馈、建议、申诉渠道畅通，学生信访案件妥善处理</td></tr>
<tr><td rowspan="4">4—2 思想政治工作队伍建设</td><td rowspan="4">1.学校建立思想政治工作队伍建设方案和培训计划。
2.学校选任重要干部岗位考察思想政治工作经历的情况。</td><td>优秀指标项

1.专兼职辅导员获评全国辅导员年度人物、北京市优秀辅导员、北京市十佳辅导员等。获批教育部高校思想政治工作队伍培训研修中心，承担省部级思想政治工作队伍培训研修任务</td><td rowspan="4">符合全部“合格指标项”和全部“优秀指标项”为A；
符合全部“合格指标项”并符合1条“优秀指标项”为B；
仅符合全部“合格指标项”为C；
其余情形为D</td></tr>
<tr><td>2.思想政治工作队伍作为学校干部队伍重要来源，学校新任职党政管理干部原则上应有思想政治工作经历</td></tr>
<tr><td>合格指标项

1.按照师生比不低于1∶200的比例要求设置一线专职辅导员岗位，或出台队伍建设方案。专任教师晋升高一级职称须有思想政治工作经历，专职辅导员可按教师职务（职称）要求评聘专业技术职务（职称），实行辅导员专业技术职务单列指标、单设标准、单独评审。支持思想政治工作队伍攻读相关专业学位</td></tr>
<tr><td>2.辅导员培训纳入高等学校师资队伍和干部队伍培训整体规划。高校负责对本校辅导员的系统培训，确保每名专职辅导员每年参加不少于16个学时的校级培训，每5年参加1次国家级或省级培训</td></tr>
</table>

续表

<table>
<tr><th>观测专题</th><th>观测内容</th><th>观测要素</th><th>测评指标项</th><th>计分方式</th></tr>
<tr><td rowspan="12">5. 教师思想政治工作</td><td rowspan="6">5—1 教师思想政治工作机制和师德师风建设</td><td rowspan="6">1.学校教职工思想政治工作相关制度机制。
2.学校师德师风制度文件。师德师风一票否决制落实情况。学校在涉及师德问题上的处理情况。</td><td>优秀指标项</td><td rowspan="6">符合全部“合格指标项”和全部“优秀指标项”为A;
符合全部“合格指标项”并符合1条“优秀指标项”为B;
仅符合全部“合格指标项”为C;
其余情形为D</td></tr>
<tr><td>1.教师工作部统筹做好教师思想教育和管理服务工作。学校明确一名校领导分管教师思想政治教育。教师思想政治工作要求纳人党委相关文件和学校人事制度中</td></tr>
<tr><td>2.建立教师奖励和荣誉体系,鼓励在立德树人工作中做出突出表现的教师。荣获国家或者省部级师德师风相关奖励和荣誉称号或有师德师风先进人物、教师代表得到上级部门师德相关表彰</td></tr>
<tr><td>合格指标项</td></tr>
<tr><td>1.校院两级有师德师风建设委员会,严格落实师德师风一票否决制,对涉及教师教学、育人、人事相关工作的师德要求内容明确,操作可行</td></tr>
<tr><td>2.学校近年没有因师德问题引起重大舆情,涉及师德案例处理过程中,党委履行主体责任,处理规范</td></tr>
<tr><td rowspan="6">5—2 教师日常思想政治工作</td><td rowspan="6">1.教育引导教师投身学校发展、地方建设和国家战略。教师思想政治工作有创新,有实效。
2.组织开展教师思想政治学习、思想状况调研等情况。</td><td>优秀指标项</td><td rowspan="6">符合全部“合格指标项”和全部“优秀指标项”为A;
符合全部“合格指标项”并符合1条“优秀指标项”为B;
仅符合全部“合格指标项”为C;
其余情形为D</td></tr>
<tr><td>1.建立中青年教师社会实践和校外挂职制度,教师个人和团队参与服务国家和北京市重点建设和保障工作,学校教师获得国家师德师风先进集体、个人等荣誉和表彰</td></tr>
<tr><td>2.教师思想政治工作有创新性举措,与教师权益保障协同推进,学生参与师德师风评价等</td></tr>
<tr><td>合格指标项</td></tr>
<tr><td>1.学校建立教师思想政治学习制度,在新教师等群体中系统性开展习近平新时代中国特色社会主义思想理论培训,建立青年教师“传帮带”制度</td></tr>
<tr><td>2.每年开展教师思想动态调研,教师对学校改革发展共识度高</td></tr>
</table>

续表

<table>
<tr><th>观测专题</th><th>观测内容</th><th>观测要素</th><th>测评指标项</th><th>计分方式</th></tr>
<tr><td rowspan="14">6. 宣传思想工作</td><td rowspan="7">6—1 校园文化建设</td><td rowspan="7">1.学校办学理念、校风学风形成师生共识，对社会产生积极影响。
2.学校校园建设规划情况，相关要素纳入思想政治工作体系。</td><td>优秀指标项</td><td rowspan="7">符合全部“合格指标项”和全部“优秀指标项”为A；符合全部“合格指标项”并符合1条“优秀指标项”为B；仅符合全部“合格指标项”为C；其余情形为D</td></tr>
<tr><td>1.学校教育思想、办学理念、校训、校风等精神内涵凝练和归纳准确，充分展示学校独特、鲜明的文化积淀与文化追求，在高校内和社会中产生广泛影响，在行业高校或特色高校中形成“头雁效应”</td></tr>
<tr><td>2.学校积极培育校园文化，形成便于传播、易于推广、弘扬主流价值、得到社会认可的各类文化产品，在中央和北京市主流媒体、主要网络平台上报道或播出</td></tr>
<tr><td>合格指标项</td></tr>
<tr><td>1.学校把握正确舆论导向，建设丰富多样的校园文化阵地，融媒体建设推进有力，常态化开展中华优秀传统文化、革命文化和社会主义先进文化教育，丰富完善师生主题教育活动</td></tr>
<tr><td>2.学校校园有规划，校园审美功能与教育功能相统一，公共场所注重人文景观建设，师生广泛参与学校宿舍、楼宇、道路、景点和公共区域规划、建设、命名和管理</td></tr>
<tr><td></td></tr>
<tr><td rowspan="7">6—2 网络宣传教育工作</td><td rowspan="7">1.网络思想政治教育阵地、产品建设情况。
2.网络舆情监测有制度、有方案、有预案。</td><td>优秀指标项</td><td rowspan="7">符合全部“合格指标项”和全部“优秀指标项”为A；符合全部“合格指标项”并符合1条“优秀指标项”为B；仅符合全部“合格指标项”为C；其余情形为D</td></tr>
<tr><td>1.建立网络文化成果评价认证体系，将优秀网络文化成果纳入高校科研成果统计、列为教师职务职称评聘条件、作为师生评奖评优依据</td></tr>
<tr><td>2.制作网络宣传教育原创作品或产品，形成工作或产品品牌，获得网信办、中宣部、教育部或北京市等单位表彰或奖励，在上级相关评优评奖中表现突出</td></tr>
<tr><td>合格指标项</td></tr>
<tr><td>1.积极推进网络宣传教育工作，有队伍、有平台，重大活动和热点问题、突发事件的网上舆论引导得力。新闻网站及以“两微一端”为代表的新媒体建设情况良好。规范管理师生自媒体</td></tr>
<tr><td>2.落实校园网络实名登记制度，有专门的网络用户归口管理部门，有校园网络舆情监控工作机制</td></tr>
<tr><td></td></tr>
</table>

附件4:高校思想政治工作质量评价重点指标体系（高校自评版,以北京高校为例）

观测专题	观测内容	观测要素	测评指标项	是否符合	支撑材料名称计分方式
1. 全面贯彻党的教育方针	1—1 以习近平新时代中国特色社会主义思想为指导	1.学校坚持社会主义办学方向、办好中国特色社会主义大学、把思想政治工作贯穿教育教学全过程等方面开展调查研究、采取重点部署的情况 2.校院两级领导解读讲授习近平新时代中国特色社会主义思想概论的情况	优秀指标项		—
			1.学校每年专题研究部署思想政治工作,制定落实全国高校思想政治工作会议实施方案,校院两级领导为师生讲授习近平新时代中国特色社会主义思想概论形成制度		
			2.学校获评教育部“三全育人”综合改革试点单位或“党建示范高校”		
			合格指标项		—
			1.学校坚持社会主义办学方向,定位准确,办学特色鲜明,事业发展目标明确,符合实际。在涉及办学治校的重要问题上,学校广泛征求干部师生、党内外代表意见或充分开展调研,论证充分。干部师生各类群体了解熟悉学校战略,对办学治校满意度高		
			2.贯彻落实党委领导下的校长负责制,制定实施细则。校长是中共党员的同时兼任党委副书记,明确1名党委副书记主要分管教师思想政治工作,其他党委领导班子成员履行“一岗双责”。纪委书记、组织部长、宣传部长、统战部长担任党委常委或不设常委会的党委委员		
	1—2 学校党委落实上级部门重点事项	1.学校贯彻落实中央和地方交办重点任务的情况。 2.学校服务国家战略和地方发展的相关材料	优秀指标项		—
			1.学校在落实中央相关部门和北京市交办重点任务中表现突出		
			2.在服务国家战略、北京市及区县发展建设中做出重大贡献		
			合格指标项		—
			1.将学校思想政治工作纳入整体发展规划和年度工作计划,明确路线图、时间表、责任人		
			2.严格落实上级部门督办事项,对涉及整改的部分整改到位		

续表

观测专题	观测内容	观测要素	测评指标项	是否符合	支撑材料名称计分方式
2. 高校意识形态管理	2—1 马克思主义理论学习宣传	1. 思政课程与课程思政协同推进，积极宣传马克思主义，开展社会主义核心价值观教育。 2. 学校围绕重大理论和实践问题开展理论研究情况，在主流报刊媒体发表理论宣传文章情况。	优秀指标项		—
			1.学校全面推进思政课程与课程思政整体建设。哲学社会科学与思想政治理论相关学科协同开展课程教学、学术研究、学生培养、政策咨询、教材编写等工作		
			2.社会主义核心价值观教育效果显著，涌现出典型人物或团队，获得上级部门表彰，或被中央、北京市主流媒体报道，在社会上产生较大影响		
			合格指标项		—
			1.校院两级党委理论学习有计划、有成效，形式多样。学校围绕意识形态重大理论和实践问题开展理论研究，在中央和地方北京市主要媒体上刊发系列文章，凝聚学校思想共识		
			2.学校积极开展教育引导，组织开展丰富多彩、积极向上的校园文化活动，充分发挥校史校训校歌的育人功能，正面典型宣传形成品牌		
	2—2 意识形态工作责任制	1. 学校意识形态工作责任制建设情况，校院两级各类意识形态阵地管理制度及执行情况。 2. 学校关于意识形态舆情监测、研判工作机制和相关情况。	优秀指标项		—
			2.学校党委定期研究意识形态工作，开展督导检查。及时稳妥处置突发事件，旗帜鲜明地批判错误观点和思潮。思想政治理论课教师、哲学社会科学教师担任学生思想理论类社团指导教师形成制度		
			2.学校在平安校园、文明校园验收中获得优秀		
			合格指标项		—
			1.按照谁主管谁负责的原则，严格课堂、论坛、讲座、报刊、橱窗、广播、电视、网络、社团等阵地管理，制度健全，落实“一会一报”“一事一报”制度		
			2.有突发事件应急总体预案和专项预案，定期组织开展应急演练。建立重大决策社会稳定风险评估机制，从源头上预防和减少各类矛盾纠纷		

续表

观测专题	观测内容	观测要素	测评指标项	是否符合	支撑材料名称计分方式
3. 思想政治理论课建设	3—1 思想政治理论课教学效果	1.学校整体思想政治理论课程体系建设情况。 2.思想政治理论课教学有实效,教学改革成果及获奖情况,教学规模情况,学生满意度情况。	优秀指标项		—
			1.学院获评或获批全国重点马院、北京市重点马院、或思想政治理论课创新中心等,承担课程建设重大课题或上级有关思政课建设调研、培训、共建、咨询等工作		
			2.主动延伸思想政治理论教育,在重大活动、重要时间节点中设置集中性开展思想政治教育专题课程形成常态		
			合格指标项		—
			1.学校每年研究思想政治理论课建设,思想政治理论课建设列入学校事业发展规划,有详细工作方案		
			2.常规开展思想政治理论课教学督导、教学改革、教学研究,课程教学无重大事故,没有造成重大舆情,教学测评成绩不低于学校平均水平		
	3—2 思想政治理论课程建设条件保障	1.学校对思想政治理论课课程建设、队伍建设、平台建设的保障性举措 2.学校领导听课、讲课有制度落实情况。	优秀指标项		——
			1.思想政治理论课教师获评国家和省部级人才称号,或获得上级部门表彰		
			2.党委书记、校长、领导班子成员按要求讲授思想政治理论课形成制度。制定相关学科专家、党政管理干部、专职辅导员担任思想政治理论课教师和研究生导师相关文件		
			合格指标项		—
			1.按照师生比 1∶350 配备思想政治理论课教师队伍,实行准入制度,出台队伍建设规划,系统开展教师培训,工作经费充足。在职称评聘工作中,高级职称占比不低于学校平均水平		
			2.思政课建设情况纳入学校党的建设工作考核、办学质量和学科建设评估标准体系,同时规划、部署、建设、评估		

续表

观测专题	观测内容	观测要素	测评指标项	是否符合	支撑材料名称计分方式
4. 学生思想政治教育	4—1 日常思想教育	1.学校按照“三全育人”要求开展思想政治教育情况。 2.日常思想教育实效性强，精细化程度高。	优秀指标项		—
			1.学校按照“三全育人”要求，制定工作方案，各类队伍参与思想政治工作有制度、有平台、有保障。学校每年开展学生思想政治状况调研并专题研究，建立思想政治教育工作学生反馈、评价、改进机制		
			2.思想教育工作不断精细化，学生获得感强，满意度高。学校获得首都大学生思想政治工作实效奖等省部级大学生思想政治工作奖励		
			合格指标项		—
			1.日常思想教育工作健全，教育、管理、服务平台完备。深化群团改革，服务学生有实效。辅导员、班主任、各类导师一对一深度开展学生思想教育和辅导，工作有保障、有记录，学生反馈良好		
			2.在重要活动、重大事件、敏感时间节点中及时开展思想引导，没有发生涉及学生的重大校内舆情和网络舆情，学生反馈、建议、申诉渠道畅通，学生信访案件妥善处理		
	4—2 思想政治工作队伍建设	1.学校建立思想政治工作队伍建设方案和培训计划。 2.学校选任重要干部岗位考察思想政治工作经历的情况。	优秀指标项		—
			1.专兼职辅导员获评全国辅导员年度人物、北京市优秀辅导员、北京市十佳辅导员等。获批教育部高校思想政治工作队伍培训研修中心，承担省部级思想政治工作队伍培训研修任务		
			2.思想政治工作队伍作为学校干部队伍重要来源，学校新任职党政管理干部原则上应有思想政治工作经历		
			合格指标项		—
			1.按照师生比不低于1∶200的比例要求设置一线专职辅导员岗位，或出台队伍建设方案。专任教师晋升高一级职称须有思想政治工作经历，专职辅导员可按教师职务（职称）要求评聘专业技术职务（职称），实行辅导员专业技术职务单列指标、单设标准、单独评审。支持思想政治工作队伍攻读相关专业学位		
			2.辅导员培训纳入高等学校师资队伍和干部队伍培训整体规划。高校负责对本校辅导员的系统培训，确保每名专职辅导员每年参加不少于16个学时的校级培训，每5年参加1次国家级或省级培训		

续表

<table>
<tr><th>观测专题</th><th>观测内容</th><th>观测要素</th><th>测评指标项</th><th>是否符合</th><th>支撑材料名称计分方式</th></tr>
<tr><td rowspan="12">5. 教师思想政治工作</td><td rowspan="6">5—1 教师思想政治工作机制和师德师风建设</td><td rowspan="6">1.学校教职工思想政治工作相关制度机制。
2.学校师德师风制度文件。师德师风一票否决制落实情况。学校在涉及师德问题上的处理情况。</td><td>优秀指标项</td><td colspan="2">—</td></tr>
<tr><td>1.教师工作部统筹做好教师思想教育和管理服务工作。学校明确一名校领导分管教师思想政治教育。教师思想政治工作要求纳入党委相关文件和学校人事制度中</td><td></td><td></td></tr>
<tr><td>2.建立教师奖励和荣誉体系,鼓励在立德树人工作中做出突出表现的教师。荣获国家或者省部级师德师风相关奖励和荣誉称号或有师德师风先进人物、教师代表得到上级部门师德相关表彰</td><td></td><td></td></tr>
<tr><td>合格指标项</td><td colspan="2">—</td></tr>
<tr><td>1.校院两级有师德师风建设委员会,严格落实师德师风一票否决制,对涉及教师教学、育人、人事相关工作的师德要求内容明确,操作可行</td><td></td><td></td></tr>
<tr><td>2.学校近年没有因师德问题引起重大舆情,涉及师德案例处理过程中,党委履行主体责任,处理规范</td><td></td><td></td></tr>
<tr><td rowspan="6">5—2 教师日常思想政治工作</td><td rowspan="6">1.教育引导教师投身学校发展、地方建设和国家战略。教师思想政治工作有创新,有实效。
2.组织开展教师思想政治学习、思想状况调研等情况。</td><td>优秀指标项</td><td colspan="2">—</td></tr>
<tr><td>1.建立中青年教师社会实践和校外挂职制度,教师个人和团队参与服务国家和北京市重点建设和保障工作,学校教师获得国家师德师风先进集体、个人等荣誉和表彰</td><td></td><td></td></tr>
<tr><td>2.教师思想政治工作有创新性举措,与教师权益保障协同推进,学生参与师德师风评价等</td><td></td><td></td></tr>
<tr><td>合格指标项</td><td colspan="2">—</td></tr>
<tr><td>1.学校建立教师思想政治学习制度,在新教师等群体中系统性开展习近平新时代中国特色社会主义思想理论培训,建立青年教师“传帮带”制度</td><td></td><td></td></tr>
<tr><td>2.每年开展教师思想动态调研,教师对学校改革发展共识度高</td><td></td><td></td></tr>
</table>

续表

观测专题	观测内容	观测要素	测评指标项	是否符合	支撑材料名称计分方式
6. 宣传思想工作	6—1 校园文化建设	1.学校办学理念、校风学风形成师生共识，对社会产生积极影响。 2.学校校园建设规划情况，相关要素纳入思想政治工作体系。	优秀指标项		—
			1.学校教育思想、办学理念、校训、校风等精神内涵凝练和归纳准确，充分展示学校独特、鲜明的文化积淀与文化追求，在高校内和社会中产生广泛影响，在行业高校或特色高校中形成“头雁效应”		
			2.学校积极培育校园文化，形成便于传播、易于推广、弘扬主流价值、得到社会认可的各类文化产品，在中央和北京市主流媒体、主要网络平台上报道或播出		
			合格指标项		—
			1.学校把握正确舆论导向，建设丰富多样的校园文化阵地，融媒体建设推进有力，常态化开展中华优秀传统文化、革命文化和社会主义先进文化教育，丰富完善师生主题教育活动		
			2.学校校园有规划，校园审美功能与教育功能相统一，公共场所注重人文景观建设，师生广泛参与学校宿舍、楼宇、道路、景点和公共区域规划、建设、命名和管理		
	6—2 网络宣传教育工作	1.网络思想政治教育阵地、产品建设情况。 2.网络舆情监测有制度、有方案、有预案。	优秀指标项		—
			1.建立网络文化成果评价认证体系，将优秀网络文化成果纳入高校科研成果统计、列为教师职务职称评聘条件、作为师生评奖评优依据		
			2.制作网络宣传教育原创作品或产品，形成工作或产品品牌，获得网信办、中宣部、教育部或北京市等单位表彰或奖励，在上级相关评优评奖中表现突出		
			合格指标项		—
			1.积极推进网络宣传教育工作，有队伍、有平台，重大活动和热点问题、突发事件的网上舆论引导得力。新闻网站及以“两微一端”为代表的新媒体建设情况良好。规范管理师生自媒体		
			2.落实校园网络实名登记制度，有专门的网络用户归口管理部门，有校园网络舆情监控工作机制		

后　　记

我国高等教育肩负着培养德智体美劳全面发展的社会主义建设者和接班人的重大任务，高校立身之本在于立德树人。在长期的思想政治教育实践中，我国高校思想政治教育工作不断深化发展，其质量如何日益成为关注焦点。随着《关于加强和改进新形势下高校思想政治工作的意见》(中发〔2016〕31 号)、《高校思想政治工作质量提升工程实施纲要》(教党〔2017〕62 号)等系列文件的出台，更为系统、科学地把握高校思想政治教育工作质量"谁来评""评什么""如何评"成为亟待解决的时代课题。深入分析探讨高校思想政治教育工作质量评价"为什么评价""谁来评价""评价什么""如何评价"等重要问题，有助于进一步深化思想政治教育质量评价研究，拓展思想政治教育工作质量评价理论，科学把握高校思想政治教育工作质量评价的内在规律，对于我们在新的时代背景下提升高校思想政治教育工作科学化水平，推进高校思想政治教育工作创新发展，更好地实现立德树人根本任务、培养担当民族复兴大任的时代新人，具有重要的理论价值与实践意义。

《高校思想政治教育工作质量评价研究》一书是国家社会科学基金教育学重大项目"高校思想政治教育工作质量评价体系研究"的延伸成果。在编写过程中，广泛收集文献资料，深入高校开展调研，并多次召开研讨会和座谈会，注重发挥集体攻关优势，对研究思路、总体框架、研究重点、写作风格等问题深入交流研讨。在章节的设置上，结合高校思想政治教育理论研究与实践的开展，系统梳理、总结了高校思想政治教育工作质量评价的缘起、发展历程与过程管理，从学理上探讨了高校思想政治教育工作质量评价的主客体、基本原则、主要内容及方式方法,在明晰国外道德教育质量评价借鉴意义的基础上,构建具有我国特色、风格、气派的高校思想政治教育工作质量评价的模型与指标体系。

本书由国家社会科学基金教育学重大项目"高校思想政治教育工作质量评价体系研究"课题负责人、北京师范大学思想政治工作研究院院长冯刚教授负责全书策划和框架设计。全书具体分工如下:绪论(冯刚)、第一章(冯刚、王振)、第二章(刘建军、赵静)、第三章(华敏、陈丹)、第四章(严帅、邢海燕)、第五章(曹威威)、第六章(程伟)、第七章(冯留建)、第八章(严帅)、第九章(王占仁)。冯刚、彭庆红、王占仁、严帅、王振等负责全书统稿,张欣、史宏月等参与协助相关工作。

本书的编撰除了参考经典著作以外,还参考了相关专家学者的研究成果,深表感谢!文中采用脚注方式进行了标明,还在书末列出了主要参考文献。衷心感谢人民出版社的大力支持与帮助,感谢出版社各位工作人员的辛勤付出!由于时间仓促,篇幅有限,一些观点有待于进一步深入探讨,对于本书的局限与不足只能留待今后补充与修正,也真诚地希望各位专家、读者批评指正。

本书编写组

2020年4月